比較のなかの韓国政治

Korean Politics in Comparative Institutions

浅羽 祐樹 著
ASABA Yuki

有斐閣

目　次

第4章　選挙制度——「選び方」の「決め方」　75

第5章　地域主義から階級対立へ？——変容する政党システム　95

第9章　反復される「ろうそく集会」 ──投票外政治参加と代議制民主主義　180

第10章　女性のいない民主主義 ──「イデナム」と「イデニョ」　201

第14章 「1987年体制」か，「1997年体制」か ――「政治経済」という視点 285

第15章 韓国という「国のかたち」のゆくえ 306

凡例

＊　別に記さない限り，本書における「現在」とは2024年6月を指す。
＊　本書では，大韓民国憲法（1987年憲法）の条項を以下の例のように記す。
例：§11-1　→大韓民国憲法第11条第1項

コラム

朝鮮半島全図

新義州
平壌
元山
軍事境界線
京畿道
仁川広域市
ソウル特別市
江原特別自治道
忠清北道
忠清南道
世宗特別自治市
慶尚北道
大田広域市
全北特別自治道
大邱広域市
蔚山広域市
慶尚南道
光州広域市
釜山広域市
全羅南道
済州特別自治道

序章

「取扱説明書」「注釈書」「判例集」からみる韓国政治

星々をつないで，星座を描く（出所：Wikimedia Commons）

「過ぎ去ったものを史的探究によってこれとはっきり捉えるとは，同じひとつの瞬間において星座的布置（Konstellation）をなして出会うものを，過去のうちに認識することだ」というのが，ベンヤミンのスタンスである。星座とはいうまでもなく，互いに時間も空間も相異なるところに存在する星が，意想外のしかたで結びつくところに成立するものである。史的探究の現在と特定の過去とは，危機の瞬間において，この意味での星座的布置(コンステラツィオーン)をなして出会うのだ。

ヴァルター・ベンヤミン（鹿島徹訳・評注）
『[新訳・評注] 歴史の概念について』（未來社，2015 年，p.114）

本章のポイント

✓韓国についてどのようなイメージを持っているか。
✓取扱説明書はどのような場合に参照するのか。
✓夜空を見上げて，星座を描くことがあるか。
✓何と何を比較するのか。韓国と東京は比較できるのか。
✓一国研究で何がわかるのか。地域研究の存在理由とは何か。

キーワード

取扱説明書，星座，地域研究，学びほぐし，学び直し

「不可解な」韓国にどのように臨むのか

韓国政治はダイナミックで，「不可解」に映ることが多い。大統領が弾劾・罷免されたり，「ろうそく集会」が広場を埋め尽くしたりする。憲法裁判所や大法院（最高裁判所）といった司法が慰安婦問題や徴用工問題などの外交も左右する。政権交代がほとんど起きず，有権者の政治参加も低調な日本とは対照的かもしれない。

大統領制に関するイメージが関係しているかもしれない。トランプ大統領になって米国の外交安保政策が一転した記憶や，「もしトラ（2期目）」への不安が，そのまま韓国に投影されている部分もあるだろう。

そもそも大統領制では，首相や内閣が議会（の多数派である与党）と融合している議院内閣制とは異なり，大統領と議会は互いに独立しており，牽制し合うことが期待されている。その「取扱説明書」が憲法であり，公職選挙法や国会法などの政治制度である。まずはそれらをひもときたい。

尹錫悦（ユンソンニョル）大統領は2022年5月の就任以来，野党が過半数議席を占める国会（韓国の議会）と対峙するなかで，山積する課題に対処できていない。2054年にも財源が枯渇するとされる年金制度，「出生率0.72」（23年）という少子化問題，AI時代の技術革新など，すべて国会の協力が不可欠である。

しかし，与野党の対立，保守（右派）と進歩（左派）のあいだの断絶はかつてなく深まっている。国会における「立法改革／立法独走」に対して，保守大統領は2年間（本書は2024年6月末現在に基づいている）で拒否権を14回も発動した。一方，進歩野党も首相や閣僚に対する解任建議や弾劾訴追を連発している。これらはいずれも取扱説明書にはたしかに載っているが，ほかの国では稀にしか起きない。しかし，韓国では頻発するようになっているのが興味深いし，理解を難しくしている。

そうした場合に参照するのが，YouTube の「失敗例」動画のように，「注釈書（コンメンタール）」や「判例集（ケースブック）」である。注釈書は原典だけでは理解しがたいことについてつぶさに解説してくれる。憲法は難解なテキストの最たる例である。判例集はさまざまな事件・事故について原告・被告・裁判所がそれぞれどのように評価したのかを示している。事例研究（ケーススタディ）は地域研究の醍醐味であるし，韓国では司法の判決・決定につながることが多い。

それはそれとして理解する

朴槿恵（パククネ）大統領の弾劾・罷免は憲法の規定に従って，国会の審議を経て，憲法裁判所が最終的に決定した。大統領を自らの手で直接選ぶというのは民主化の焦点だったが，その大統領の政治生命を，任用試験で採用された法曹出身の９名の裁判官に委ねるというのは，一体どういうことなのか。多数決として理解されることが多い民主主義において，司法という機関や法律の違憲審査という権限を憲法に盛り込んだ際，そもそも何を期待していたのか。「権利の保障が確保されず，権力の分立が定められていない社会は，すべて憲法を持つものではない」という。1987 年に改正された現憲法は，どのように統治機構を構成し，そのあいだで権力を分かち，人権を保障しているのか。

９回，憲法が改正された韓国憲政史において，「民主共和国」（§1-1）の主権者である「我ら大韓国民」（前文）はしばしば歴史過程の前面に登場し，「国のかたち」を問い，変えてきた。弾劾・罷免の局面でも，週末ごとに開催されたろうそく集会が「民心（民意）」とされ，国会や憲法裁判所の判断を後押ししたといわれている。その後も，文在寅（ムンジェイン）大統領が推し進めた検察改革などをめぐって，保守と進歩の両陣営に分かれて集会がおこなわれている。

こうした有権者の直接行動は,「正当に選挙された国会における代表者を通じて行動」(日本国憲法前文) するという代議制民主主義にとって, いかなる意味を有するのか。

韓国の進歩派は「ろうそく集会」ではなく「ろうそく革命」と理解し,「不義に抗拒した4・19民主理念」の事例として新たに憲法前文に追記しようとしたくらいである。「4・19」は李承晩(イスンマン)大統領を下野させたものであり,「4月革命」(1960年) にふさわしいが, 朴槿恵大統領の弾劾・罷免は憲法が予定していた手続きのとおりにおこなわれた。そのため, 一般には「革命」の客観的な定義には合致していない。

同時に,「ろうそく革命」という理解の仕方が韓国社会の一部に存在するのは厳然たる事実であり, それはそれとして理解する必要がある。

「私」のバイアスを自覚する

韓国大統領は憲法上, 任期5年で再任ができないため, 定期的に政権が交代する。保守と進歩のあいだの政権交代もすでに4回 (1998年・2008年・17年・22年) あり, そのたびに政策が変わる。特に外交安保の分野では振れ幅が大きく,「史上最悪の日韓関係」も尹錫悦大統領の決断でシャトル外交が復活し, 正常化しつつある。それだけ, 米中対立における国家安保戦略や北朝鮮に関する立場や政策選好は保守と進歩のあいだで異なるということである。さらに, 野党多数の国会に直面した大統領にまだしも政策裁量が残されている分野ともいえる。

その分, 両陣営の対立は激しく, 世界観そのものが食い違っている。保守与党「国民の力」と進歩野党「共に民主党」は大統領と国会をそれぞれ担い，国政運営の責任を分担している。互いに交渉や妥協を重ねて，共に，力を合わせることで，国民の負託に応えることが期待されている。大統領制というのは本来，２人の代理人を立てて，相互に牽制させることで均衡を図る制度のはずである。

にもかかわらず，互いに相手を「敵」と見立て，道徳的に彼我を裁断するありさまである。こうした断絶は国民のあいだにも拡がり，党派性が異なる人とは結婚や食事の同席を拒否する状況にまでなっている。

2027 年大統領選挙で進歩政党に政権が交代するかどうかはともかく，こうした分極化が今後ますます進むことが予想されるなか，全体像を釣り合いよく観察・分析・報道することが欠かせない。誰しも，年齢（世代），性別，政治志向，社会経済的地位（生まれ育ち，住まい，職種，年収，資産）などが近い人たちと群れやすく，SNS でフォローし合うことで，バイアスに陥りやすい。

「不可解に」みえる行動も，その世界ではそれなりに理由があるということがある。本書では，ゲームのルールにあたる「取扱説明書」，さまざまなプレーを集めてひとつずつ解説する「注釈書」「判例集」を提供する。これらを手元に置きながら，韓国政治を知的におもしろがって「観戦」してみてほしい。

各章の見取り図——統治機構編

本書は次のように構成されている（図序-1）。くしくも，構成／憲法／星座的布置はすべて constitution に関連している。

憲法では，まず統治機構を創設し，牽制（チェック）＆均衡（バランス）を図っている。大韓民国憲法では，大統領制（第２章），国会という議会制度（第３章），大法院（最高裁判所）と憲法裁判所という２つの司法（第６章），地方自治（第７章）を規定している。大統領は行政府首班というよ

図序-1　本書の構成

「あの国」のかたち（第１章）とゆくえ（第 15 章）

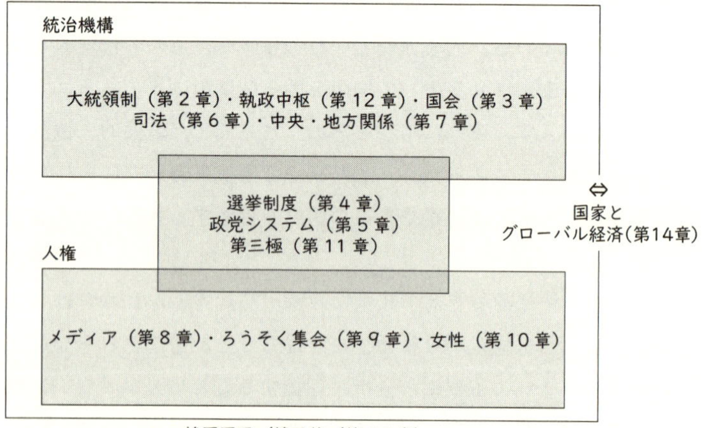

韓国国民／韓民族（第 13 章）

出所：著者作成。

り，自ら政治を執りおこなう「執政長官」，国のリーダーである。しかし，立法権を有する国会で法律が通らないと，リーダーシップを発揮できない。その国会で野党が過半数議席を占めると，大統領との対立が膠着（こうちゃく）化しかねないが，両者のあいだで権限と役割を分担し，協力して統治にあたらせるというのが本来の制度趣旨である。

司法は紛争を解決し，社会正義を回復するのが主眼だが，司法のあり方をめぐってむしろ対立が激しくなっている。特に憲法裁判所は，法律の違憲審査，政党解散や弾劾の審判に積極的であるため，本来，政治的に交渉・決着させるべき事項も持ち込まれる。その分，裁判官人事が常に争点化する。さらに，弁護士や検事出身の大統領が続くなか，地方検察庁の次席検事の名前まで知っておかないといけないほどである。

地方制度は広域自治体（特別市・広域市・特別自治市・道・特別自治道）と基礎自治体（市・郡・区）の２層構造になっているが，それぞれ首長と議会を置き，二元代表制のもと，当然，政治が繰り広げられている。さらに，国と地方のあいだにも，権限や財源の移譲，政策選好，地方制度そのもののあり方をめぐって，対立や協力のダイナミズムが存在している。

外交安保政策（第12章）は大統領の専管事項に近く，その政策選好を反映させやすい。そのなかで，大統領は外交部という官僚機構よりも国家安保室という大統領直属のスタッフを重宝する。日本も含めて，近年，政策決定過程において官僚機構より首相官邸や大統領府などの「執政中枢」の存在感が大きくなっているが，韓国も例外ではない。

各章の見取り図――人権編

選挙制度（第4章）や政党システム（第5章）は統治機構の一部であると同時に，「我ら大韓国民」（憲法前文）が有権者としてそれぞれ選好を示し，さまざまな機制を経て集約されることで集合的な意思決定をおこなう局面でもある。そもそも統治機構を創設し，その担い手の正統性の源泉たることで，「人間としての尊厳」「個人が有する不可欠の基本的人権」（§10）を確保しようとしている。

「選び方」や「決め方」によって，誰の，どのような利害や価値観が反映されるのかが左右されるが，さまざまな代案と比較衡量することなく，多数決や相対多数制を民主主義と短絡している場合がほとんどである。それによって，女性（第10章），労働階級やMZ世代（ミレニアル世代・Z世代）（第11章）が過小代表されてきた。

ところが，近年，ろうそく集会（第9章）に代表されるように，市民が直接，意思を表す場面が目立つ。しかも，保守と進歩のあいだの対立が職場や学校，家庭内にまで拡がり，ワクチン接種から趣味嗜好まで「人の間」を分かつようになっている。そうしたなか，メディア（第８章）はそのあいだをつなぐ媒介（メディア）というより，似た者同士が集まり，「我々だけが正しい」と熱狂の渦のなかで確認し合う「ファンダム」に近い。政治哲学者のプラトンは，洞窟のなかで灯された火によって壁に人形の影が映し出されるが，縛られている手足を解き，振り返らなければ，それが世界の真実だと思い込んでしまう危険性を警告した。本書も含めて第三者は「人形の影」しか代表＝表象（リプリゼント）していないかもしれないが，どのように世界を，そのなかにいる「私」たち自身を知り，自ら声を上げることができるだろうか。

その意味で，いま，韓国で「イデニョ（20代女性）」は「女は結婚して子どもを生むものだ」というジェンダー規範を拒絶し，非婚・無子という選択をおこなう行為主体（エージェンシー）として登場している。少子化はその当然の帰結であるが，個々人の自由な選択と集合体次元における「問題」をいかに解くのかは，政治の本質的な課題である。

各章の見取り図——「あの国」のかたちとゆくえ

国民や領土など国家の構成要素（第13章）やグローバル経済との関係（第14章）も揺らいでいる。

大韓民国と朝鮮民主主義人民共和国（北朝鮮）はともに国連加盟国であるが，憲法上，韓国の領土は朝鮮半島全土と定められていて，「北韓」とは「自由民主的基本秩序」（§4）に基づいて統一することになっている。一方，北朝鮮は近年，南北朝鮮は「同じ民族ではなく，２つの交戦国の関係」と規定し始めた。そのなかで，軍事境界線の南側では「韓民族」よりも「韓国国民」にアイデンティティを感じる人が急増しているし，外国人住民数が全人口の5%に迫るなか，永住者には地方参政権が認められている。

韓国は朝鮮戦争の荒廃から産業化を成し遂げ，アジア通貨危機も克服して貿易大国になった。一方，正規職と非正規職，大企業と中小企業や個人事業主のあいだで格差が拡大すると同時に，生成AIや量子技術など最先端テクノロジーの開発をリードできていないという課題を抱えている。さらに，輸出入とも中国への依存が高いなか，経済安全保障のリスクが大きい。そもそも国家は，一国政治は，グローバル経済をどこまで手懐けることができるのかという挑戦に各国とも直面している。

「あの国」の政治は不可解で，手に負えないと諦めるのではなく，「国のかたち」（第1章）を織りなす憲法や基幹的政治制度（「憲法体制」）を中心に，各プレーヤーやさまざまなプレーをみるというのが本書の一貫したアプローチである。1987年以来，韓国憲法は37年間改正されることなく持続しているが，韓国という国のかたちは法律の制定・改正や憲法裁判所の決定などを通じて変化してきた。こういった諸相を重層的に捉える視点をまず示す。

最後に，「ポスト尹錫悦」だけでなく，さらなる憲法体制の変化や，米国型大統領制や議院内閣制への憲法改正など，韓国政治のゆくえ（第15章）を展望する。さらに，民主主義の後退や，権威主義体制への体制移行の可能性も含めて，「国のかたち」と憲法や政治体制の関係について「頭の体操」をしておく。政治制度によって，大統領，国会，司法，政党，「我ら大韓国民」（憲法前文）の行動が規定される一方，その相互作用のなかで制度が形成・持続・変化するというダイナミズムも存在する。韓国政治のゆくえはそのダイナミズム次第である。

地域研究のあり方

韓国政治に限らず，一国研究や単一事例研究は苦難の時代である。その事例を通じて政治学という学問領域（ディシプリン）にどういう貢献があるのかが厳しく問われる。「Why Korea?」にまず答える必要に迫られる。たとえば，朴槿恵大統領の弾劾・罷免は韓国では初めての事例であるが，ラテンアメリカ諸国の大統領制では先例があるし，訴追だけだと米国でも珍しくない。一国研究では，固有性や一回性が強調されすぎるきらいがあり，狭いサークルを越えると，まるで話が通じないことがよく起きる。

だからこそ，比較の枠組みのなかに位置づけることが欠かせない。時系列比較と多国間比較をおこなうことで，「2024 年・韓国」の特徴が明らかになる。また，執政制度や議会制度など政治制度を比較することで「分析の単位（ユニット・オブ・アナリシス）」を揃えることも重要である。本書を『比較のなかの韓国政治（Korean Politics in Comparative Institutions）』と題した所以（ゆえん）である。

著者は奉職している同志社大学から在外研究員に命じられ，2024 年度は韓国政府の国策研究機関のひとつである統一研究院に在籍している。ソウル大学大学院留学（2000 ～ 05 年）から実に 19 年ぶりの長期滞在であり，研究対象国に居ることのアドバンテージを日々感じている。同時に，直接見聞きしたものの印象が強く残り，ふだんつき合っている人たちが偏っているために，むしろバイアスが強くなっていることに対する怖さも常に抱いている。その分，離れているときからずっとおこなっている公開情報（オープン・ソース・インテリジェンス）の徹底的な分析をむしろ強化している。分極化が深刻化しているなか，保守から進歩まで，選（え）り好みせず，釣り合いよく全体像をつかむことを心がけている。

政治学に限らず，学問的なアプローチの真価は，「私」のバイアスを自覚し，なんどでも学びほぐし（unlearn）をすることで，学び直し（learn）ができることにある。変化の仕方自体が変化する，不連続な変化が次々に訪れるなか，新しいアプリだけをダウンロードするのではなく，「私」を駆動させているOS（オペレーティングシステム）そのものを見直し，適宜，入れ替える姿勢で臨みたい。

参考文献

浅羽祐樹編『韓国とつながる』有斐閣，2024年。
浅羽祐樹・木村幹／安田峰俊構成『だまされないための「韓国」――あの国を理解する「困難」と「重み」』講談社，2017年。
大野裕明・榎本司『星を楽しむ 星座の見つけかた』誠文堂新光社，2020年。
宍戸常寿・曽我部真裕編『判例プラクティス憲法〔第3版〕』信山社，2022年。
建林正彦・曽我謙悟・待鳥聡史『比較政治制度論』有斐閣，2008年。
崔盛旭『韓国映画から見る，激動の韓国近現代史――歴史のダイナミズム，その光と影』書肆侃侃房，2024年。
韓培浩／木宮正史・磯崎典世訳『韓国政治のダイナミズム』法政大学出版局，2004年。
森山茂徳『韓国現代政治』東京大学出版会，1998年。
尹東柱／金時鐘編訳『尹東柱詩集――空と風と星と詩』岩波書店，2012年。
羅芝賢・前田健太郎『権力を読み解く政治学』有斐閣，2023年。

第1章

韓国憲政史における憲法改正／憲法体制の変化

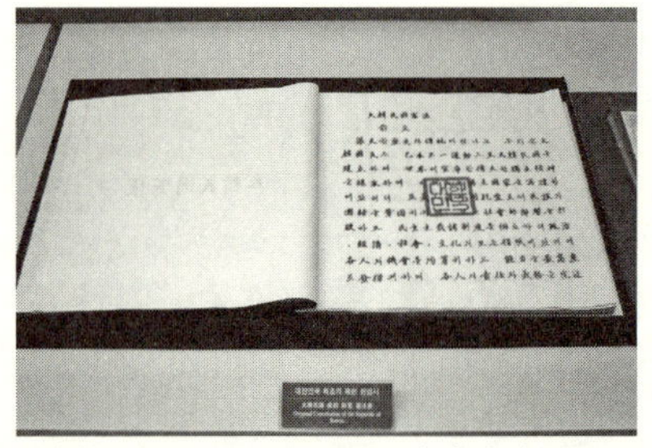

ソウル・龍山の戦争記念館に展示されている1948年憲法（出所：Wikimedia Commons）

憲法典の制定は，もとより法典に見合った「国のかたち」の形成維持を目指すものであるが，「国のかたち」の形成維持は歴史的・動態的なプロセスであって，憲法典の制定によって完成ないし完結するわけではない。

佐藤幸治「憲法と「国のかたち」」
『会計検査研究』第25号（2002年，p.6）

本章のポイント

✓「憲政史」とはどういう視点なのか。「政治史」とは何が異なるか。
✓憲法／憲法体制を分けることでみえてくる諸相とは何か。
✓日本国憲法はいちども改正されていないが，憲法体制は変化していないのか。
✓比較憲法プロジェクトのデータベースを使ってみよう。
✓新興民主主義体制のひとつとして韓国はどういう経緯をたどったのか。

キーワード

憲政史，1987年憲法，憲法／憲法体制，比較憲法プロジェクト，新興民主主義体制の定着

1　9回の憲法改正と1987年憲法の持続

韓国「憲政史」という視点

憲法は国の最高法規であり,「国のかたち」を表している。まずは憲法から韓国政治の成り立ちを検討する。

「光復(植民地支配からの解放)」後,朝鮮半島が南北に分断されたなか,南側では大韓民国政府の樹立宣布(1948年8月15日)に先立ち,同年7月17日に憲法が制定・公布された。これ以来,2024年に至る76年間の韓国憲政史において憲法改正が9回おこなわれた。計10個の異なる憲法典はそれぞれ制定・改正された年(下2桁)に合わせて本文では「48年憲法」のように呼称する。

民主化して成立した87年憲法(1987年10月29日公布,翌88年2月25日施行)は改正されることなく,現行憲法である。この憲法は37年間持続していて,最長である。それ以前の39年間は憲法改正が9回おこなわれたことと対照的である。

このように韓国では憲法と政治のダイナミックな歴史,「憲政史」という視点が広く一般に受け入れられている。たとえば,朴槿恵大統領の弾劾・罷免は「憲政史上初めて」といった具合である。憲法はそれだけ韓国国民にとって身近な存在であり,生きた憲法,生きられた経験でもある。

朴大統領の弾劾・罷免は,国会における弾劾訴追と憲法裁判所による弾劾審判という憲法が予定していた手続きに則っておこなわれたが,その契機は「我ら大韓国民」(前文)が直に広場に現れたことである。

このろうそく集会においてなんども歌／謳われたのが「大韓民国は民主共和国である」(§1-1),「大韓民国の主権は国民にあり,す

表 1-1　歴代韓国憲法

		憲法改正の主な内容	大統領（歴代）
1	1948 年憲法		李承晩（第 1～3 代）
2	1952 年憲法	大統領直接選挙	
3	1954 年憲法	大統領の任期延長	
4	1960 年 6 月憲法	議院内閣制の導入	尹潽善（4）（張勉・国務総理）
5	1960 年 11 月憲法	訴求法の根拠規定	
6	1962 年憲法	大統領制の導入	朴正熙（5～9）・崔圭夏（10）
7	1969 年憲法	大統領の任期延長	
8	1972 年憲法	大統領間接選挙	
9	1980 年憲法	大統領間接選挙	全斗煥（11～12）
10	1987 年憲法	大統領直接選挙 人権規定の拡大	盧泰愚（13）・金泳三（14）・金大中（15）・盧武鉉（16）・李明博（17）・朴槿恵（18）・文在寅（19）・尹錫悦（20）

出所：著者作成。

べての権力は国民に由来する」（§1-2）という曲であり，憲法の条項である。

憲法改正の焦点

民主化以前，9 回の憲法改正のうち 5 回は，実質的には新憲法の制定に匹敵する（表 1-1）。

60 年憲法は大統領制から議院内閣制へと執政制度を変更した。62 年憲法は再び大統領制へと執政制度を改めた。72 年憲法は朴正熙に終身大統領を認めた。80 年憲法は粛軍クーデタ（軍内部のクーデタ）を通じて実権を握った全斗煥に統治の「正統性」を付与した。そして，87 年憲法によって，韓国国民は再び大統領を直接選出することができるようになった。

そのほかの憲法改正も大統領が権力の座にとどまろうとしたことが契機になっている。当初，国会で選出された李承晩大統領は 52 年憲法によって国民に直接選出されるようになり，54 年憲法によって２期８年という任期制限の例外とされた。

60年大統領選挙において李承晩は４選を果たしたが，別に選出される副大統領選挙において後継者を当選させようとして不正を働いた。それに対して学生たちが「4月革命」を起こし，李承晩は下野・亡命，議院内閣制に基づく「第２共和国」が成立した。しかし，それも翌61年，「5・16」（朴正煕による軍事クーデタ）によって瓦解し，軍政へと移管した。62年憲法は軍服を脱いだ朴正煕が「民選大統領」になる途(みち)を開いた。そして，69年憲法によって２期８年から３期12年へと大統領の任期が延長された。

87年憲法は「6月民主抗争」の結果成立したが，政権と民主化運動の両勢力の穏健派による政治協定といえる。民主化の焦点は「大統領直接選挙制」「民主憲法の復活」「憲法改正」だったため，政治的妥協が可能になった。62年憲法は当初，「民選大統領」朴正煕を可能にしたものとして批判されたが，その後，72年憲法，80年憲法を経るなかで「民主憲法」の雛型として理解されるようになった。

1987年憲法の改正論

87年憲法は37年間改正されていないが，改正の試みがなかったわけではない。この間，3回，大統領が主導するなかで改憲論が政治的アジェンダになったことがある。

１回目は金大中(キムデジュン)大統領が97年大統領選挙に際して金鍾泌(キムジョンピル)と交わした合意である。選挙協力を得る代わりに，政権を共に担い議院内閣制への憲法改正をおこなうと取引した。大統領就任後，金大中は金鍾泌を国務総理（首相）に据えるなどして連立政権が成立したが，憲法改正は反故(ほご)にした。

２回目は盧武鉉(ノムヒョン)大統領が提示した大統領連任制への「ワンポイ

ント改憲」である。87 年憲法において大統領の任期は長期政権防止のため 1 期 5 年に限定されている。これを，国会と同じ 4 年任期にすると同時に，2 期まで連任することを可能にする案だった。そうすることで政治の責任と安定を確保できるという趣旨だった。しかし，任期末に突然提示したものであったため，政略的意図が疑われ，発議されることなく不発に終わった。

3 回目は文在寅（ムンジェイン）大統領によるもので，初めて正式に発議され，国会において審議・議決に付された。朴槿恵大統領の弾劾・罷免，前倒しされた選挙という一連の過程のなかで「帝王的大統領制」の問題が指摘され，憲法改正の必要性はすべての大統領候補や政党が合意していた。しかし，具体的な方向性については異論があり，結局，議決定足数に足らず，開票されることなく霧散した。

憲法改正手続きの難易

改正の試みがあったにもかかわらず，なぜ 87 年憲法は改正されることなく，現在まで持続しているのか。まず考えられるのが改正手続きの難易である。

87 年憲法では，「国会在籍議員過半数または大統領」が「発議」（§128-1）できると規定されている。次に，国会における審議・議決に付され，「在籍議員 3 分の 2 以上の賛成」（§130-1）を得ると，国民投票に付される。最後に，そこで「国会議員選挙権者過半数の投票と投票者過半数の賛成」（§130-2）を得ると，憲法改正が確定し，大統領が公布することになっている。

こうした憲法改正の手続きは珍しくない。憲法改正の国民投票は代議制民主主義体制において数少ない直接民主主義的な機制である。「正当に選挙された国会における代表者を通じて行動」する「日本国民」（日本国憲法前文）も，憲法改正に際しては国民投票で直接意思を表明することになっている。

国民投票に先立つ議会における議決要件は，「2分の1以上」という単純多数ではなく，特別多数になっている憲法が多い。日韓両国とも「3分の2以上」となっているが，衆参二院制の日本より一院制の韓国のほうが改正手続きは容易である。つまり，多国間比較において，韓国の憲法改正手続きが過度に難しいわけではないといえる。

2　憲法／憲法体制

「憲法体制」という視点

憲法改正がおこなわれなかったのは手続きが難しいからではなく，そもそも改正する必要がなかったからではないかという見方がある。

一般に憲法とは，そういう名称が付いている法，憲法典というテキストのことである。憲法学では形式的意味での憲法という。一方，名称はどうであれ，国の根幹を定めている法令は実質的意味での憲法という。

政治学でも近年，国の基幹的政治制度を定めるものは，法の形式を問わず，「憲法体制」とみなすという視点が提示されている。政治学では従来，政治制度の帰結と，政治制度の形成・持続・変化のダイナムズムの両方に注目してきた。この両方の意味において，さまざまな政策や国民生活に重大な結果をもたらしたり，逆にそのなかで生まれ変わったりする制度は特に重要である。

何が基幹的政治制度なのかについてはそれぞれの国や時代によって異なるが，政治権力の担い手（首相／大統領，議会，司法など）をどのように選出するのかという選挙制度と，そのあいだの相互関係を定める執政制度（大統領制や議院内閣制など）の2つは，基幹的政治制度であるといってよい。

87 年憲法によって韓国国民は大統領を直接選出できるようになったが，その選挙制度は法律に委ねられている。フランス大統領選挙のように得票率が 50%を超える候補者がいない場合，上位 2 人で決選投票がおこなわれると候補者や政党のあいだで連合が成立しやすい。一方，韓国大統領選挙のように 1 票でも多く得票した候補者が当選する相対多数制では，そうした連合は成立しにくい。そうなると過半数の支持を得た大統領が生まれにくく，統治の正統性が問われかねない。事実，87 年憲法のもとで大統領になった 8 名のなかで，朴槿恵ただ 1 名だけが 51.6%という過半数得票で当選した。

憲法改正なき憲法体制の変化

大統領に対する国会の権限は 87 年憲法への改正によって 80 年憲法より強められたのは間違いないが，その「選挙区と比例代表制，その他，選挙に関する事案」(§41-3)，つまり選挙制度は法律に委ねられている。同じ強さの権限でも，選挙制度によって，誰が議員に選出されるのか，どのような利害や価値観がどのように政党によって代表されるのかが異なるし，その結果，大統領との関係や立法過程も変わる。

国会議員を選出する韓国総選挙では，日本の衆議院選挙と同じ小選挙区比例代表並立制が 1988 年総選挙以降用いられてきたが，2020 年・24 年総選挙に際して公職選挙法が改正されることで，一部，併用制へと変化した。併用制だと小政党も得票率に応じた議席を得やすく，その分，多様な利害や価値観が国会において反映されやすくなる。

それ以前も，比例区議席の配分方式や投票方式がそのつど変化した。2000年総選挙までは1人1票制であり，選挙区における投票がその候補者が属する政党に対する投票としてもカウントされた。当然，無所属の候補者に対する投票は比例代表では死に票となる。さらに，1992年総選挙までは議席率に応じた配分であり，88年総選挙では議席率第一党に対して比例議席75のうち過半数の38が配分された。これでは比例代表制とはいえず，事実，2004年総選挙までは「比例区」ではなく「全国区」と呼ばれていた。

このように，1988年から2024年まで10回の総選挙において，比例代表制は憲法上の規定であるとはいえ，法律の改正によって議席配分方式や投票方式が変化した。同時に，選挙区のほうは毎回，小選挙区制によって選出されたが，これも法律によってそのように定められているからであり，国会において過半数の賛成が得られれば，中選挙区制などに改正されることも今後ありうる。つまり，韓国では87年憲法が改正されることなく，選挙制度という基幹的政治制度，すなわち憲法体制が変化してきたといえる。

「短い」憲法

韓国のように，選挙制度が憲法ではなく法律で定められていると，法律の改正を通じて「憲法の改正なき憲法体制の変化」が可能になる。そもそも，何を憲法で定めて，何を法律に委ねるかは国や時代によって異なるが，憲法の文字数が少ないと，その分，法律に委ねられている事項が多くなるのは当然のことである。

歴史上存在した世界各国のさまざまな憲法を英文にして事項ごとに比較する比較憲法プロジェクト（CCP）という取り組みがある。それによると韓国憲法の長さは9059語である。2016年4月に現存する憲法190の語数の平均値は2万2291，中央値は1万6063である。最小値は3814でモナコ，最大値は14万6385でインドである。韓国憲法は平均値・中央値を下回り，39番目に短い。ちなみに，日本国憲法は4998語で，世界各国のなかで5番目に短い。

この長さの違いについて，最近，制定された憲法であればあるほど長い傾向があるといえる。環境権など新しい人権規定が盛り込まれるとその分長くなるし，統治機構に関しても，中央銀行・人権委員会・真実和解委員会など規定範囲が拡がる傾向がある。

CCPのデータセットにおいて韓国憲法の成立年は1948年とされており，20番目に古い。現行の87年憲法を基点としても81番目である。世界各国の憲法の過半数は冷戦が終結しソ連邦が解体した91年以降に成立している。

韓国憲法は比較的古いほうに属するわりには，人権規定（117の事項のうち，中央値が49であるところ56）は多いほうであるし，規定範囲（70の事項のうち，どのくらいの割合を規定しているかについて，最大を1としたとき，中央値が0.60のところ0.66）も広いほうである。つまり，人権規定を変えようとすると，憲法を改正しなければならない可能性が高いというわけである。

一方，規定範囲に含まれていない事項については，憲法を改正しなくても変えることができる。選挙制度はそのひとつであるし，首都についても韓国憲法では何も規定していない。

慣習憲法

「ソウル」は固有名詞であると同時に，一般名詞で「京」「都」という意味でもある。朝鮮戦争の期間中に大田（テジョン），大邱（テグ），釜山（プサン）の順に臨時首都に指定されたことはあるが，ソウルが首都であるというのは韓国国民にとってあまりに自明のことだった。

そのソウルから新たに造営する新都市へ首都を移転させる法律が

2003年12月に制定された。首都移転は盧武鉉大統領の選挙公約であり，国会で野党も含めた過半数の賛成を得た。ソウルへの人口集中が進む一方，地方が衰退していくなかで「国土均衡発展」は喫緊の課題であった。

ところが，違憲審査を専管する憲法裁判所は04年10月に，この法律に対して違憲・無効を決定した。その理由として，「ソウルが首都であるということは成文憲法では規定されていないが，慣習憲法になっている。そのため，その改正には国会における議決だけでなく，国民投票も必要であるにもかかわらず，その手続きがとられなかった」と指摘した。法曹資格がある盧大統領は「初めて聞く法理だ」と反発したが，何が憲法なのかについて最終的に決定するのは，韓国の場合，憲法裁判所である。

この決定を受けて，国会，大統領府，大法院（最高裁判所）・憲法裁判所など立法・行政・司法の三権を司る主要機関はソウルに残す一方，政府部処（省庁）の大部分を新都市に移転させる法律が05年3月に新たに制定された。この法律も違憲審査に付されたが，憲法裁判所は同年11月に合憲とした。首都の要件は憲法のどこにも明記されていないが，行政機能の移転だけでは首都移転に当たらないというのがこの決定の趣旨だった。その結果，朝鮮半島の中部に位置する忠清（チュンチョン）道から切り離されて12年7月に成立したのが世宗（セジョン）特別自治市であり，23年12月末現在，人口は39万2000人まで増加した。

慣習憲法まで含めると，何が憲法で，何が憲法体制なのか，ただちに明らかではない。

3　1987 年憲法の改正なき憲法体制の変化

選挙制度の変化

憲法／憲法体制という視点を導入すると，憲法の改正がなくても憲法体制が変化するという様相や機制がみえてくる。韓国においても，87 年憲法が改正されることなく選挙制度という憲法体制が変化したことについてはすでにみたとおりだが，ここでは，ほかの基幹的政治制度も挙げながら総合的に分析する。

まず，国会の選挙制度について，「1 票の格差」という観点から改めて検討する。

民主化以前から続く 1 票の格差は 1996 年総選挙に際しておよそ 6 倍にまで拡大していた。こうした区割りに対して憲法裁判所は 95 年 12 月に違憲・無効であり，国会に対して 4 倍以内に是正するように求める決定を下した。この決定は総選挙のわずか 106 日前におこなわれたもので，国会議員の政治生命がかかった重大事項に対して司法が積極的に介入した例といえる。結局，国会は区割りをやり直し，公職選挙法を改正せざるをえなかった。

この基準に基づき 2000 年総選挙も実施されると，憲法裁判所は 01 年 10 月に「憲法不合致」という決定を下した。憲法不合致とは，法律の当該条項が憲法に反するものの，ただちに違憲・無効にはせず，国会に対して法律改正の方向と期限を示す一方，具体的な案については立法裁量を認めるというものである。これを受けて，国会は 04 年総選挙までに 3 倍以内になるように公職選挙法の改正をおこなった。その後，12 年総選挙まで 3 回，この基準で実施されたが，14 年 10 月に憲法裁判所は再び憲法不合致の決定を下し，16 年総選挙以降，2 倍以内で実施されている。

選挙制度の詳細はすべて法律に委ねられているが，法の下の平等と国会の立法裁量のあいだで，区割りや１票の格差の基準も憲法裁判所の決定を通じて総選挙のたびに変化してきたというわけである。

議会制度の変化

次は，議会制度について検討する。

一院制や任期，法律・予算・人事の議決要件などは憲法事項であるが，委員会中心の運営や本会議への上程手続きなどは国会法で規定されている。この法律が改正されると，立法パフォーマンスや政党間競争のありさまが変化する。

特に大きな変化は 12 年の改正であり，議事妨害や迅速審議の手続きが規定される一方，国会議長による本会議への職権上程は事実上制約された。これにより，法案の迅速審議を可能にするためには委員会において「5 分の 3 以上の賛成」が必要となり，過半数議席を有しているだけでは本会議でただちに可決することはできなくなった。第一党が就くのが慣行になっている国会議長も，委員会で議決されていない法律案を本会議に上程できなくなった。与野党どちらに対しても，政党間の熟議や妥協を促すというのが改正の趣旨だった。

委員会のひとつである法制司法委員会は「法律案・国会規則案の体系・形式と字句の審査に関する事項」を所掌しているが，そのほかの委員会で可決された法案はこの委員会でも可決されて初めて本会議に上程されるため，事実上，委員会は二段階制になっている。また，この委員会の長には第二党が就くのが 04 年以降慣行になっているため，与党が過半数議席を有していても，思うように立法を進めることができない。

しかし，20年総選挙で圧勝した文在寅大統領の与党「共に民主党」は慣行に反してすべての委員長ポストを独占し，「立法改革」を推し進めた。野党の「国民の力」からすると「立法独走」にほかならない。慣行は定着すると制度の一種だが，明文規定ではないため従わないことも可能である。共に民主党は24年総選挙に際しても，選挙制度の改正は与野党の合意のもとでおこなうという慣行を守らず，比例区議席の配分方式を全面的に並立制から準併用制へと一方的に改正した。

地方自治制度の変化

最後に，地方自治制度について検討する。

「地方自治」に関する憲法条項はわずか2条のみであり，62年憲法以来，文言はいっさい変わっていない。しかし，87年憲法のもとで地方自治や中央・地方間関係は様変わりした。

韓国は国・広域自治体・基礎自治体の3層構造になっている。広域自治体は17（特別市［1］・広域市［6］・特別自治市［1］・道［6］・特別自治道［3]），基礎自治体は226（市［75］・郡［82］・区［69]）存在する。広域自治体では，釜山・大邱・仁川（インチョン）・光州（クァンジュ）・大田は1995年1月に直轄市から広域市へと再編され，蔚山（ウルサン）が97年7月に慶尚（キョンサン）南道から分離して広域市に昇格した。また，世宗特別自治市は2012年7月に発足した。

民主化以前，62年憲法以来明記されている議会は開設されることなく，首長も国が官僚を任命していたが，1990年の地方議会議員選挙法の制定によって議会がまず開設され，まもなくして首長も住民が選出するようになった。しかも，広域・基礎自治体とも，首長と議会が全国同時に選出されるという完全な統一地方選挙になっている。2002年・06年地方選挙から議会選挙は地域区に加えて比例区も実施されるようになった。さらに，10年地方選挙から教育監（教育長）も同時に選出されるようになり，住民は計7票を投じる。このように，住民自治が実現すると，地方においても首長と議会のあいだで政治，すなわち「地方政治」が展開されるようになった。

また，国と地方自治体，広域自治体と基礎自治体のあいだでも，権限や財源の移譲に関して交渉がおこなわれるようになり，地方は国の出先機関ではなくなった。さらに，「地方消滅」が危惧されるなか，住民のさらなる流出を食い止めるべく，企業の誘致などをめぐって地方間競争も激しくなっている。

憲法裁判所の決定という契機

法律の制定・改正はさまざまな理由でおこなわれるが，韓国の場合，憲法裁判所による「違憲」「憲法不合致」決定が契機になることが多い。

憲法裁判所は1988年9月に設立されて以降，2023年8月までの35年間で法院（裁判所）の要請によって法律の違憲審査を1109件おこない，342件を違憲，99件を憲法不合致と決定した。また，国民が直接提起できる憲法訴願においては，4万7827件のうち389件を違憲，210件を憲法不合致にした。この両者を合わせると，違憲・憲法不合致は1040件に達する。年平均30件，月平均2.5件という頻度である。民主化以前の憲法委員会はいちども法律を違憲としなかったことと対照的である。さらに，時系列比較だけでなく多国間比較においても，87年憲法下の韓国憲法裁判所は法律の違憲審査に対して積極的であるといえる。

この司法積極主義の理由としてまず考えられるのが，権威主義体制下で成立した法律が87年憲法と整合的ではないため，それらを

コラム 1　日付で歴史的出来事を記憶する

朝鮮戦争は韓国では「6・25」として知られている。1950 年 6 月 25 日，北朝鮮が「南侵」したことで勃発した。その後，戦線は朝鮮半島を縦断し，甚大な被害を残して，53 年 7 月 27 日に板門店(パンムンジョム)で休戦協定が結ばれた。この 3 年以上にわたる戦争は開戦日で記憶されているというわけである。逆に，北朝鮮では，「7・27」を「戦勝節」に指定し，宣伝している。

「5・16」(朴正熙による軍事クーデタ)(61 年)や「5・18」(光州民主化運動)(80 年)も，その後の一連の過程が重要であるが，「始まりの日」が広く継承されている。戦争も軍事クーデタも民主化運動も，「いつ始まるか」だけでなく，「どのように終わるのか」も「現在」を規定しているとすると，前者の日付だけが強調されるのは，

「正す」ということである。刑法，刑事訴訟法，集会および示威に関する法律など自由権を制約していた法律が主に該当する。

もうひとつ重要なことは，憲法不合致という「変形決定」である。これは憲法裁判所法に明記されている決定類型ではなく，憲法裁判所が違憲審査を通じて積み重ねてきた慣行である。法律をただちに違憲・無効にすると，政治部門(大統領や国会)の反発が強くなるが，憲法不合致だと，方向性や期限を含めて法律の改正を求めつつも，国会に立法裁量を認めるため，反発を一定程度緩和できる。区割りという国会議員にとって死活的利害がかかっている事項について，憲法裁判所が 3 回決定をおこなうなかで，違憲から憲法不合致へと間合いを変化させたのはこのためである。

このように，選挙制度・議会制度・地方自治制度などの基幹的政治制度，すなわち憲法体制は，87 年憲法が改正されることなくなんども変化した。その契機が憲法裁判所による決定の場合も少なくないが，憲法不合致という決定は制度化された慣行であるという点

「現在と過去のあいだの終わりのない対話」（E.H. カー／近藤和彦訳『歴史とは何か〔新版〕』岩波書店，2022 年，p.43）としての歴史に対する認識の仕方として興味深い。

日常生活においても，「赤ちゃんが生まれて 100 日」「恋人になって 200 日」など，「1 周年」に限らず，「始まりの日」から一定の期間が経ったことを記念し，その関係が続くことを祈念することが多い。出生や恋愛関係はそれだけ「決定的な出来事」だということである。

時間には，同じリズムを刻む「クロノス（χρόνος）」と前後を画する「カイロス（καιρός）」の 2 つがあるが，韓国の人たち――個人であれ，集合体であれ――にとってカイロスとして観念されることが多いのかもしれない。

が示唆的である。

4　新興民主主義体制定着のモデルケース？

「一部自由」から「自由」へ

韓国は 1987 年に民主化して憲法も改正されたが，同じ時期にアジアではタイやフィリピンなどが民主化した。この「第 3 の波」で民主化した国は多いが，その後のパフォーマンスには顕著な差がみられる。新興民主主義体制が定着した国もあれば，権威主義体制に再び後退した国もある。

国や時代によって異なる政治体制を測定したり分類したりする方法や指標はさまざま存在するが，まずはフリーダムハウスの「自由」指標を検討する（図 1-1）。フリーダムハウスは「政治的権利」と「市民的自由」の 2 つについていくつかの指標で測定し，それぞれを 7 点尺度（1 が最高，7 が最低）で評価，そのうえで総合的に

図 1-1　新興民主主義各国の FH スコアの推移

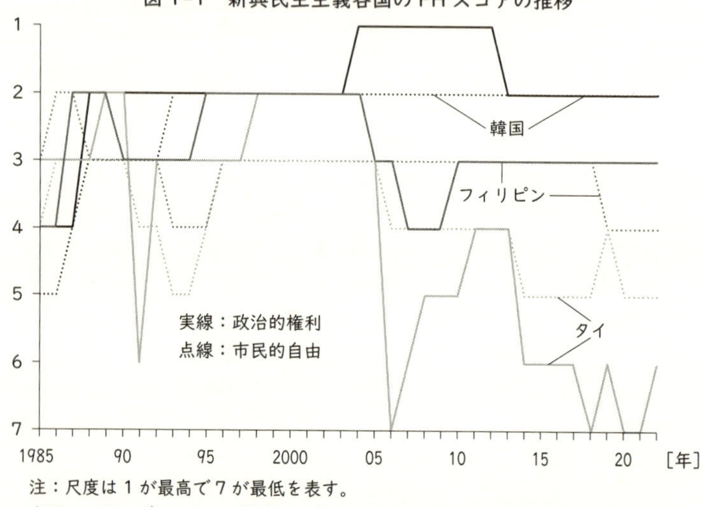

注：尺度は 1 が最高で 7 が最低を表す。
出所：フリーダムハウス（FH）のデータセットに基づいて著者作成。

判断して「自由」「一部自由」「非自由」の 3 つに政治体制を分類している。韓国は 1988 年に「一部自由」から「自由」へと変化し，それ以来「自由」を維持している。2023 年現在，政治的権利と市民的自由の両方とも 2 という評価である。この間，政治的自由が 1 に上昇した期間（04 ～ 12 年）もあるため，後退したともいえる。

一方で，タイやフィリピンも，韓国と前後して民主化し「自由」になったが，その後，「非自由」や「一部自由」へと後退した。特にタイは，軍事クーデタで文民政権がなんども崩壊し，王政との関係が問題になるなど体制変化が著しい。

国を測るさまざまな指標

次に英エコノミスト誌の「民主主義」指標を検討する。この指標

図 1-2　V-Dem における韓国の各種「民主主義」指標

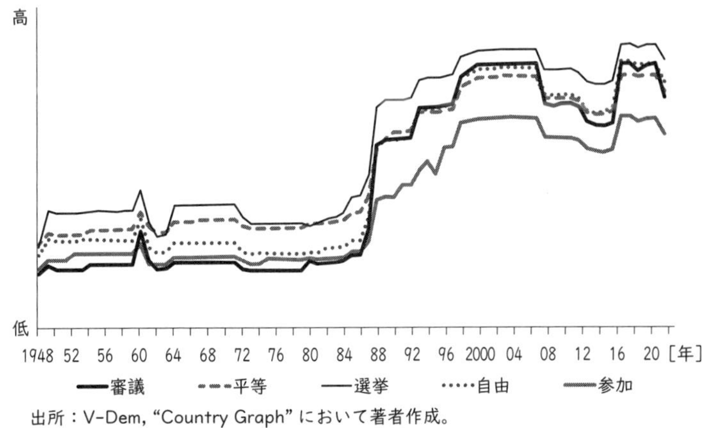

出所：V-Dem, “Country Graph” において著者作成。

では，「選挙過程と多元性」「政府の機能」「政治参加」「政治文化」「市民的自由」の 5 つについて測定し，全体を 10 点満点（10 が最高）で評価，そのうえで「完全な民主主義」「欠陥のある民主主義」「混合体制」「権威主義体制」の 4 つに政治体制を分類している。23 年現在，韓国のスコアは 8.09，調査対象 167 か国のうち 22 位であり，「完全な民主主義（スコア 8 以上，24 か国のみが該当）」に分類されている。

一方，タイやフィリピンはそれぞれスコア（順位）が 6.35（63 位），6.66（53 位）であり，共に「欠陥がある民主主義」（スコア 6 ～ 8，50 か国が該当）に分類されている。このほか，ウクライナ（5.06：91 位）やネパール（4.60：98 位）など 34 か国は「混合政体（スコア 4 ～ 6）」，ロシア（2.22：144 位）や中国（2.12：148 位）など 59 か国は「権威主義体制（スコア 4 未満）」とされる。

最後に V-Dem（Varieties of Democracy）の指標を検討する（図 1-2）。その名のとおり，V-Dem は「審議」「平等」「選挙」「自由」

「参加」などさまざまな側面で民主主義のさまざまな諸相を評価している。それぞれ値が高いほど良好であることを示している。

1948年以降の推移をみると，韓国ではいずれの側面も87年から88年にかけて大きく向上しているが，そのあいだで差もみられる。「選挙」が高い一方で，「参加」は低い。

民主主義「後退」の懸念

総じて，韓国は新興民主主義体制の定着の成功例，モデルケースといってよい。朴槿恵大統領の弾劾・罷免は87年憲法に則っておこなわれたし，政党間の政権交代も4回実現した。確実に，「選挙」が権力取得のための「街で唯一のゲーム」になっている。

とはいえ，民主主義の「後退」の懸念もある。近年，陣営間対立が激化するなかで，相手を「同じ共同体の一員」ではなく「敵」として捉える傾向が，国会でも，家庭，学校，職場でも，強まっている。そうなると，各自が異なる意見を「自由」に述べ，そのあいだで「審議」を重ね，それぞれ等しく妥協することで合意を形成していくという「平等」が損なわれる。選挙以外の政治「参加」の途が行き詰まると，むしろ選挙を通じた代議制民主主義が揺らぐ。

もっとも，さまざまな指標でみる限り，政治体制の次元で変化が生じたわけではない。

憲法／憲法体制と政治体制

憲法／憲法体制の変化と政治体制の変化は必ずしも連動するわけではないが，韓国の場合，87年憲法によって権威主義体制から民主主義体制へと変化したのは間違いない。それまでも韓国憲政史において体制変化は憲法改正をともなってきた。72年憲法と80年憲法はそれぞれ「維新体制（朴正熙の終身大統領制）」「第5共和国

（全斗煥政権）」と呼ばれる権威主義体制と切っても切れない関係にある。

憲法は改正されないなかで民主主義が「後退」した例がトランプ政権以降の米国である。上記３つのいずれの指標においてもスコアが下がっているが，「民主主義」指標では「完全な民主主義」から「欠陥のある民主主義」へと類型が変化した。陣営間対立，政治制度への不信，ポピュリズムの蔓延は韓国も例外ではない。

こうしたなか，「憲法の改正なき憲法体制の変化」だけでなく，「憲法の改正なき政治体制の変化」「憲法体制の変化による政治体制の変化」や，「政治体制の変化による憲法の改正」も視野に入れて各国の憲政史のダイナミズムを分析していく必要がある。その意味において，韓国は重要な case study（事例研究／判例研究）である。

参考文献

宇野重規『民主主義とは何か』講談社，2020 年。

大屋雄裕『裁判の原点――社会を動かす法学入門』河出書房新社，2018 年。

川中豪『競争と秩序――東南アジアにみる民主主義のジレンマ』白水社，2022 年。

木宮正史『国際政治のなかの韓国現代史』山川出版社，2012 年。

木村草太・西村裕一『憲法学再入門』有斐閣，2014 年。

駒村圭吾・待鳥聡史編『「憲法改正」の比較政治学』弘文堂，2016 年。

スタサヴェージ，デイヴィッド／立木勝訳『民主主義の人類史――何が独裁と民主を分けるのか』みすず書房，2023 年。

バジョット／小松春雄訳『イギリス憲政論』中央公論新社，2011 年。

待鳥聡史『政治改革再考――変貌を遂げた国家の軌跡』新潮社，2020 年。

マッケルウェイン，ケネス・盛『日本国憲法の普遍と特異――その軌跡と定量的考察』千倉書房，2022 年。

Comparative Constitutions Project
https://comparativeconstitutionsproject.org

Economist Intelligence Unit
  https://www.eiu.com/n/
Freedom House
  https://freedomhouse.org
V-Dem（Varieties of Democracy）
  https://v-dem.net

第2章

「帝王的」大統領制？ 韓国大統領はどのくらい強いのか

青瓦台から龍山に移った大統領室（出所：韓国・大統領室）

> こうして複数の統治者を創造することが，現実の民主主義の中心問題となる。民主主義のイデオロギーは統治者なき共同体であるが，民主主義の現実を専制支配の現実と区別するものは，統治の不在ではなく，統治者の多数である。
>
> ハンス・ケルゼン（長尾龍一・植田俊太郎訳）
> 『民主主義の本質と価値 他一篇』（岩波書店，2015年，pp.107-108）

本章のポイント

✓「行政」ではなく「執政」に注目するのはなぜか。
✓大統領や首相の「強さ」はどのように測り，比較するか。
✓選挙日程が固定されていると，どのような計算が働くのか。
✓日本も，知事・都道府県議会の関係は二元代表制（大統領制）だが，どのように理解するべきか。
✓尹錫悦大統領のリーダーシップの特性とは何か。

キーワード

執政長官，憲法上の権限，党派的権力，選挙サイクル，龍山大統領室

1　1987 年憲法でも依然として「帝王的」？

朴槿恵大統領の弾劾・罷免と「帝王的」大統領制

韓国の大統領は「帝王的大統領制」と形容されるくらい強すぎるのではないか，という理解が朴槿恵大統領の弾劾・罷免の過程を通じて広く共有された。全国各地でおこなわれたろうそく集会では，国民によって委任された権力を私的に悪用した「国政壟断」が非難され，憲法裁判所もそうした「憲法や法律〔に対する〕違背」（§65-1）が重大であるとして，憲政史上初めて公職者を任期半ばで罷免した。大統領は三権のうち行政府首班であると同時に，「外国に対して国家を代表する」「国家元首」（§66-1）でもある。その権限／権力は一義的には憲法によって付与されているため，87 年憲法が一気に注目された。憲法のあり方が問題になる歴史的な局面を「憲法政治」といい，憲法に基づいた政治である「通常政治」とは区別されるが，この一連の過程はまさに憲法政治だった。

前倒しで実施された 2017 年大統領選挙では，すべての候補者が憲法改正を掲げ，大統領の権限の縮小を訴えた。前後して国会に憲法改正特別委員会が 87 年憲法下で初めて設置され，統治機構や人権など項目ごとに検討を重ねたが，合意に至らなかった。文在寅大統領は 18 年地方選挙を前に憲法改正案を発議したが，議決定足数に足らず，開票されることなく頓挫した。その理由はともかく，最大の焦点は，大統領の権限をどのように規定するか，国会や司法によってどのように牽制＆均衡を図るのかにあった。そのためにも，大統領の権限がどのくらい強いのか，そして，それは憲法によってのみ成り立っているのかについて，比較の枠組みのなかに位置づける必要がある。

表 2-1　1987 年憲法における大統領

代	大統領	所属政党	任期	経歴
13	盧泰愚	民主正義党	1988.2 ～ 1993.2	軍人
14	金泳三	民主自由党	1993.2 ～ 1998.2	政治家
15	金大中	新政治国民会議	1998.2 ～ 2003.2	政治家
16	盧武鉉	新千年民主党	2003.2 ～ 2008.2	弁護士，政治家
17	李明博	ハンナラ党	2008.2 ～ 2013.2	事業家，ソウル市長
18	朴槿恵	セヌリ党	2013.2 ～ 2017.3	朴正熙元大統領の娘，政治家
権限代行	黄教安		2016.12 ～ 2017.5	高検長，法務部長官，国務総理
19	文在寅	共に民主党	2017.5 ～ 2022.5	弁護士，政治家
20	尹錫悦	国民の力	2022.5 ～ 2027.5	検察総長

出所：著者作成。所属政党は大統領就任時のもの。

それまで朝鮮(チョソン)の王だった高宗(コジョン)は 1897 年に大韓(テハン)帝国の皇帝を初めて名乗ったが，そもそも大韓民国の大統領は王／皇帝／帝王に比するほどの権限を有しているのだろうか。

「政治報復」の連鎖

弾劾・罷免された朴槿恵だけでなく，87 年憲法のもとで任期を終えた 7 名の大統領のうち文在寅以外の 6 名は，在任中や退任後に本人または家族が収賄罪などで立件された（表 2-1）。

盧武鉉(ノムヒョン)は，弾劾訴追されたものの罷免は免れて任期を全うしたが，検察から取調べを受けるなかで自死した。ほかの大統領やその家族も，収賄，取調べ・起訴，有罪判決・収監，そして大統領による特別赦免というサイクルが繰り返されている。

「文民政府」金泳三(キムヨンサム)が主張する「歴史の立て直し」のもと，検察は軍人出身の元大統領 2 名，全斗煥(チョンドゥファン)と盧泰愚(ノテウ)を内乱罪や収賄罪などで起訴し，大法院（最高裁判所）はそれぞれ無期懲役，懲役 17 年という判決を下したが，およそ 2 年間の身柄拘束・収監ののち，大統領によって特別赦免された。このうち，捜査・逮捕・身柄拘束・起訴は検察がおこなっているが，大統領の意向を汲んだものとして，検察は「権力の侍女（ママ）」と長らくいわれてきた。

「ろうそく革命」によって誕生したと誇る文在寅大統領が「積弊清算」（長年の害悪を一掃すること）を掲げるなか，検察は李明博（イミョンバク）と朴槿恵の元大統領２名を収賄罪などで起訴，大法院はそれぞれ懲役17年，懲役22年という判決を下したが，数年間の身柄拘束・収監ののち，後任の大統領によって特別赦免された。始まり方から終わり方まで「歴史の立て直し」とまったく同じである。

元大統領とはいえ，不正を犯したのであれば，法によって処罰されることは当然であるが，大統領が検察を通じて「政治報復」をおこなっているという批判も根強い。それだけ検察の中立性が問われているということであるし，その人事は，大統領・与党にとっても，野党にとっても，切実である。

尹錫悦（ユンソンニョル）大統領は検事出身である。文在寅によってソウル中央地検長に任命され，「積弊清算」を主導し，その功績で検察総長（検事総長）に抜擢された。その後，「生きた権力も捜査する」として，文の最側近であった曺国（チョグク）法務部長官に矛先を向けると，文と対立し，任期２年を全うせず辞任，野党から出馬し，当選した。

収賄，起訴，赦免，いずれも大統領の権限が強すぎるために生じているという見方がある。

歴代憲法における「大統領」の位置づけ

このように，韓国では大統領の権限が強すぎるためさまざまな問題が生じているという見方が広く共有されている。民主化して成立した87年憲法における大統領の位置づけについて，62年憲法・72年憲法・80年憲法と比較してみる。

87年憲法において「大統領」は，第４章「政府」第１節で20条にわたる条文で規定されている。第４章はほかに，第２節「行政府」があり，その第 2 節は第 1 款「国務総理（首相）と国務委員（閣僚）」，第 2 款「国務会議（内閣）」，第 3 款「行政各部（省庁）」，第 4 款「監査院」から成り立っている。大統領は行政府と並んで政府を構成しているという構図である。

その第 4 章「政府」は，第 3 章「国会」，第 5 章「法院（裁判所）」，第 6 章「憲法裁判所」と同格という位置づけである。国家元首である大統領よりも，立法権が属する国会のほうが先に規定されている。これは政府が先に規定されていた 80 年憲法と対照的である。さらに，憲法裁判所が設置されていなかったことを除くと，62 年憲法と同じ順序である。民主化の焦点は「大統領直接選挙制」「民主憲法の復活」「憲法改正」だったが，62 年憲法がモデルとされたのはこういう経緯に拠る。

一方，72 年憲法では，第 3 章「統一主体国民会議」，第 4 章「大統領」，第 5 章「政府」，第 6 章「国会」，第 7 章「法院」，第 8 章「憲法委員会」の順に規定されていた。大統領は政府とは別に独立した章立てになっているし，「国民の主権的受任機関」とされた統一主体国民会議は大統領を選出するが，その代議員は事実上大統領が選任した。

時系列比較において，87 年憲法における大統領は国会，法院，憲法裁判所などほかの憲法機関によって相対的に大きく牽制される位置づけになっている。

大統領制と議院内閣制

2022 年大統領選挙の前後で日本でも韓国大統領の強さについてメディアで話題になったし，米国大統領についても似たような図式で提示されることが少なくない。しかし，こうした理解の仕方は，大統領制と議院内閣制の違いや，執政長官（大統領や首相）の強さ

コラム2　President／大統領

President は米国独立革命を経て世界で初めて設けられたポストである。宗主国イギリスのような王ではなく，13 州を束ねる役割が期待された。動詞の preside は「会を主宰する」「統括する」という意味である。

この語に，「武家の頭（かしら）」を意味した「統領」に「大」の字をつけて「大統領」と訳出したのは幕末の日本である。その後，明治になり，憲法制定，議会開設へと展開したが，日本は国憲＝憲法をプロイセン（ドイツ）に倣（なら）ったため，伊藤博文以来，内閣総理大臣はいても，大統領はいない。

「(臨時) 大総統」に就いたのは，清から替わった中華民国の孫文，そして袁世凱である。「大」の字がとれた「総統」には，国共内戦に敗れ，1949 年に台湾に逃れた蒋介石が就いた。台湾の総統はその後，蒋経国，李登輝，陳水扁，馬英九，蔡英文などを経て，現在，頼清徳

がどのように構成されているのかに関する根本的な誤解に拠るものである。

大統領制では，大統領と議会の両方を国民が直接選出するし，それぞれの任期は保障されている。一方，議院内閣制では，首相は議会によって選出され，その信任を失うと失職する。ここまでは高校の科目「政治・経済」「公共」で学ぶ知識である。

立法・行政・司法のあいだで三権分立が成り立っていて，牽制＆均衡を図るのが憲法の本旨であるともいわれる。たしかに，立法権・行政権・司法権は議会・政府・裁判所という異なる機関にそれぞれ分けて付与されている。しかし，議院内閣制では，議会の信任に基づいて首相が選出されるため，少なくとも議会と政府のあいだにおいて，権力の担い手はむしろ融合することが期待されている。そのため，少数与党もないわけではないが，与党は議会で多数派を

である。

「大統領」職が設けられたのは，三一独立宣言（1919年）を経て上海に成立した大韓民国臨時政府の臨時憲法であり，臨時大統領は李承晩(イスンマン)であった。そして，大韓民国政府樹立宣言に先立つ48年憲法の制定過程において，李承晩が大統領職の設置を強く要求したため，第4章「政府」第2節「国務院（内閣）」の前に第1節「大統領」が挿入された。それ以来，議院内閣制だった60年憲法も含めて，大統領が常に存在している。

金泳三大統領の次男の金賢哲(キムヒョンチョル)は，父の在任中，「小統領」と呼ばれるほど権勢を誇ったが，いかなる公職にも就いていなかった。金泳三は「人事が万事」という表現を好んだが，任期末の支持率低下につながったリーダーシップの陥穽(かんせい)も人事，いや私人にすぎない身内の管理にあった。

形成しているものとみなすことができる。

一方，大統領制では，大統領と議会は別々に選出されるため，与党が議会で多数派を形成していない場合も少なくない。その場合，大統領は憲法上権限が与えられていても，野党が多数派を握る議会によって牽制される。

執政長官の憲法上の権限は憲法によって異なるが，同じ権限が与えられている場合，大統領（制）よりも議院内閣制の首相のほうが，議会における多数派与党によって支えられ，実際にリーダーシップを発揮できる可能性が高い。

2 「強さ」の条件（1）――憲法上の権限

首相がいる大統領制

大統領や首相など執政長官の強さについて検討する前に，確認しておくべきことがある。まず，「執政」という概念についてである。「行政権は，内閣に属する」（日本国憲法第65条）のように，「行政」のほうが馴染み深い用語だろう。国会は法律を制定する立法機関，内閣は法律を執行する行政機関，裁判所は法律に基づいて紛争を解決したり，法律やほかの憲法機関の作用が憲法に反していないかを判断したりする司法機関という理解が一般的である。しかし，内閣やその長たる首相，あるいは大統領は，ただ単に法律を執行するというよりも，法律・予算・人事を通じて政策の実現を図る政治プレーヤーであり，政治を執りおこなう「執政長官」と呼ぶのがふさわしい。事実，日本国憲法が定める「行政権」は英語ではadministrative powerではなくexecutive powerと訳出されているが，これは「執政権力」そのものである。このように，大統領制や議院内閣制，半大統領制など，執政長官と議会の関係を定める政治制度は「執政制度」という。

もうひとつ，韓国はそもそも大統領制なのか，ということである。国務総理の存在と役割をどのように理解するべきなのか。

フランスや台湾のように，任期が固定している民選の大統領（総統）が議会に責任を負う首相（行政院長）や内閣（行政院）と併存している執政制度は「半大統領制」という。韓国の場合，たしかに，大統領が国務総理を任命するにあたっては「国会の同意」（§86-1）が必要であるが，国務総理が「提請（推薦）」（§87-1）する国務委員の場合は不要である。また，国会は国務総理や国務委員の「解任を建議できる」(§63-1) が，法的拘束力はない。このように，国務総理の成立は国会の同意に基づくが，その存続は国会に左右されない。つまり，国務総理は国会に責任を負っていない。

そもそも，国務総理は「行政各部を統括する」とはいえ，大統領の「補佐」(§86-2) 機関にすぎない。国務会議も案件を「審議」(§89) するが，議決するわけではない。

つまり，韓国は半大統領制ではなく，「首相がいる大統領制」である。

執政権力を比較する

第1章でみた比較憲法プロジェクト (CCP) では，大統領・首相を問わず，執政権力を比較する指標を提示している。それによると，執政権力は，法律案提出，政令制定，憲法改正発議，国家緊急権，法案拒否権，法律に対する違憲審査の要求，議会解散の7つで測定・比較できる。これらは憲法で規定されている場合がほとんどであるため，憲法上の権限といえる。

韓国大統領はこの7つのうち最初の5つを有している。CCPのデータセットにある190か国の平均値は4.36（米国大統領は1，日本の首相は2）であるため，強いほうである。同時に，この値が5以上の国は93か国，6以上の国は55か国，7は25か国存在するため，格別に強いわけではない。

国会の解散権も80年憲法では付与されていたが，87年憲法への改正において削除された。

拒否権は法律案全体に対するものだけで，一部の条項だけ拒否することはできない。また，国会が拒否権を無効化するためには，「出席議員の3分の2以上の賛成」(§53-4) という特別多数が必要である。

さらに，CCP は立法権力についても，32 の項目について有無を測定し，最大 1 で測定している。それによると，平均値が 0.29 のところ，韓国国会は 0.38 で強いほうである。

このように，韓国大統領の執政権力は強いほうだが，際立っているわけではない。韓国国会の立法権力も弱いわけでは決してなく，多国間比較では強いほうである。

ほかの憲法機関に対する人事権

次に，国会以外の憲法機関について，その成立・存続に対して大統領がどれくらい権限を有しているのかを確認する。

大法院に対しては，大法院長（長官）も大法官（判事）も，国会の同意を得て大統領が任命する。任期は 6 年であり，弾劾・罷免を除いて，解任されることはない。

憲法裁判所裁判官 9 名のうちのうち所長を含む 3 名は大統領が任命する。残りは国会と大法院長が 3 名ずつ選出・指名し，大統領が任命する。所長の任命には国会の同意が必要である。任期は 6 年であり，弾劾・罷免を除いて，解任されることはない。

大法院・憲法裁判所のいずれに対しても，大統領は人事権を有していて，その成立には関与できるが，解任することはできない。

大統領はまた，憲法機関である「行政各部」とは別に，大統領室を有している。秘書室長・政策室長・国家安保室長などのスタッフを数多く揃え，「執政中枢（コア・エグゼクティブ）」を形成しているが，その人事は国会の関与なく独自におこなうことができる。文在寅大統領は「青瓦台（チョンワデ）政府」と形容されるほど大統領府を重視した意思決定構造だった。青瓦台は長らく大統領の執務室があった建物が青い瓦で葺（ふ）かれていることに由来する。

尹錫悦大統領は就任と同時に龍山（ヨンサン）にある国防部の建物に大統領室

を移転し，国務総理や国務委員に権限を委譲すると明らかにしたが，その後，大統領室主導の意思決定構造は何も変わっていない。

政策領域ごとの裁量

最後に，政策形成に関する大統領の憲法上の権限を検討する。政策は法律・予算・人事を通じて実現が図られるが，政策領域によって異なる部分もある。

法律案は国会議員だけでなく政府も提出できる。この法律案提出権は大統領にとって重要な執政権力のひとつである。米国大統領にはこうした権限が付与されていないことと対照的である。

予算案や補正予算案の編成は政府がおこない，国会の「議決」（§54-2）を得なければならない。減らすことはできるが，「国会は政府の同意なく政府が提出した支出予算各項の金額を増やしたり，新しい項目を設けたりすることはできない」（§57）。財政政策は経済政策の柱のひとつであるが，財政準則に関する憲法規定はなく，大統領を首班とする政府に裁量が広く認められているというわけである。

もうひとつの柱は金融政策であるが，中央銀行に関する憲法規定もない。韓国銀行総裁は「国務会議の審議と国会の人事聴聞会を経て大統領が任命する」と韓国銀行法で規定されている。そして，総裁以下7名で構成される金融通貨委員会が公定歩合など通貨信用政策を決定する。これでも，かつて財務部が統制していた頃と比べると，韓国銀行の独立性は相対的に高まったが，財政と金融が分離したはずの現在においても，第14章でみるように，大統領は依然として総裁人事などを通じて金融政策にも影響を及ぼす。

外交安保政策も，条約の批准，国軍の外国派遣，外国軍隊の駐留など国会の同意を要する場合を除くと，政府に幅広い裁量が認められている。

このように，政策領域によって大統領の憲法上の権限は異なっている。

3 「強さ」の条件（2）——党派的権力

「与大野小」国会と「与小野大」国会

憲法上の権限のほかに，大統領の強さを規定するのが党派的権力である。権限が付与されていても，政党を通じて議会のなかで支持を得ていないと，大統領単独では政策を遂行することができない。

韓国の場合，まず注目すべきなのが，与党の国会議席数が過半数かどうかである。87年憲法において法律・予算・人事の議決要件はすべて，「在籍議員過半数の出席と出席議員過半数の賛成」（§49）となっている。

大統領と議会多数派の党派構成が同じ「統合政府」のことを韓国では「与大野小」国会という。逆に，両者のあいだで党派構成が異なる「分割政府」のことを「与小野大」国会という。日本における衆議院と参議院の「ねじれ国会」も，二院制議会において多数派の党派構成が互いに異なることを指す。また，イギリス議会は上院（貴族院）と下院（庶民院）から構成される二院制だが，下院でいずれの党派も過半数を得ていない場合，「宙ぶらりん」議会という。

民主化以降，10回実施された総選挙で与党が過半数議席を獲得したのは2004年・08年・12年・20年の4回である。任期中，ほぼずっと与大野小国会だったのは李明博大統領だけで，そのほかの大統領は与小野大国会のなかで国政運営に臨んだ。与小野大国会は決して例外ではなく，むしろ常態なのである。

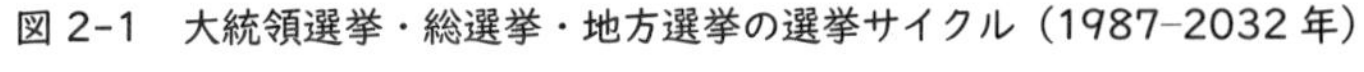
図 2-1　大統領選挙・総選挙・地方選挙の選挙サイクル（1987–2032 年）

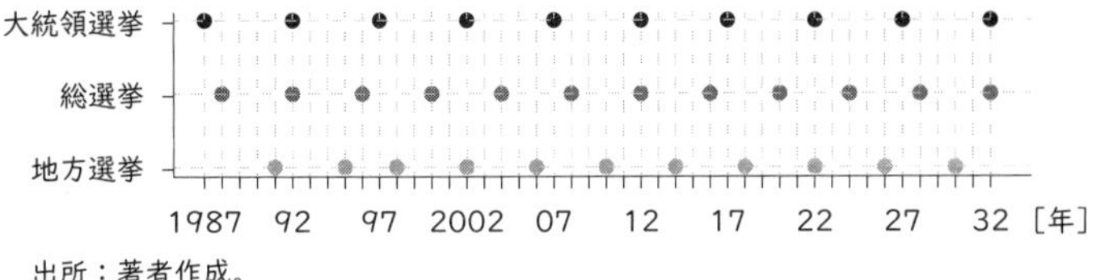

出所：著者作成。

選挙サイクル

与小野大国会になりやすい理由として選挙サイクルが挙げられる。

大統領（5 年）と国会（4 年）の任期が異なるうえに，選挙日程が異なる。大統領選挙は従来，12 月に実施され，翌年 2 月 25 日に就任していたが，朴槿恵大統領の弾劾・罷免によって前倒しされて以来，3 月に実施され，5 月 10 日に就任するように変わった。総選挙は 4 月に実施され，5 月 30 日に国会が開院となる。こうした選挙サイクルのなか，大統領ごとに総選挙の時期が異なる（図 2-1）。

米国下院選挙は 2 年ごとに実施されるが，2 回に 1 回は大統領選挙と同時に実施される。同時選挙のほうが統合政府になりやすく，非同時選挙のほうが分割政府になりやすい。韓国総選挙は常に非同時選挙であるが，大統領選挙，大統領就任の直後におこなわれるほぼ同時選挙もあれば，大統領の任期半ばにおこなわれる中間選挙もある。

李明博大統領は就任直後と退任 10 か月前に 2 回総選挙を迎え，両方とも与党が過半数議席を獲得した。その結果，任期中，ほぼずっと与大野小国会だったが，後述する理由により，思うように国政運営ができなかった。

文在寅大統領は 17 年 5 月の就任当初，与小野大国会だったが，最大野党も過半数を有していない「宙ぶらりん」国会のなか，小政党から立法協力を得ながら国会運営にあたった。任期3年目が終わろうとする時期に実施された20年総選挙で圧勝し，それ以降，与大野小国会で「立法改革」を推進した。

与党に対する統制

党派的権力はまた，大統領が与党をどれだけ統制できるかによって左右される。この政党の一体性はイデオロギー的凝集性（まとまり）と規律によって成り立っているが，後者は主に総選挙の公認権によって担保されている。

「大統領の任期は5年とし，重任することはできない」（§70）ため，大統領選挙は常に現職者のいない新人同士の争いになる。野党はもちろん，与党の次期大統領候補も現職大統領との差別化を図ることが必至である。文在寅大統領は例外的に任期末でも支持率が40％前後と高かったが，そのほかの大統領はいずれも任期末に近づくにつれ人気を失うというレイムダックに陥った。こうしたなか，ひとたび総選挙が終わり，レイムダックになると，与党議員は現職大統領と次期大統領候補のあいだで割れ，政党の規律が低下する。

07年大統領選挙に際して党内予備選挙で惜敗して以降，朴槿恵は李明博に対して終始「与党内野党」の立場を貫いた。李は大統領就任当初から，与党を完全に統制することはできなかった。さらに，12年総選挙を前に現職大統領の支持率が落ちると，次期大統領候補になることが確実視されていた朴は，「李の与党ハンナラ党」から「朴の新与党セヌリ党」へと党の再編をおこない，過半数議席を得た。この結果，李は任期の最後まで与大野小国会のままだったが，「与大」はもはや李に与（くみ）する政党ではなかった。逆に，朴からすると，与党内野党を貫いたため，李に対する業績評価を回避し，自らに対する期待投票へと有権者を誘導することに成功したわけである。

連立与党の場合

規律の低下のほかに，政党の一体性を低下させるのは連立与党の場合である。

韓国大統領選挙では，フランスのような決選投票がおこなわれないため，連合政治が生じにくいが，まったく事例がないわけではない。

代表的なのが「DJP連合」である。1997年大統領選挙を前に，新政治国民会議の金大中（Kim Dae-jung: DJ）は自由民主連合の金鍾泌（Kim Jong-pil: JP）から選挙協力を得て，ハンナラ党の李会昌に得票率1.5ポイント差で辛勝した。金大中大統領は金鍾泌を国務総理に据えるだけでなく，自由民主連合の議員に国務委員も配分，2000年総選挙の結果，国会において院内交渉団体を構成できなくなった自由民主連合に対して「議員の貸し出し」すらおこなった。一方，金大中大統領は任期中に議院内閣制への憲法改正をおこなうという合意を反故にした。

この執政連合は，北朝鮮に対して宥和的な姿勢を示す太陽政策をめぐって両者が対立し，その立役者であった林東源統一部長官に対する解任建議を自由民主連合が野党ハンナラ党と一緒に2001年9月に可決することで瓦解した。金大中大統領には金鍾泌率いる自由民主連合を統制する規律がなく，そもそも両者はイデオロギー的立場が離れていた。第5章でみるように，イデオロギー的対立が韓国で初めてみられたのが北朝鮮に関する政策選好である。

ほかの例としては，尹錫悦と李俊錫や安哲秀の関係も当初，連合だったといえる。李は，尹が検察総長を任期半ばで辞任して政界に入った際，「国民の力」の代表だった。小政党「国民の党」代表だった安は，22年大統領選挙の最終局面で尹との候補者一本化に応じ，尹が「共に民主党」の李在明に対して得票率0.73ポイント差で辛勝するのに貢献した。しかし，その後，尹は李俊錫を党代表から追いやり，また，安にもDJP連合のように国務総理や国務委員といったポストを与えるなどの処遇をしていない。

4　尹錫悦大統領の場合

「与小野大」国会と人事

87年憲法が改正されていない以上，憲法上の権限は，盧泰愚大統領以降8名の大統領すべて同じ定数である。一方，党派的権力は国会における与党の議席率や与党に対する大統領の統制によって左右される変数であるため，大統領によって異なるし，同じ大統領でも時期によって変わる。

尹錫悦大統領の場合，2022年5月の就任時，与小野大国会であり，24年総選挙でも与党の国民の力が過半数議席を獲得できなかったため，任期末までずっと与小野大国会という初めての大統領である。こうしたなか，尹大統領は法律・予算・人事いずれにおいても，与党単独では進めることができないという状況である。

前述したように，国務総理や国務委員に対する国会の解任建議には法的拘束力はないが，それまで可決された3件のうち2件（金大中政権の林東源統一部長官，盧武鉉政権の金斗官（キムドゥグァン）行政自治部長官）は大統領が事実上更迭（こうてつ）している。もう1件，金在水（キムジェス）農林畜産食品部長官に対して，朴槿恵大統領は解任しなかった。

国会で過半数議席を握る野党の共に民主党は，朴振（パクチン）外交部長官，李祥敏（イサンミン）行政安全部長官，そして韓悳洙（ハンドクス）国務総理の3名に対して相次いで解任建議をおこなった。しかし，尹錫悦大統領はいずれも政略にすぎないとして一蹴した。

李長官に対して，共に民主党は22年10月のハロウィン時季に起きたソウル梨泰院(イテウォン)雑踏事故の責任を追及して弾劾訴追もおこなったが，憲法裁判所は全員一致で棄却した。ほかにも，与小野大国会で３名の検事が弾劾訴追された。

さらに，共に民主党は23年10月，大法院長に尹大統領が指名した李均龍(イギュニョン)に対して任命同意を与えなかった。大統領の大法院長人事が頓挫したのは，同じく与小野大国会だった1988年以来35年ぶりだった。

このように，人事をめぐって，尹大統領は任期中，この先も与小野大国会とのあいだで難局が続くことが予想される。

「与小野大」国会と拒否権

尹錫悦大統領にとって与小野大国会における難局は，人事だけではなく，法律や予算をめぐっても当初より続いている。

与党の国民の力の議席率は過半数には遠く及ばないが，３分の１を超えているため，尹大統領とすれば，自ら望む法律案を可決することはできないが，望まない法律案に対して拒否権を行使することでその成立を阻止することはできる。事実，就任後，第22代国会の開院（24年５月）までのあいだに，尹大統領は梨泰院惨事特別法や大統領夫人の金建希(キムゴニ)に関する特別検察法など14件の法律案に対して拒否権を行使した。

これは民主化以降８名の大統領のうち最多である。次いで盧泰愚（7件），盧武鉉（4件），朴槿恵（2件），李明博（1件）の順である一方，金泳三・金大中・文在寅は０件である。盧武鉉が弾劾訴追され，憲法裁判所によって棄却されることで職務に復帰するあいだ大統領の権限代行を務めた国務総理の高建(コゴン)も２件，行使した。このうち，与小野大国会が拒否権を覆したのは１件で，盧武鉉大統領の側近に関する特別法である。

予算については，コロナ禍で財政出動が続いて膨れ上がっていたなかで，24 年予算案を前年度比 2.8％増にとどめた緊縮型で編成したところ，支出項目間で増減はあったものの，総額はむしろ 2000 億ウォンほど削減されて成立した。予算案は「会計年度開始の 30 日前までに」（§54-2）議決することになっているが，増減の駆け引きのなか，ほとんど順守されていない。総選挙前ということもあり，24 年予算案は国会の予算決算特別委員会の「小々」委員会という密室で決定され，その審議過程は議事録にいっさい残されていない。

予算は大統領と国会，与野党のあいだで取引が可能であるため，大統領としてはまだしも与小野大国会と折り合いをつけやすい。

「潜龍」と「龍山」大統領室

27 年 5 月に尹錫悦大統領が退任するまでに，26 年 6 月に地方選挙が予定されている。翌年 3 月の「大統領選挙の前哨戦」と位置づけられるはずで，与野党ともに次期大統領候補が頭角を現し，党内予備選挙に向けて地歩を固めようとする局面である。特に与党においては，レイムダックに陥る現職大統領との差別化を図るのが常である。

この次期大統領候補を韓国では「潜龍」という隠語で呼ぶが，大統領室を青瓦台から龍山に移転させた尹錫悦大統領としては「この世に龍は一頭だけいればいい」となる。逆に，潜龍からすると，どの局面で「昇龍」たろうとするのかは戦略的な選択・決定である。24 年総選挙で当選した国会議員も，28 年総選挙の公認を考慮すると，龍山よりも潜龍に忠誠を誓うほうが合理的である。それぞれの計算において選挙サイクルが影響している。

盧泰愚から金泳三へ，金大中から盧武鉉へ，李明博から朴槿恵へ，この３件は同じ政党内で政権が変わった事例であるが，いずれも，大統領選挙に向けて潜龍が昇龍たろうとして現職大統領と差別化を図った。朴槿恵の場合，当初より与党内野党の姿勢を貫徹したことはすでにみたとおりである。

尹大統領にとっては，韓東勲（ハンドンフン）や呉世勲（オセフン）との関係が重要である。韓東勲は尹が検察総長だった頃，最側近として尹に仕え，政権が発足すると法務部長官に就いた。さらに，24 年総選挙を前に与党のトップに担ぎ出されたが，惨敗の責任をとって辞任した。しかし，その後，同年７月に代表に選出され，「国民の目線」「政府・与党間の水平的な関係」を強調している。

ソウル市長通算４期目の呉世勲は 26 年地方選挙で５期目に挑戦することもできるが，27 年大統領選挙に立候補することが確実視されている。首都ソウルでの首長経験はほかの潜龍にはない政治資源である。しばらくは「地方」「行政」に徹しつつ，「国政」に打って出るタイミングを計るだろう。その間，現職大統領に対しては，差別化する姿勢をとるものと予想される。

２人の代理人

韓国の大統領は「帝王的」と形容されるほど強いのか，これが本章の問いだった。たしかに，憲法上の権限は多国間比較において強いほうだが，党派的権力は状況によって異なる変数であり，強さはそのつど変わるといえる。「大統領は（首相より）強い」という一般的な理解は，米国大統領のイメージが投影された結果であることが少なくないが，それは外交安保の領域で大統領が変わると政策が一転するからである。しかし，これも，たとえばウクライナに対する軍事支援の予算は議会が決定する事項であり，大統領に無条件の裁量があるわけでは決してない。

そもそも，大統領制において，「我ら大韓国民」（憲法前文）は大統領と国会というそれぞれ役割が異なる２人の代理人を有している。両者を互いに牽制させることで均衡を図り，民主的な委任と責任の連鎖を働かせるというのが，この執政制度の趣旨である。

ただ，韓国の場合，首相がいる大統領制であり，大統領の法律案提出権や国会議員の国務委員兼職など，一部，議院内閣制的な要素もある。また，「大統領所属党」や「反対党」「分割政府における議会多数党」ではなく，「与党」「野党」という議院内閣制の用語が一般的に用いられている。そのため，「政府 vs. 国会」という機関間対立より「政府・与党 vs. 野党」という党派的対立の図式が前面に出やすい。

「帝王的大統領制」も含めて，こうした現地社会における用法は，それはそれとして理解しつつ，韓国大統領についても執政長官のひとつとして CCP などの比較の枠組みのなかに位置づけ，分析することが重要である。

参考文献

アッカマン，ブルース／川岸令和他監訳『アメリカ憲法理論史――その基底にあるもの』北大路書房，2020 年。

生駒智一『韓国の連合政治――「接着剤モデル」からみる金鍾泌の生存戦略』文理閣，2021 年。

林東源／波佐場清訳『南北首脳会談への道――林東源回顧録』岩波書店，2008 年。

上村剛『アメリカ革命――独立戦争から憲法制定，民主主義の拡大まで』中央公論新社，2024 年。

粕谷祐子『アジアにおける大統領の比較政治学――憲法構造と政党政治からのアプローチ』ミネルヴァ書房，2010 年。

木村幹『民主化の韓国政治――朴正煕と野党政治家たち 1961 ～ 1979』名古屋大学出版会，2008 年。

木村幹『韓国現代史――大統領たちの栄光と蹉跌』中央公論新社，2008 年。
日本比較政治学会編『執政制度の比較政治学』ミネルヴァ書房，2016 年。
待鳥聡史『アメリカ大統領制の現在――権限の弱さをどう乗り越えるか』NHK 出版，2016 年。
森万佑子『韓国併合―大韓帝国の成立から崩壊まで』中央公論新社，2022 年。

大韓民国大統領室
https://www.president.go.kr

第3章

議会制度

「通法府」か，アリーナか

大韓民国国会の本会議場（出所：AP/アフロ）

人民と議員との関係で最も大事な点は，「人民がつねに主人」の立場であり，「議員は必ず人民に仕(つか)える人」の立場だということである。この関係を誠実に守り通していくことは，憲政を運用する上で最も大事なことだ。憲政の弊害のすべては，この関係の逆転から生ずる。

吉野作造（山田博雄訳）『憲政の本義，その有終の美』
（光文社，2019年，p.188）

本章のポイント

- ✓議会には，誰の，どのような利害や価値観が代表されているのか。
- ✓法律はどのような手続きを経て制定されるのか。
- ✓野党が過半数議席を占める国会は政府・与党にはどのように映るのか。
- ✓そもそも政府と与党の関係はどうあるべきか。野党は「反対」だけするのか。
- ✓イデオロギー的分極化とは何か。その結果，何が生じているのか。

キーワード

立法権，任命同意，「与小野大」国会，アリーナ，イデオロギー的分極化

1　国会議員とは誰か／国会とは何か

一院制議会

大統領制において，議会は大統領と並び立つ政治部門であり，共に国民から直接委任を受けるなかで相互に牽制しつつ，行き過ぎを阻止し，均衡を図ることが期待されている。特に韓国のように，国務総理（首相）に対する任命同意，国務総理や国務委員（閣僚）に対する解任建議，国会議員の国務総理や国務委員の兼任といった議院内閣制的な要素がある大統領制においては，両部門の関係は一層複雑である。

韓国の議会は「国会（The National Assembly）」と呼ばれる。議院内閣制を定めた 60 年憲法において民議院と参議院の二院制だった時期を除き，国会は 48 年憲法以来，一院制である。列国議会同盟（IPU）のデータによると，世界 190 か国のうち，一院制は 111 か国で採用されている。

二院制が用いられているのは，第 1 に，米国・カナダ・ドイツのような連邦制国家である。「人」を代表する第一院とは別に，第二院は「地域」を代表する。米国の上院の場合，人口の多寡とは無関係に，各州，完全に 2 議席ずつである。人口が最大のカルフォルニア州（3954 万人）と最小のワイオミング州（58 万人）では 68 倍の差があるが，1 票の格差は問題にならない。

第 2 に，イギリスに典型的にみられるように，貴族制の歴史があるところで，下院（庶民院）とは別に，上院（貴族院）として残ったものである。貴族院は，成文憲法を有さないイギリスにおいて，長らく最高裁判所として機能してきたが，2005 年の憲法改革法によって連合王国最高裁判所が設立されてからはその権能を失った。

両院のあいだの権限は国や憲法によって異なる。

連邦国家でもなく，両班（ヤンバン）（王朝期の支配階級であり，官職に就く）など身分制度が解体された韓国が一院制議会になっているのは不思議なことではない。そのなかで，二院制は「統一韓国」の憲法デザインとして議論されている。韓国と北朝鮮の人口比はおよそ2対1であるため，劣勢の「旧北朝鮮」に同等の地域代表を認めないと政治的包摂が困難になるという見方がある。

「小さい」国会／「多すぎる」議員

「国会議員の数は法律で定めることとするが，200人以上とする」（§41-2）と87年憲法で規定されているなか，国会の定数は第22代国会（2024～28年）では300である。人口100万人あたりの議員数は5.8であり，OECD（経済協力開発機構）38か国のなか，米国（1.6），メキシコ（5.0），日本（5.6），コロンビア（5.7）に次いで5番目に少ない。

しかし，韓国国民にとって，国会議員の数は「多すぎる」ことが常に問題になっている。国会議員には，国会における発言や票決について責任を負わない免責特権や，現行犯でない限り国会の同意なく逮捕されないという不逮捕特権が憲法で認められているだけでなく，歳費（前年比1.7%増額され，24年から1億5700万ウォン）や9名の補佐官や秘書官なども法律で保障されているが，パフォーマンスに見合わない過度な特権として批判されている。そのため，減らすべきだという声が絶えない。

事実，民主化当初，299だった国会定数はアジア通貨危機後の第16代国会（2000～04年）に際して，公職選挙法の改正を通じて273へと「構造調整（リストラ）」されたことがある。しかし，第17代国会（04～08年）ですぐに299に戻り，第19代国会

（12～16年）で300に増え，現在に至る。「200人以上」という憲法の規定は「最大299」という趣旨として理解され，そのように運用されてきたが，地域区の区割りの変更が与野党のあいだで決着がつかず，結局，国会定数を300の大台に乗せるというかたちになった。

一般に，議会の大きさ（定数）が人口比で小さいと，社会における多様な利害や価値観が議会に反映されにくい。さらに，議員の歳費が十分でないと，そもそも収入や財産がある層しか議員に就けず，代議制民主主義が歪んでしまいかねない。にもかかわらず，韓国では，国会議員は国会の定数すら党利党略で取引の対象にするなど，「コスパ」が悪い存在に映っている。

「ソ五男」「ソ六男」偏重

国会議員の属性についてみることで，国民全体の属性とのあいだで齟齬があるかどうか，検討する。

まず平均年齢だが，初当選組が大挙して国会に進出して3歳ほど「若返った」第17代国会を除くと，上昇していく傾向がみられる。第13代国会（1988～92年）では50.9歳だったが，第22代国会では56.3歳である。この間，国民の平均年齢は28.7歳（1988年）から44.9歳（2024年）へと「年をとった」。

第22代国会の年齢構成をみると，18～29歳は0名（0%），30代は14名（4.7%），40代は30名（10%），50代は150名（50%），60代は100名（33.3%），70代以上は6名（2%）である。50代だけで全体の半分，60代と合わせると8割強を占めている。

有権者の構成比率と比べると，50代（19.7%）と60代（17.4%）は過大代表されている。一方，18～29歳（15.8%），

30代（14.8%），40代（17.8%）は過小代表されている。特に，39歳以下の「歪み」は深刻である。これではいくら「青年政治」を強調したところで，年長者が「青年」を代弁することはあっても，「青年」が自ら声を上げるのは難しい。

性別は，男性が240名（80%），女性が60名（20%）である。女性議員の数も比率も歴代国会で最多であるが，一定の量が質的に不連続な変化をもたらすうえで閾値（いきち）といわれる30%（定数300だと90）にははるか及ばない。

学歴は全員が大卒であり，ソウル大学・高麗（コリョ）大学・延世（ヨンセ）大学というトップ校の出身が119名である。そのうちで最多はソウル大学で，62名である。

「ソウル大学出身・50代（60代）・男性」の頭文字をとって「ソ五男（서오남）」「ソ六男（서육남）」に国会議員の属性が偏重しているという批判がある。しかも，法曹出身が毎回多く，第22代国会では最多の61名に達する。くしくも，尹錫悦（ユンソンニョル）大統領は検事（司法研修23期）出身，最大野党の「共に民主党」の李在明（イジェミョン）代表は弁護士（18期）出身である。

政治的代表か，代理人か

韓国憲法では，国会議員について「全国民を代表する」（日本国憲法第43条第1項）と明示的には規定されていないが，免責特権が認められているなど，選挙区の有権者に法的に拘束されない自由委任や政治的代表と考えられている。地域や職能，年齢や性別など特定の集団の命令に拘束される社会学的代表や代理人では決してない。

しかし，ソ五男／ソ六男のように，国会議員があまりに特定の社会階層に偏ると，治者と被治者の同一性が損なわれ，代議制民主主義の正統性そのものが疑われる。フランス革命の理論的支柱になったジャン=ジャック・ルソーは，「イギリス人民は，自分たちは自由だと思っているが，それは大間違いである。彼らが自由なのは，議員を選挙するあいだだけのことで，議員が選ばれてしまうと，彼らは奴隷となり，何ものでもなくなる」と痛烈に批判した。

議会はそもそも，王の専制，特に課税に反発した貴族が立法権を奪取することで王権を制約したことに由来し，のちに選挙権が拡大することで，財産や教養の有無，性別と関係なく，誰もが参加できる政治過程になった。そのなかで，代議制民主主義は直接民主主義の代替物ではなく，それ固有の意義がある。

主権者たる「人民」は本来，自ら政治にあたることができるが，分業と特化の観点から，専門家である政治家に対して一定の条件のもとで一定の期間だけ委任している。そして，選挙を通じて，その結果に責任を負わせているのである。パフォーマンスがよければ再選・再任し，悪ければ交代させるというのが民主的な統制の核心である。

しかも，大統領制において，「我ら大韓国民」（憲法前文）は大統領と国会という２人の代理人を有しており，相互に牽制させることで，代理人が本人の意向に背いて行動する逸脱を防止している。はたして，国会はどのような権限が付与されていて，大統領とのあいだでどのような関係をみせているのか。

2　国会の憲法上の権限と閾値

立 法 権

「立法権は国会に属する」（§40）と憲法で規定されているように，法律を制定し，大統領をはじめとする政府に法律に基づいて行政をおこなわせることが国会の役割である。ただ，韓国の場合，米国とは異なり，国会議員だけでなく政府も法律案を提出することができる。この憲法規定は 48 年憲法以来一貫している。

法律案は「在籍議員過半数の出席と出席議員過半数の賛成」（§49）で議決される。別途，定められていない限り，国会における議決要件は法律案に限らず，人事案や予算案もこのとおりである。大統領は法律案全体に対して拒否権を発動することができるが，「在籍議員過半数の出席と出席議員 3 分の 2 以上の賛成」（§53-4）があれば，国会はこれを無効化できる。

予算編成は政府の専管事項であるが，国会は予算を審議し，確定する。その際，国会は政府の同意なく，「予算の各項の金額を増やしたり，新しい費用を設けたりすることができない」（§57）が，削減は可能である。ほぼすべての政策は，法律を制定・改正し，予算によって裏打ちされなければ遂行することができないため，立法権と予算審議権の 2 つは，国会が政府を牽制するうえで重要な憲法権限である。

外交安保政策は大統領の専管事項であるが，条約の批准，宣戦布告，国軍の外国派遣，外国軍の駐留に対しては，国会の同意が必要である。

また，国会は国政監査や国政調査の権限を有している。ただ，「国家の歳入・歳出の決算，国家や法律が定めた団体の会計検査，行政機関と公務員の職務に関する監察」（§97）を担う監査院は国会ではなく，大統領のもとに置かれている。

そのほか，憲法改正の発議は「国会在籍議員過半数または大統領」（§128-1）によっておこなわれ，「在籍議員 3 分の 2 以上の賛成」（§130-1）が得られると，国民投票に付される。そこで「国会議員選挙権者過半数の投票と投票者過半数の賛成」（§130-2）が得られると，憲法改正は確定され，大統領によってただちに公布される。

人事への任命同意

大統領は国務総理からKORAIL（韓国鉄道公社）社長やソウル大学病院長まで7000ほどのポストに対する人事権を有しているが，国会の同意が必要なものがある。

大統領が国務総理を任命するにあたっては，国会の同意が必要である。国務委員の任命に際して国務総理の推薦が必要であるため，国会は国務総理の任命同意を通じて大統領の国務会議（内閣）形成に関与する余地がある。さらに，国会は国務総理と国務委員に対する解任建議を大統領に対しておこなうことができる。もちろん，「建議」（§87-3）には法的拘束力はなく，国務会議が国会に対して責任を負っているためではないため，韓国の執政制度は，第２章でみたように，半大統領制ではなく「首相がいる大統領制」である。ただ，解任建議が可決されるということは，反対の多数派が形成されているということで，その意向に応じないと，ほかの国会審議事項をめぐって多数派・反対派から協力が期待できないのも事実である。

司法に関して，大法院（最高裁判所）は，大法院長（長官）・大法官（判事）を問わず，14名全員，国会の任命同意が必要である。憲法裁判所は所長のみがそうであるが，９名の裁判官のうち３名は国会が選出する。

そのほか，中央選挙管理委員会の９名の委員のうち３名も国会が選出する。国会の任命同意が憲法上必要なのは，ほかに監査院長のみだが，人事聴聞会法の制定（2000年）・改正によって，国務委員などに対する「身体検査」を通じても，国会は大統領の人事権を牽制している。

さらに，国会は，大統領，国務総理，国務委員，法官（裁判官），検察総長（検事総長），放送通信委員会委員長など公職者を弾劾訴追することができる。議決要件は「国会在籍議員過半数の賛成」で，大統領のみ「3分の2以上の賛成」（§65-2）となっている。

与党議席率の閾値

こうした国会の権限や議決要件という制度的環境について，政府・与党，野党それぞれの立場から整理すると，以下4つの類型のとおりである。与党の国会議席率を p（$0 \leqq p \leqq 1$）とする。

第1に，「$2/3 \leqq p$（定数300だとすると，議席数では200以上）」の場合，憲法改正の発議や議決を与党単独でおこない，国民投票に付すことができる。野党は完全に無力になる。

第2に，「$1/2 \leqq p$」（150以上）の場合，法律案，予算案，人事案を与党が単独で可決することができる。大統領にとって政策アジェンダを力強く推進できる。一方，野党は国会の主導権も奪われ，大統領を牽制することが難しい。

第3に，「$1/3 \leqq p < 1/2$」（100以上150未満）の場合，与党は野党から協力を得られなければ，政策アジェンダを進めることができないばかりか，国務総理や国務委員に対する解任が建議され，国会運営が行き詰まってしまいかねない。ただ，自ら望む法律の制定・改正は思うままに叶わないが，望まない法律案を大統領は拒否することができる。一方，野党からすると，国会を通じて大統領を牽制することができる。

第4に，「$p < 1/3$」（100未満）の場合，与党は望まない法律の制定・改正すら拒否することができず，野党のイニシアチブだけで憲法改正が国民投票に付されるかもしれない。さらに，大統領の弾劾訴追さえありうる状況である。一方，野党は国会を完全に掌握し，

大統領をレイムダック（死に体）に追い込むことができる。

第１類型は民主自由党の結成後，第４類型はウリ党結成から04年総選挙までのあいだ，短期間だけみられたことがあるが，総選挙の結果示される民意は第２類型か第３類型のいずれかである。だとすると，それを超えるかどうかで状況がまるで異なる閾値は，「$p<1/2$」「$1/2\leqq p$」である。

「大統領 vs. 国会」か，「政府・与党 vs. 野党」か

第２章でみたように，大統領と議会多数派の党派構成が同じことを米国では「統合政府」，異なることを「分割政府」というが，韓国ではそれぞれ「与大野小」国会，「与小野大」国会という。前者では，大統領も議会も，「統治機構（government）」を共に担っているという前提に立っているが，後者は，政府の「首班」（§66-4）である大統領に，国会の一員でもある与党が与(くみ)するのが当然であるということになっている。

議院内閣制の場合，内閣の存廃は議会の信任に基づいているため，「与党」という呼称が妥当である一方，大統領制の場合，「大統領所属党」と呼ぶべきかもしれない。「野党」についても「反対党」，さらには，議会で多数派を形成する「野大」の場合，「議会多数党」という呼称がふさわしい。にもかかわらず，韓国で「与党」「野党」という呼称が一般的に用いられているのは，一部，議院内閣制的な要素が加味された大統領制であるためというより，大統領が与党に対して自らへの追従を求めるからである。国会議員のほうも，総選挙における公認や国務委員の兼任など，大統領に与するインセンティブがある。

こうしたなか，国会は大統領や司法とのあいだで相互に牽制し合うことで均衡を図るという機関モデルより，政府・与党が一体と

コラム 3　親日財産帰属法

「親日反民族行為者の財産の国家帰属に関する特別法」が 2005 年 12 月に制定された。翌 06 年に盧武鉉（ノムヒョン）大統領のもとに調査委員会が設置され，日露戦争以降「光復」までの期間（1904 ～ 45 年）における「親日反民族行為」について調査がおこなわれた。4 年間の調査の結果，168 名が「親日派」と認定され，約 1144 万㎡の土地，公示価格で 959 億ウォン相当の財産が相続した子孫から没収された。

連座制の適用や遡及法（新たに制定した法の効力を過去に遡（さかのぼ）って適用すること）による財産権の剝奪（はくだつ）は韓国憲法も禁じているため，子孫は憲法訴願を起こしたが，憲法裁判所は 2011 年 3 月に合憲と決定した。その趣旨は，この法律はたしかに遡及法ではあるが，「過去清算」は社会の進歩や正義の実現にかない，植民地支配を受けた民族

なって国会で野党と対峙しているという党派モデルが，大統領・国会，与野党を問わず，広く受け入れられている。与小野大国会が問題なのは，それ自体にあるのではなく，大統領と議会多数党が「分割」したまま，本来，共に担っている「統治」に対する責任を両者とも果たせていないことに由来する。

逆に，与大野小国会の場合も，大統領が与党に対して政府提出法律案に賛同する「挙手機」であることだけを要求すると，国会は「立法府」ではなく，「通法府」になってしまう。

3　国会のパフォーマンス

立　法

韓国国会の会期は総選挙の実施回数で表される。第 13 代から第 21 代までの国会のパフォーマンスについてみていく。まずは立法である。

の誇りを回復することにつながるというものであった。「日帝強占」は「不当かつ不法で，そもそも無効である」として完全に否定しているのが憲法の精神であるという。

創設30周年（18年）に際して，憲法裁判所が実施した「国民が選ぶ憲法裁判所決定30選」にも，この特別法の合憲決定は18位に選ばれた。公務員試験の応募年齢上限（2位）やインターネット実名制（5位）のように，誰もが影響を受けるわけではないのに，法律の内容や憲法裁判所の決定に対して韓国国民の関心が高いというのは示唆的である。

くしくも，同じ名前の議会，「国会」を有する日本でも，政局よりも立法に関心を向けたい。

表3-1をみると，法律案成立率は代を経るごとに低下していることがわかる。第15代までは70%を超えていたが，第16代で63%，第17代で50%になり，第18代・第19代は40%台，第20代・第21代は30%台まで落ちた。

議員提出法律案より政府提出法律案の成立率のほうが高い。しかし，それも第16代国会までは90%を超えていたが，第17代・第18代・第19代で70%台，第20代で60%台，そして第21代では50%台まで落ちた。委員長提出法律案はほぼすべて成立しているが，すぐあとでみるように，委員会中心で運営されている韓国国会において，委員会で審議・了承されたものが委員長名で提出されるためである。

2000年代以降，議員提出法律案の数が爆発的に増加しているのは，市民団体が議員ごとに発議件数を評価し始めたからである。「名前貸し（共同発議）」や「焼き増し（実質的に同じ法律案を微調整して繰り返して提出すること）」が続出している。

表 3-1　歴代国会の立法パフォーマンス

		第13代 (1988-92)	第14代 (92-96)	第15代 (96-2000)	第16代 (00-04)	第17代 (04-08)	第18代 (08-12)	第19代 (12-16)	第20代 (16-20)	第21代 (20-24)
議員	提出	462	252	806	1,651	5,728	11,191	15,444	21,594	23,655
	成立	244	99	349	770	2,232	3,866	5,346	6,608	7,220
		52.8	39.3	43.3	46.6	39.0	34.5	34.6	30.6	30.5
	不成立	218	153	457	881	3,496	7,325	10,098	14,986	16,435
委員長	提出	108	69	338	261	659	1,029	1,285	1,453	1,372
	成立	108	68	338	258	654	1,024	1,280	1,453	1,356
		100	98.6	100	98.9	99.2	99.5	99.6	100	98.8
	不成立	0	1	0	3	5	5	5	0	16
政府	提出	368	581	807	595	1,102	1,693	1,093	1,094	831
	成立	355	561	737	551	880	1,288	803	738	487
		96.5	96.6	91.3	92.6	79.9	76.1	73.5	67.5	58.6
	不成立	13	20	70	44	222	405	290	356	344
計	提出	938	902	1,951	2,507	7,489	13,913	17,822	24,141	25,858
	成立	707	728	1,424	1,579	3,766	6,178	7,429	8,799	9,063
		75.4	80.7	73.0	63.0	50.3	44.4	41.7	36.4	35.0
	不成立	231	174	527	928	3,723	7,735	10,393	15,342	16,795

出所：大韓民国国会「議案情報システム」に基づいて著者作成。

与大野小国会（第18代・第19代）が与小野大国会（第20代）と比べて特に成立率が高いとはいえない。

なお，本会議で否決された法律案は33件のみである。本会議に上程された法律案は，基本的に，委員会で与野党のあいだで合意がとれたものであるからである。不成立のほとんどは廃棄であり，委員会審議の結果，本会議に付議しないと議決されたものか，任期満了によって廃案されたものである。

韓国国会も政策領域ごとに設置されている委員会を中心に運営されていて，法律案の内容も，本会議に上程するかも，そこで審議・決定されている。

委員会における「5分の3」という閾値

委員会の委員長ポストは各政党の議席数に応じて比例配分されるという慣行が確立している。そのなかで，本来の所管以外に，ほかの委員会を通過した法律案の「体系・形式と字句の審査」（国会法）

もおこなう法制司法委員会の委員長には院内第二党が就くのが第17代国会以降の慣行だった。また，国会議長は院内第一党から輩出されている。

しかし，コロナ禍で実施された2020年総選挙で圧勝した共に民主党はこうした慣行を破り，第21代国会前半期（20～22年）において，国会議長はもちろん，法制司法委員会を含むすべての委員会において委員長ポストを独占した。法制司法委員会が事実上の「上院」と称されるように，本会議上程の関門になっているなか，与野党ともにその掌握に血眼になっている。後半期（22～24年），尹錫悦大統領にとっての与小野大国会に変わると，それまでの慣行どおりに戻り，「与小」は法制司法委員会委員長ポストを通じて「野大」による「立法独走」を阻止しようとした。

12年の国会法改正（「国会先進化法」と呼ばれる）によって，迅速審議や議事妨害の手続き，国会議長による本会議への職権上程の制限などが規定された。その趣旨は，委員会における熟慮を与野党双方に促すことにあるが，「5分の3以上の賛成」によって迅速審議に指定したり，議事妨害を打ち切ったりすることもでき，行き詰まりを回避する機制も盛り込まれている。

第21代・第22代国会において，共に民主党は少数党などと組むとこの要件を満たすため，「立法改革／立法独走」が顕著になっている。

任命同意・解任建議

次は任命同意や解任建議など人事に関するパフォーマンスを検討する。

国務総理の任命同意を国会が否決した例は，87年憲法のもとでは2件である。金大中（キムデジュン）大統領の任期5年目に相次いで起きた張（チャン）

裳と張大煥である。金鍾泌とのDJP連合はすでに瓦解しており，与小野大国会だった。そもそも連立の条件だった国務総理に金鍾泌が正式に就任したのは1998年8月で，それまでの6か月ほどのあいだは「国務総理署理」として職務にあたった。この署理は憲法違反との指摘が絶えず，盧武鉉大統領以降，国務総理が空席の場合，国務委員（副総理を兼ねる企画財政部長官が筆頭）が職務代行に就いている。

大法院長に対する任命同意否決は2件である。鄭起勝の例（88年7月）は，盧泰愚大統領が直面した憲政史上初めての与小野大国会を象徴する出来事だった。2件目の李均龍（2023年10月）も，任期中いちども与大野小国会を迎えられない初めての大統領である尹錫悦にとって，人事の難しさを痛感させた。

憲法裁判所所長に対する任命同意否決は金二洙の1件（17年9月）である。票決の結果，賛成145，反対145，棄権1，無効2で，可決充足数に2票，足りなかった。

国務総理や国務委員に対する解任建議は合わせて6件である。国務総理は韓悳洙（23年9月）の1件，国務委員は林東源統一部長官（01年9月），金斗官行政自治部長官（03年9月），金在水農林畜産食品部長官（16年9月），朴振外交部長官（22年9月），李祥敏行政安全部長官（22年12月）の5件である。このうち3件は尹錫悦大統領の人事である。解任建議には法的拘束力がないなかで，金大中（林東源）と盧武鉉（金斗官）は受容，朴槿恵（金在水）と尹錫悦（韓悳洙・朴振・李祥敏）は拒否した。

弾劾訴追・予算

最後に弾劾訴追や予算に関するパフォーマンスを検討する。

可決されたのは，大統領2件，国務委員1件，法官1件，検事

3件の計7件である。大統領2件のうち，盧武鉉に対する弾劾訴追（04年3月）はその後，憲法裁判所によって棄却されたが，朴槿恵のそれ（16年12月）は認容（罷免）された。大統領が空席の場合，国務総理がその権限を代行するが，前者は第35代国務総理の高建（コゴン），後者は第44代の黄教安（ファンギョアン）がそれぞれ権限代行を務めた。

弾劾訴追された国務委員は李祥敏行政安全部長官（23年2月），法官は林成根（イムソングン）（21年4月），検事は安烔完（アンドンワン）（23年9月）・孫準晟（ソンジュンソン）（23年11月）・李禎燮（イジョンソプ）（23年11月）である。李長官は解任建議（22年12月）に続いて弾劾が求められたものである。憲法裁判所は李長官に対して棄却（23年7月），法官の李（22年10月）と検事の安（24年5月）に対して却下・棄却を決定し，残り2名の検事については審理中である。この5件のうち，林成根以外はすべて，尹錫悦大統領就任後に生じた。いずれも「検察改革」「司法改革」を推進する共に民主党が主導した。

政府が編成した予算案を審議・確定するのは国会の重要な権限であると同時に，「会計年度開始30日前までに議決」（§54-2）することは義務である。しかし，民主化以降，この期限を順守したのは1988年・92年・94年・95年・97年・2002年・14年・20年の8回のみで，それ以外は12月2日を過ぎてから確定している。韓国では会計年度は1月1日に始まる。新年度になっても確定されない場合は前年度予算に準じて執行することになるが，そうなった事例はない。

4　アリーナ化が進む韓国国会

変換型とアリーナ型

議会の機能について，N・W・ポルスビーは2つの類型を示している。ひとつは「変換型」である。議員提出法律案であれ，政府提出法律案であれ，法律案は議会における審議を経て修正され，政党間で妥協・合意に至るという過程を経る。当初案が変換されるのは織り込み済みというわけである。もうひとつは「アリーナ型」である。必ずしも法律として成立させる必要はなく，次の選挙を前に，各党がそれぞれの支持者に向けて自らの立場を鮮明に示すなかで，議会は陣営間対立の「闘技場」と化す。単独で可決させるだけの議席数を有している場合は一歩も引かず，数の力を背景に初志を貫徹する。どちらも理念型であるため，実際の議会は両方の側面を一定のグラデーションで時期や争点領域ごとにみせるが，韓国国会はアリーナ化しつつあるといえる。

その最たる例が拒否権である。87年憲法のもとでは30件の事例がある。大統領ごとに多い順に，尹錫悦（14件）・盧泰愚（7件）・盧武鉉（6件）・朴槿恵（2件）・李明博（1件）であり，金泳三・金大中・文在寅は0件である。30件のうち27件（尹錫悦・盧泰愚・盧武鉉）は与小野大国会だったが，残り3件（朴槿恵・李明博）は与大野小国会で起きた。

再議を求められた国会が拒否権を覆したのは1件で，盧武鉉大統領が新千年民主党を離党し，ウリ党を結成した直後である。新与党の議席数は47にすぎず，「$p<1/3$」の状況では拒否権無効化，そして大統領弾劾訴追が起きた。

イデオロギー的分極化

韓国でも，「左右」陣営間の距離が開く一方，それぞれの陣営内部ではまとまり，二極化するという「イデオロギー的分極化」が進んでいる。韓国では一般に，「左」は進歩，「右」は保守という。

テレビ局のひとつであるSBSがデータジャーナリズムの一例と

して2021年6月に示した分析がある。そこでは，国会本会議における各法律案に対する各議員の投票行動（賛成／反対／棄権）をもとに，DW-NOMINATEという方法を用いて各議員の相対的な保守／進歩の位置（+1～−1）が測定されている。それによると，第21代国会（会期は24年までだが，分析されているデータは21年までに限られている）における共に民主党所属議員の平均値（標準偏差）は−0.754（0.02）でかなり進歩的で，かつ，まとまっている。一方，「国民の力」所属議員の平均値（標準偏差）は0.423（0.07）で保守的であるが，バラツキもみられる。両者のあいだの距離は1.177であり，第20代の0.798，第19代の0.829と比べると，開いた。

この間，国民の力の平均値は0.625（第19代），0.329（第20代），0.423（第21代）と推移し，右シフトはみられない。しかも，所属議員のあいだでバラツキもわずかだがみられるようになった。一方，共に民主党の平均値は−0.204（第19代），−0.472（第20代），−0.754（第21代）と，左シフトの傾向が顕著である。しかも，ひとつにまとまっている。

こういう状況では，法律案ごとに党派を超える交差投票や野党に対する大統領の協力要請はみられない。国会議員は保守／進歩それぞれ「党論（党議拘束）」にしたがって投票する「挙手機」になると同時に，国会は陣営間対立のアリーナになる。

「労働」をめぐる対立

この分析は，法律案の性格や争点領域によって，国民の力と共に民主党のあいだの距離に差がみられることも示している。

本会議に上程される前に必ず審議されることになっている委員会ごとに法律案を分類すると，全体の平均値が1.177であるところ，環境労働委員会が 1.399 ともっとも大きく，次いで法制司法委員会の 1.349 である。一方，保健福祉委員会は 0.678 と小さい。

この時期，環境労働委員会では重大災害処罰法，法制司法委員会では高位公職者犯罪捜査処（高捜処）法が審議・可決された一方，保健福祉委員会ではコロナ対策が喫緊の課題だった。重大災害処罰法は職場における死亡事故に対して現場監督者だけでなく経営陣も処罰するという内容で，「経済萎縮」と「労働者保護」の観点が真正面から対立した。高捜処は，身内に甘い検事をはじめキャリア公務員に対する捜査・起訴を検察とは別の組織に分掌させるという内容で，文在寅大統領が進める「検察改革」の目玉だった。これらは典型的な対立争点である。一方，コロナ対策は与野党，保守／進歩のあいだで相違がない合意争点である。特に共に民主党は，全体の平均値が−0.754 であるところ，環境労働委員会では−0.903，法制司法委員会では−0.995 という立ち位置を示すなど，「進歩」の旗幟が鮮明である。

第 5 章でみるように，保守／進歩の対立軸は近年，安全保障だけでなく経済や社会をめぐっても形成されていて，重層的になっている。このなかで，経済軸は経済成長，規制緩和，財政規律に対して親和的だと保守である一方，富の分配，公的規制，財政拡大に対して好意的だと進歩である。重大災害処罰法はまさに規制のあり方が焦点である。

党派対立「深刻」・議会「不信」

国会のアリーナ化が進むなか，韓国国民は党派対立や議会についてどのように評価しているのだろうか。

米国のピュー研究所が 22 年春に 19 か国を対象に実施した世界争点態度調査によると，「支持政党が異なる人々のあいだの対立が深刻である」とする回答が全体の61％である。「深刻でない」という回答が過半数なのは，シンガポール（57％），スウェーデン（55％），オーストラリア（55％），日本（53％）の4か国だけである。

韓国は「深刻である」という回答がもっとも高く，90％に達する。これは米国（88％）を上回り，「とても深刻」「深刻」（「それほど深刻でない」「深刻でない」も含めて，肯定・否定ともに，2つずつ合わせて集計）のうち，前者の比率も49％といちばん高い。この調査は議会内ではなく国民間の党派対立に関する自己認識を尋ねたものであるが，それだけイデオロギー的分極化が拡がっていて，深刻な状況に至っていることが表れている。

世界価値観調査第7波（17～22年）によると，議会に対する信頼は，韓国では「とても信頼している」「まあまあ信頼している」を合わせて20.7％であり，「それほど信頼していない」「まったく信頼していない」の79.3％のおよそ4分の1程度の水準にすぎない。肯定的評価は米国（14.8％対83.7％）より高いが，日本（31.1％対58.4％）より低い。

議会は王権など専制に対して立法を通じて制約を課してきた場であり，歴史的過程の産物である。同時に，議会多数派の専制によって，少数派や個人の不可侵の人権が侵害されることもありうるため，立憲主義的憲法のもとでは，法律が憲法に合致するかどうかの違憲審査を司法が担うようになって，牽制が図られている。はたして韓国国会は，こうした牽制＆均衡の機制のなかで，どのような役割が期待されていて，どのように成果を示していくのか，今後も注目される。

参考文献

石垣友明『アメリカ連邦議会――機能・課題・展望』有斐閣，2023年。
岩崎美紀子『選挙と議会の比較政治学』岩波書店，2016年。
大石眞・大山礼子編『国会を考える』三省堂，2017年。
加藤秀治郎・水戸克典編『議会政治――N・W・ポルスビー「立法府」K・R・ポパー「民主制について」収録〔第4版〕』慈学社出版，2024年。
濱本真輔『日本の国会議員――政治改革後の限界と可能性』中央公論新社，2022年。
朴志善『立法前協議の比較政治――与党内不一致と日韓の制度』木鐸社，2021年。
ピトキン，ハンナ／早川誠訳『代表の概念』名古屋大学出版会，2017年。
増山幹高『立法と権力分立』東京大学出版会，2015年。
向大野新治『議会学』吉田書店，2018年。
山本龍彦・白井誠・新井誠・上田健介編著『国会実務と憲法――日本政治の「岩盤」を診る』日本評論社，2024年。

Inter-Parliamentary Union
https://www.ipu.org
Pew Research Center
https://www.pewresearch.org
World Values Survey
https://www.worldvaluessurvey.org
大韓民国国会
https://www.assembly.go.kr

第4章

選挙制度

「選び方」の「決め方」

韓国の選挙では投票時には候補者名や政党名の隣に捺印を押す
（出所：イメージマート）

「おばあちゃんダメ。ここにはお父さんもお母さんもいないもん」

映画『千と千尋の神隠し』
（宮崎駿監督・スタジオジブリ制作，2001 年公開）において，
豚に姿を変えられた両親を与えられた選択肢のなかから見つけろ，
と湯婆婆から迫られた際の千尋の台詞

本章のポイント

- ✓大統領選挙や総選挙に決選投票制が導入されると，どうなるか。
- ✓政党は政治家をどのように育てるのか。
- ✓小選挙区比例代表並立制はどのような選挙制度なのか。
- ✓「何を」選挙で選ぶのか。裁判官も，選挙で選んでも構わないのか。
- ✓多数決以外の選び方（選好順位ごとに得点をつけるボルダ投票など）を試したことがあるか。

キーワード

決選投票なき相対多数性，国民競選，小選挙区比例代表並立制，全国同時地方選挙，ナショナル・スイング

1 「大統領直接選挙制復活」としての「民主化」

体育館選挙と朴正熙・全斗煥

どのように選ぶのかによって，誰が公職に就くのか，どのような利害や価値観が代表されるのかが異なる。その選び方（選挙制度）を誰がどのように決めるかには，政治のありさまが表れる。特定の人物や勢力に有利になるように選挙制度が少人数または単独で決められている場合，選挙が実施されていたとしても，実質的な競争はないといえる。結果の不確実性が担保されていない選挙は，「民主主義を装う権威主義」「選挙独裁」である。

韓国の大統領はかつて，体育館で選出された。朴正熙（パクチョンヒ）大統領は72年憲法において「国民の主権的受任機関」とされた統一主体国民会議の代議員2000人ほどが奨忠（チャンチュン）体育館に集まり選出するという擬制をとったが，事実上，終身大統領の座を自ら保障するものだった。代議員選挙は実施されたが，代議員候補は朴が事実上指名した。大統領の任期は6年とされ，62年憲法の「1次に限り重任できる」，69年憲法の「3期に限る」といった当選回数制限がなくなった。

全斗煥（チョンドゥファン）大統領も80年憲法において大統領選挙人団によって選出された。選出母体の名前だけ変わったが，国民が直接大統領を選出できないという選挙制度の根幹はそのままである。72年憲法との相違点は，大統領の任期が7年1期に限定されたことである。

こうしたなか，「大統領直接選挙制」「民主憲法の復活」「憲法改正」が民主化の焦点になった。1987年，全斗煥が「4・13護憲措置」，つまり，88年に大統領に就任する自らの後継者は大統領選挙人団によって選出すると発表すると，「6月民主抗争」が汎国民的に拡がった。獲得目標が限定的だった分，「運動圏（民主化運動に熱心だった学生)」だけでなく，野党政治家や都市部の中産層まで幅広く参加する共同戦線が結成された。これを受けて，全と同じ軍人出身で陸軍士官学校同期（11 期）の与党・民主正義党の代表だった盧泰愚（ノテウ）は「6・29 宣言」を発表し，大統領直接選挙制を骨子とする憲法改正に応じた。

1987 年大統領選挙

局面が憲法改正に替わると，主導権は政治家に移り，与野党それぞれ４名ずつ参加した「８人政治会談」で改正案の骨子が確定された。その後，国会における議決（10 月 12 日)，国民投票（同月 27 日）を経て，87 年憲法として公布された（同月 29 日)。一方，政治的民主化，手続き的な民主化だけでなく，社会経済的な民主化を求めた「7・8 月労働者大闘争」が展開されたが，中産層は離脱し，孤立した。

憲法改正に続いて大統領選挙法が改正されたが（11 月 7 日)，決選投票制は盛り込まれなかった。大統領選挙（12 月 16 日）では，民主正義党の盧泰愚（得票率 36.6%）のほかに，野党陣営からは統一民主党の金泳三（キムヨンサム）（28.0%）と平和民主党の金大中（キムデジュン）（27.0%）の 2 名，そして新民主共和党の金鍾泌（キムジョンピル）（8.1%）が争った。この際，「両金（金泳三・金大中)」の候補者一本化が実現していれば盧の当選はなかったかもしれないが，相対多数制で決選投票がなかったため，盧に漁夫の利を許した。

48 年憲法では副大統領職が設けられ，別々に選出された 56 年選挙では，大統領（自由党の李承晩（イスンマン)）と副大統領（民主党の張勉（チャンミョン)）で党派性の異なる韓国型「コアビタシオン（共存)」が生じ，60 年副大統領選挙の不正，そして「4 月革命」につながった。そもそも，副大統領ポストを設けた理由は，もしもの場合の権限代行者を用意しておくことであるが，87 年憲法では「大統領が闕位や事故により職務を遂行できないときには国務総理，法律が定める国務委員（閣僚）の順序にその権限を代行する」（§71）と定められている。事実，盧武鉉と朴槿恵の 2 人の大統領が弾劾訴追された際，第 35 代国務総理（首相）の高建は憲法裁判所によって棄却されるまでの 2 か月ほど，第 44 代国務総理の黄教安は朴が弾劾・罷免されてから文在寅大統領が就任するまでの 6 か月以上，それぞれ権限代行を務めた。後者の場合，権限代行者は残余任期を全うするのではなく，「60 日以内に後任者を選挙」（§68-2）する。

執政連合の試み

大統領選挙法は国会議員選挙法などとともに 94 年に公職選挙法に統合されるが，選挙制度の骨子は変化していない。

8 回の大統領選挙で過半数を得票したのは 2012 年大統領選挙の朴槿恵（51.6%）だけである。それも，投票率（75.8%）を勘案すると，絶対得票率（投票者数ではなく有権者数を分母にしたときの得票率）は 39.1%にとどまる。絶対得票率で 4 割を超える大統領はひとりもおらず，「ろうそく革命」という「民心（民意）」を誇った文在寅（31.7%）は李明博（30.7%）に次ぐ低さである。

決選投票制がないなか，候補者同士が合従連衡する例がみられた。第 2 章でみたように，1997 年大統領選挙の DJP 連合（金大中＋金鍾泌），2022 年大統領選挙の尹錫悦と安哲秀の候補者一本化がなければ，当選者が異なり，政権交代は実現していなかったかもしれない。

特に前者は，金鍾泌を国務総理に据え国務委員も分掌するなど，国会における立法協力を前提にした執政連合だった。しかも，72

図 4-1　歴代大統領選挙における主要候補者（所属政党）の得票率の推移

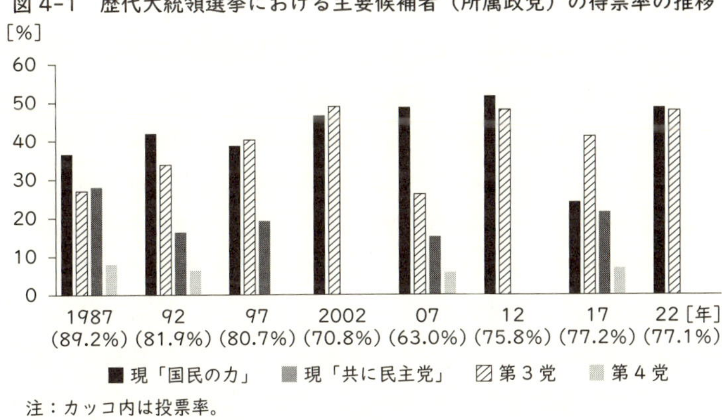

注：カッコ内は投票率。
出所：著者作成。

年憲法のもと国務総理（第11代：1971～75年）を務めた金鍾泌との連合は，党派性の異なる勢力同士の新たなコアビタシオンだったといってもよい。結局，対北朝鮮政策をめぐって対立してDJP連合は瓦解した。

投票率は当初，90％近くだったが，徐々に下がり，07年に63.0％（棄権者の37.0％は当選者の李明博の絶対得票率よりも高い）まで落ちたが，その後，70％台を維持している。それでも，決選投票がないなかで大統領は「相対多数の支持によって選ばれている」が，「（投票者／有権者全体の）過半数の支持はそもそも得ていない」ことになる。

「大統領は在職中刑事上の訴追を受けない」

国会議員の場合，公職選挙法違反で100万ウォン以上の罰金刑が確定すると失職し，5年間，公民権が停止するが，「大統領は内乱または外患の罪を犯した場合を除いては，在職中刑事上の訴追を受けない」（§84）と憲法で規定されている。弾劾訴追された朴槿恵の場合も，逮捕・起訴されたのは罷免されたあとのことである。

この規定が問題になりえたのが 07 年大統領選挙である。李明博候補の収賄疑惑について，検察は選挙直前（12 月 5 日）に「嫌疑なし」と発表するが，当選後（同月 28 日），特別検察が設置された。特別検察は検察の捜査が不十分または党派的とみなされた場合に，国会が特別法を可決，大統領が任命し，独立して捜査させる制度である。特別検事の鄭鎬瑛（チョンホヨン）（ソウル高等法院長〔裁判所長官〕歴任）は大統領当選人である被疑者を取り調べることなく，大統領就任の直前（08 年 2 月 21 日）に改めて「嫌疑なし」とし，捜査を打ち切った。その後，李は任期を全うするが，「積弊清算」のなか同じ容疑で再捜査がおこなわれ，20 年 10 月に大法院（最高裁判所）によって懲役 17 年が確定する。もしも，就任前に起訴され裁判が始まっていたら，在任中，審理は停止するのか，それとも新たな起訴だけ免れるのか，文言上，一意に定まっていない。

国会で過半数議席を有する「共に民主党」の代表で，27 年大統領選挙に向けて地歩を固めている李在明（イジェミョン）は，「司法リスク」に直面している。4 つの裁判で被疑者になっていて，どれかひとつでも有罪が確定すると，立候補することができない。いずれも一審における審理の段階で，大法院まで争うと，選挙前に結審するか，わからない。万が一，結審せず，次期大統領になった場合，「在職中刑事上の訴追を受けない」の解釈が大問題になる。

2　大統領候補の選び方

大統領（候補）のための政党

政党の起源も「大統領（候補者）の大統領による大統領のための政党」といっていい（図 4-2）。

図 4-2　主要政党の変遷

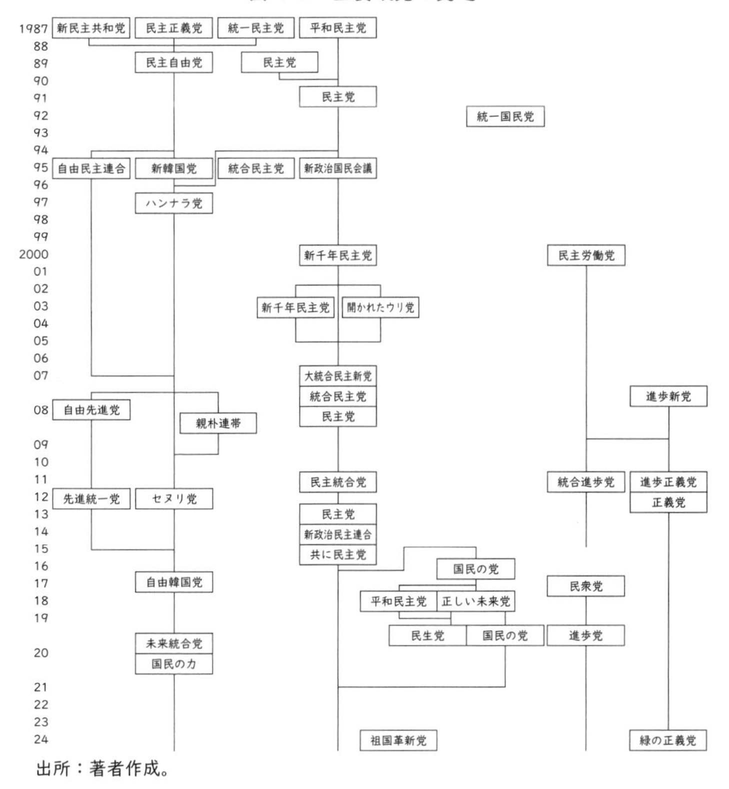

出所：著者作成。

初代大統領の李承晩は当初，政党という存在に対して敵対的だったが，48 年憲法では国会で大統領を選出することになっていて，そこで多数派がないと再選が叶わないなかで急遽自由党を結成した。朴正熙の民主共和党，全斗煥の民主正義党も，クーデタで政権を掌握したのち，民政移管し，総選挙に際して結成された。さらに，民主化以後の最初の 1987 年大統領選挙・88 年総選挙に際して結成された，盧泰愚の民主正義党，金泳三の統一民主党，金大中の平和民主党，金鍾泌の新民主共和党も，「ボス」ただひとりのための政党である。

第5章でみるように，民主自由党への参画は金泳三にとって与党の大統領候補になるためだった。事実，92年大統領選挙において得票率42.0%で，民主党の金大中（33.8%）を抑えて勝利した。この大統領選挙には，財閥のひとつである現代（ヒョンデ）の創設者である鄭周永（チョンジュヨン）も統一国民党を結成して立候補し，得票率16.3%を記録した。

金鍾泌は金泳三が大統領になるとまもなくして民主自由党を離党し，自由民主連合を結成，96年総選挙では忠清（チュンチョン）で圧勝し，全299議席のうち50議席を得た。忠清という確固たる支持基盤があったからこそ民主自由党からの離党，自由民主連合の結成であり，そして金大中とのDJP連合も可能になった。

1997年大統領選挙と党内予備選挙

大統領選挙に向けて党内予備選挙が実施されたのは97年大統領選挙に際した新韓国党が初めてである。新韓国党は金鍾泌の離党後に民主自由党が改名したものであり，総裁には大法官（最高裁判所判事）出身で金泳三のもとで監査院長や国務総理を歴任した李会昌（イフェチャン）が就いた。党内予備選挙では，この李会昌と労働部長官や「初の民選」京畿（キョンギ）道知事を歴任した李仁済（イインジェ）が争い，李会昌が制した。すると，李仁済は離党して国民新党を結成し，独自に立候補した。

97年大統領選挙には，92年大統領選挙に負けて政界引退を発表した金大中も，96年総選挙を前に新政治国民会議を結成して政界に復帰した。当然のように，自ら大統領候補となり，金鍾泌とのDJP連合も成立させ，71年・87年・92年に次ぐ4回目の挑戦に臨んだ。

97年大統領選挙は，外貨が海外に流出し，ウォン売りが続き，デフォルト（債務不履行）直前にIMF（国際通貨基金）の救済金融を受けることになったアジア通貨危機のまっただなかで実施された。その結果，金大中が得票率40.3%で，得票率38.7%の李会昌に対して1.5ポイント差で辛勝した。19.2%を得票した李仁済が新党を結成して独自に立候補していなければ，金大中の当選はなかったといわれている。その後，公職選挙法が改正され，いちどどこかの政党の予備選挙に参加すると，別の政党や独自に結成した新党から本選挙に立候補できないようになった。

新韓国党で初めて実施された党内予備選挙の実施は，「大統領（候補）のための政党」からの脱却，政党民主化の第一歩であるが，金大中の新政治国民会議や李仁済の国民新党，92年大統領選挙における鄭周永の統一国民党のような「私党」もまだみられた。

2002年大統領選挙と「国民競選」

党内予備選挙が本格的に実施されたのは2002年大統領選挙である。特に，02年地方選挙や補欠選挙などで連敗中だった与党の新千年民主党は，代議員や党員だけでなく一般国民も参加できる「国民競選（オープンプライマリー）」を導入し，起死回生を図った。各地を周回しながら遊説・投開票をおこない，「週末ごとのドラマ」を演出した。

その過程で，非主流派だった盧武鉉が一般国民の支持を背景に一気にスターダムに駆け上がり，大統領候補になった。「ノサモ」（盧武鉉を愛する人々の集まり）という個人ファンクラブも誕生した。

前後して，日韓ワールドカップ「4強（ベスト4)」という国民的熱狂のなか，FIFA（国際サッカー連盟）副会長だった鄭夢準（チョンモンジュン）が国民統合21を結成し，大統領選挙への立候補を表明した。

盧武鉉の支持率が低下すると，党内からも鄭夢準との候補者一本化論が台頭した。両者のあいだの綱引きを経て，結局，世論調査によって一本化することになった。僅差で盧に決まったが，投票日の前日，鄭は盧に対する支持を撤回するというハプニングもあった。

本選挙において，盧武鉉（得票率48.9%）はハンナラ党の予備選挙で再び選出された李会昌（46.6%）に2.3ポイント差で辛勝した。

金泳三に次いで金大中も政界を退出するのにともなって党内予備選挙が全面化した一方，決選投票制がないなかで候補者一本化がおこなわれたというわけである。しかも，その方法として世論調査が用いられたというのは画期的であり，これ以降，世論調査は政党が公職候補者を決定したり，候補者一本化をおこなったりする場合に多用されるようになった。

2007年大統領選挙と「党心」「民心」

07年大統領選挙に際した野党ハンナラ党の党内予備選挙は，のちに大統領の党派的権力を制約することにつながるなど，大統領候補の選び方によって執政のありさまが変わることを如実に示している。

大統領と与党の支持率が低迷するなか，この予備選挙は事実上の決勝戦であった。代議員や党員による投票と一般国民を対象にした世論調査を組み合わせた選出方法だった。朴槿恵は前者の「党心」では最多得票だったが，後者の「民心」で優位に立った李明博に総合評価で敗れた。朴は潔く敗北演説をおこなったが，その後李に対して終始一貫して反対の姿勢を堅持した。朴は，李が大統領に就いてからも，「与党内野党」を徹底し，「与大野小」国会における李の党派的権力を制約した。

政党の公職候補者選出にあたって世論調査が用いられ「民心」もカウント（測定／重視）されるようになったのは，本選挙における競争力が重視されたからである。一方，「党心」とは異なる候補者は一体，その政党の何を代表しているのか，誰のために存在しているのかが問われる。そもそも，政党は有権者全体ではなく，その一部を代表するものである。

22年大統領選挙では，文在寅大統領によって検察総長（検事総長）に抜擢された尹錫悦が辞任後まもなくして「国民の力」に入党し，党内予備選挙に参加した。尹は古参の政治家を抑えて候補者に選出され，ついに第20代大統領に就いた。17年大統領選挙・18年地方選挙・20年総選挙で連敗していた国民の力にとって，朴槿恵大統領の弾劾・罷免の桎梏（しっこく）から5年で政権を奪取したのは尹の功績かもしれないが，公職候補者を党内でどのように育成するのかという課題が明らかになった。

3　国会議員の選び方

小選挙区比例代表並立制

総選挙の選挙制度は1988年に民主正義党単独で小選挙区比例代表並立制に決まった。「全国区」は当初，憲法の定める「比例代表制」（§41-3）の趣旨に見合うものではなかった。92年総選挙までは地域区の議席率が配分基準として用いられた。96年・2000年総選挙では得票率に変わったが，政党に対する投票は認められていなかった。この1人1票制に対して憲法裁判所は01年7月に違憲と決定したため，公職選挙法が改正され04年総選挙から1人2票制となった。全国区から比例区へと呼び名が変わったのもこのときである。

ただ，比例代表配分議席は毎回変わり，1票の格差是正，選挙区割りの変更をおこなうなかで地域区配分議席数が増減すると，調整弁として用いられた。韓国の並立制は多国間比較において比例代表配分議席率が著しく低く，24 年総選挙では 15.3%にすぎない。ちなみに，日本の衆議院選挙において比例代表に分配されている議席数は 176 で，全 465 議席の 37.8%である。

04 年総選挙では，比例代表で 13.0%を得票した民主労働党が 8 議席を獲得し，地域区の 2 議席と合わせると計 10 議席を得て院内に進出した。民主労働党は二大労組のひとつである全国民主労働組合総連盟を母体にした政党であり，組織化された労働者の利害を代表した。

このように，並立制という大枠はそのままであっても，1 人 1 票制から 1 人 2 票制へと選挙制度が変わると，国会に送り込まれる政党や代表される利害や価値観も変わるというわけである。

二大政党制

小選挙区制のもとでは二大政党制になりやすいというデュヴェルジェの法則とは異なり，1988 年総選挙で院内交渉団体を形成できるだけの議席を得たのは，民主正義党，統一民主党，平和民主党，新民主共和党の 4 党だった。しかし，これは例外ではなく，小選挙区制は選挙区次元で二大候補者制をもたらすが，政党システムが全国化されていなければ，候補者の所属政党の組み合わせはさまざまであり，全国次元で集計すると多党制になるのは当然である。地域主義とは，政党システムが全国化されていないということである。

それ以降も第三党の存在がみられる。統一国民党（92 年），自由民主連合（96 年・2000 年），民主労働党（04 年），自由先進党・親朴連帯（08 年），統合進歩党（12 年），国民の党（16 年）などがその例である。ただ，これらはいずれも定着しなかった。

第三党が続かないだけでなく，無所属議員もほとんど当選できな

図 4-3　歴代総選挙における主要政党の議席率の推移

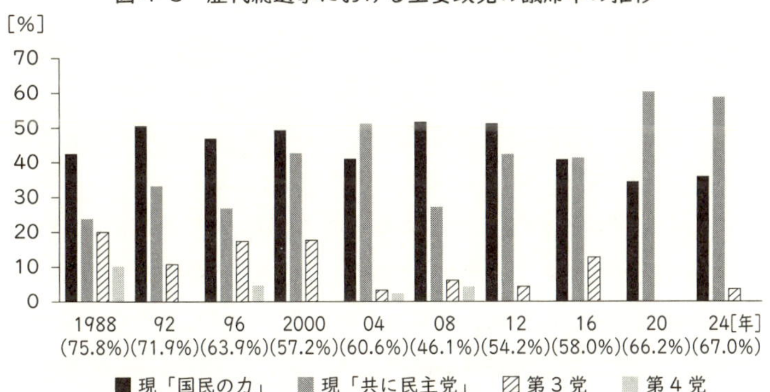

注：カッコ内は投票率。
出所：著者作成。

い。例外は 08 年総選挙で 25 名の無所属議員が誕生したが，そのうちの 12 名は「親朴無所属連帯」を結成して政党のように行動した。これは，07 年大統領選挙に向けたハンナラ党の党内予備選挙で朴槿恵が負け，親李派（李明博支持）と親朴派（朴槿恵支持）のあいだの派閥対立が 08 年総選挙の公認をめぐって激化すると，親朴派の一部が離党し，「親朴連帯」という政党を結成するだけでなく，無所属ではあるものの事実上，もうひとつの旗を掲げたものである。

並立制から準併用制へ

総選挙の選挙制度は 20 年総選挙で一部変更され，24 年総選挙で大きく変わった。韓国の小選挙区比例代表並立制は，小選挙区制・相対多数制でおこなわれる地域区と，全国単位の政党得票率に応じて名簿順に議席が配分される比例代表の 2 つが別々に存在し，互いに影響を与えない。日本の衆議院選挙とは異なり，重複立候補は許されていない。一方，ドイツなどで用いられている併用制の場合，各政党の議席数は比例代表の得票率によって決定されたうえで，誰が議員になるかは地域区の結果による。

20年総選挙では比例配分議席47のうち30議席，24年総選挙では全46議席が並立制から「準連動型（準併用制）」に変わった。たとえば，A党の地域区獲得議席数が18，比例得票率が8%であるとすると，完全な併用制では，国会定数300の8%は24であるため，地域区獲得議席数との差分の6議席がさらに配分されるが，準併用制ではその50%，3議席だけが配分される。これだと，二大政党は比例代表では議席をまず得られない。そもそも準併用制の趣旨は，第三党や小政党を院内に進出させ，多様な利害を国会に反映させることだった。

しかし，二大政党はいずれも衛星政党を代わりに立てたり，小政党との選挙連合を組んだりするなどして，事実上，並立制として機能するようにしてきた。24年総選挙において，与党「国民の力」はその旗のもとでは比例代表に参加せず，形式上は別組織であるが，実質的には同じ「国民の未来」を結成して代理戦を展開した。最大野党「共に民主党」は進歩党などの小政党や市民団体と「共に民主連合」を組み，名簿には交互に名を連ねた。

その結果，国民の未来と共に民主連合はそれぞれ18議席，14議席（このうち，共に民主党は8議席，そのほか進歩党2議席，基本所得党1議席，社会民主党1議席，市民団体推薦2議席〔のちに共に民主党に入党〕）を獲得し，合わせて46議席のうち69.6%を占めた。両陣営に属さない政党で議席を獲得したのは祖国革新党（12議席，得票率24.3%）と改革新党（2議席，3.6%）だった。まもなくして国民の未来は全員が国民の力に合流したし，共に民主連合も解体され，それぞれ別の政党として活動している。

選挙制度という基幹的政治制度

選挙制度を完全な小選挙区制へ変えるには憲法改正が必要だが，それ以外は公職選挙法の改正で十分である。事実，04 年総選挙の1人2票制，20 年・24 年総選挙の準併用制がそのようにして導入された。

このなかで特異なのは直近2回の総選挙であり，いずれも国民の力が反対するなかで共に民主党の主導により公職選挙法が改正された。つまり，選挙制度というゲームのルールが主要なプレーヤーを事実上排除するなかで変わったということである。

そもそも，1988 年総選挙に際して国会議員選挙法が改定されて並立制となったが，このときも民主正義党が単独で採択を強行した。選挙制度という基幹的政治制度，すなわち憲法体制が過半数の賛成で，しかも，特定の政党だけが主導するなかで成立し，そして変化したのである。

4　地方政府の選び方

完全な統一地方選挙

韓国国民が選挙で選出するのは大統領と国会議員だけではない。地方の首長や議員も選出できるようになった。韓国の地方は広域自治体と基礎自治体の2層になっている。

民主化以前，首長は国から送り込まれた官選であり，地方議会は憲法で規定されていたが，法律が整備されず開設されていなかった。「地方自治」に関する憲法上の規定は 87 年憲法でもなにひとつ変わらず，わずか2条しかないままだった。地方選挙は地方議会議員選挙法の制定・改正を通じて実現した。

まず基礎自治体議会議員選挙が 1991 年3月に，そして広域自

コラム4　投票用紙の記載順

2006年地方選挙から基礎自治体の議員も政党公認が再び可能になった。さらに，選挙制度も小選挙区制から中選挙区制へと変更された。選挙区ごとに全議席を獲得しようとすると，政党は定数と同じ数の候補者を立候補させると同時に，そのあいだで「票割り」を適切におこなう必要がある。

日本でも選挙制度改革前の衆議院選挙では，自民党が地域割りとセクター割りでこの課題に対応していたが，韓国の政党は当初苦戦を強いられた。投票用紙に記載されるのは，まず政党別の記号（議席数の多い順に1から数字が割り当てられる），そして同一政党に複数の候補者がいる場合，候補者の氏名のカナダ順（あいうえお順）に区別され，最後に氏名という順序である。たとえば，ソウル特別市鍾路区（チョンノ）ナ選挙区（定数2）にはハンナラ党から金成培と黄清泰の2名が立

治体議会議員選挙が同年6月に実施された。どちらも地域区のみで，小選挙区制・相対多数制でおこなわれた。また，候補者の政党公認が可能だった。結果は，広域も基礎も，与党の民主自由党が圧勝した。平和民主党は湖南（ホナム）（光州（クァンジュ）・全羅北道（チョルラ）・全羅南道）では議席を席巻したが，ほかの地域では振るわなかった。

首長選挙が初めておこなわれたのは95年6月のことであり，広域と基礎が同時に，さらに両方の議会議員選挙と同時に実施された。首長選挙も決選投票なき相対多数制で，この選挙から基礎自治体議会議員に対する政党公認はできなくなった。このときだけ任期はいずれも3年だった。

この広域自治体と基礎自治体の2層において首長と議会議員を全国各地で同時に選出する地方選挙を「全国同時地方選挙」という。日本の統一地方選挙とは異なり，補欠選挙の当選者は前任者の残余任期のみ務めるため，常に，完全な統一地方選挙である。

候補したが，金成培は「2カ」，黄清泰は「2ナ」と記された。

この2名の得票総数はウリ党から単独で立候補した安載弘の2倍以上だったが，票割りに失敗したためハンナラ党は議席を独占できなかった。このとき，有権者は6票を同時に投票したが，もっとも重要な広域自治体の首長を決めて，残りは同じ記号，それもナよりも先に記載されているカに一括して投票した可能性がある。

10年地方選挙からは各政党がカナダ順を決定できるようになったが，無所属の教育監も投票用紙の位置が同じというだけで一括投票されているかもしれない。

日本の最高裁判所裁判官に対する国民審査でも，氏名が記載される位置によって不信任投票数に差があるという。

95年地方選挙は金泳三大統領にとって中間選挙にあたり，与党の民主自由党は苦戦した。民主自由党から離党した金鍾泌が結成した自由民主連合は忠清と江原(カンウォン)で4人の知事を輩出した。民主党も湖南とソウルで4人の知事・市長を誕生させた。民主自由党からは釜山(プサン)・慶尚(キョンサン)北道・慶尚南道と仁川(インチョン)・京畿道で5人の首長が当選したが，大邱(テグ)は無所属の候補に負けた。このように，地方選挙は主に広域自治体の首長選挙の結果で勝敗が評価される。

選挙制度の変化

2回目は98年に実施された。これ以降，首長と議会議員の任期はともに4年である。地方選挙は大統領ごとに異なる時期に実施され，98年と2022年の2回以外は，任期半ばの中間選挙に該当する。金大中と尹錫悦の2人の大統領は任期中に2回，就任直後と任期5年目に地方選挙を迎える。

02年地方選挙から広域自治体議会議員選挙に比例代表制が導入され並立制になった。ただ，比例配分議席数は全体の1割ほどで，二大政党がほぼ独占した。

さらに，06年地方選挙から基礎自治体議会議員選挙にも比例代表制が導入されると同時に，候補者の政党公認が再びおこなわれるようになり，かつ，選挙区は小選挙区制から中選挙区制へと変更された。ただ，これは定数2～4人の中選挙区制とはいえ，そのほとんどは2人区であり，二大政党がほぼ独占した。

10年地方選挙以降，それまでは教育委員や児童・生徒の保護者の代表によって選出されていた教育監（教育長）も住民が選挙で選ぶようになった。教育監は広域自治体における小中高の教諭の人事権，予算，カリキュラムなどを左右し，「教育大統領」に比せられる権限を有している。政党公認は禁止されているが，教育のあり方をめぐる社会的亀裂が深刻であるなか，陣営間対立が鮮明に反映される。

地方政治における「与大野小」／「与小野大」議会

住民は広域自治体の首長・教育監・議会議員（選挙区と比例代表）と基礎自治体の首長・議会議員（選挙区と比例代表）の計7票をいちどに投票するわけだが，個別に候補者や政党，選挙区事情を評価することはほとんど不可能である。そこで，なんらかの手がかりが必要になる。それが国政レベルにおける「大統領・与党に対する信任／牽制」というフレーミングである。支持ならばすべて与党，牽制ならばすべて野党に一括して投票するというものである。どちらにせよ，政党ラベルがこのように機能すれば，全国同時に一方向に風が吹く「ナショナル・スイング」が効きやすい。

事実，尹錫悦大統領就任直後に実施された22年地方選挙では，国民の力が広域自治体17のうち12で首長を輩出するなど圧勝した。共に民主党は湖南と京畿道や済州(チェジュ)特別自治道の5つで市長・知事を当選させるだけで終わった。その結果，15の広域自治体では首長にとって「与大野小」議会が成立した。

完全な統一地方選挙ということは，地方選挙同士はいつも同時選挙ということである。その際，もっとも重要な第一次選挙にそれ以外の第二次選挙が連動しやすい。ここで第一次選挙とは，広域自治体の首長の選挙である。

「選び方」の「決め方」

大統領選挙，その党内予備選挙，総選挙，地方選挙の順に，選挙制度の内容とそれがどのように決められてきたかをみてきた。このなかで当初より変わらず安定しているのは大統領選挙だけであり，それ以外は変化してきた。特に総選挙は，1人1票制から1人2票制へ，小選挙区比例代表並立制から準併用制へと大きく変化した。

選挙制度によって誰が公職に就くのか，どの政党が院内に進出するのか，どのような利害や価値観が政治に反映されるのかが異なる。さらに，準併用制への公職選挙法の改正は二大政党のひとつが排除されるなかで断行されたように，選挙制度の決定の仕方，誰がどのように決めるのかには，政治のありさまが顕著に表れる。

そもそも韓国国民にとって民主化は「大統領直接選挙制」に焦点が収斂したくらい，権力者を自らの手で選出することを意味した。国会議員はそれ以前から選出していたし，地方の議会議員と首長，そして教育監まで選出するようになったのは民主化の成果である。

一方，選挙制度も含めた憲法体制の全体を設計(デザイン)するというよりは，選挙のたびにパッチワークのように変化し，漂流(ドリフト)してきたといえる。特に選挙サイクルは，「与小野大／与大野小」国会，与野党それぞれに対する大統領（候補）の統制の両方に影響を与えるという，当初意図していなかった帰結がみられる。

さらに，「何を」選ぶのか，どういう職種には選挙を経て就くのかは国や時代，憲法体制によって異なる。教育監が選出職になったし，米国の州の一部では裁判官を任用試験ではなく選挙で選ぶ。

選び方も，決め方も，相対多数制による場合が多く，せいぜい比例代表制も一部で用いられているくらいである。ほかにも実に多様な方法があることを知ったうえで，全体のアンサンブルのなかで比較衡量して，集合体の意思決定の担い手や方法を決定したわけではない。

参考文献

飯田健・松林哲也・大村華子『政治行動論――有権者は政治を変えられるのか』有斐閣，2015 年。

岩崎美紀子『一票の較差と選挙制度――民主主義を支える三層構造』ミネルヴァ書房，2021 年。

大林啓吾・白水隆編『世界の選挙制度』三省堂，2018 年。

木村幹『韓国における「権威主義的」体制の成立――李承晩政権の崩壊まで』ミネルヴァ書房，2003 年。

佐伯胖『「きめ方」の論理』筑摩書房，2018 年。

坂井豊貴『多数決を疑う――社会的選択理論とは何か』岩波書店，2015 年。

建林正彦『議員行動の政治経済学――自民党支配の制度分析』有斐閣，2004 年。

根本敬・粕谷祐子編『アジアの独裁と「建国の父」――英雄像の形成とゆらぎ』彩流社，2024 年。

プシェヴォスキ，アダム／粕谷祐子・山田安珠訳『それでも選挙に行く理由』白水社，2021 年。

松林哲也『何が投票率を高めるのか』有斐閣，2023 年。

International IDEA
https://www.idea.int

第5章

地域主義から階級対立へ？

変容する政党システム

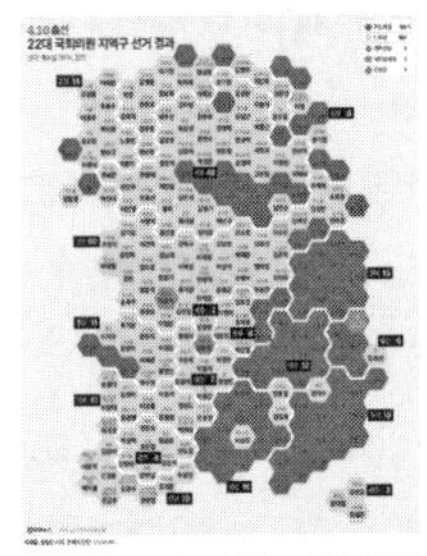

2024年総選挙地域区における各政党の獲得議席。アミの濃い地域が「国民の力」，薄い地域が「共に民主党」。（出所：聯合ニュース）

コロナ禍で道に迷ったというより，新たに勇気を出して，挑戦している姿にみえます。なので，「ロスト・ジェネレーション」ではなく，「ウェルカム・ジェネレーション」という名前のほうがふさわしいようです。なぜなら，この世代は変化を怖れるよりも，「ウェルカム」と言いながら前に進んでいくのですから。

BTSの国連総会スピーチ（2021年9月20日）

本章のポイント

✓「政党なき民主主義」は考えられるか。
✓地域主義とはどういう現象か。要因は何か。政治にどのような影響を及ぼしているか。
✓保守／進歩はそれぞれ政治をどのように理解しているか。
✓「Z世代」といった自覚はあるか。ほかの世代と異なる点は何か。
✓進学や就職，社会保険料や年金で「世代間不正義」を感じているか。

キーワード

地域主義，政党システムの全国化，二大政党制，86世代，保守／進歩

1　民主化以前の選挙

権威主義体制と選挙

「政党なくして近代民主主義は考えられない」といわれるなかで，政党は何を代表するのか。「複数政党制」（§8-1）のもとで何をめぐってどのように政党間競争がおこなわれているのか。政党の数や争点といった政党システムは代議制民主主義を図／測るうえで重要である。韓国憲政史においても政党システムは 87 年憲法のもとでも変化してきたし，民主化以前においても重要な役割を果たしてきた。

近年，権威主義体制においても選挙が実施され，少なくとも外形上「民主主義を装っている」ことについて関心が高まっている。たとえば，2024 年 3 月にロシアでおこなわれた大統領選挙において，ウラジーミル・プーチンは得票率 87.3%で通算 5 期目になった。終身執政が事実上保障され，「皇帝（ツァーリ）」に比されることもあるプーチンさえ，選挙という手続きを省くことはできないのである。また，北朝鮮でも，立法機関に相当する最高人民会議の代議員選挙がおよそ 5 年に 1 回おこなわれている。すべての選挙区で 1 名しか立候補せず，秘密投票も守られていないが，それでも，朝鮮労働党は朝鮮社会民主党と天道教青友党という形式上別組織だが，事実上傘下の組織からも代議員を出させることで，朝鮮民主主義人民共和国の「装い」を示そうとしている。

韓国でも，72 年憲法や 80 年憲法において，大統領は国民が直接選出できなくなったが，総選挙は中断されることなくおこなわれた。もちろん，「大統領が一括推薦」し，「統一主体国民会議」が選出する「国会議員定数の 3 分の 1」（以上，72 年憲法）が結成する

「維新政友会」や，地域区第一党に対する「全国区議席の３分の2」（1981年に制定された国会議員選挙法）によって，与党（朴正熙の民主共和党や全斗煥の民主正義党）が国会の過半数議席を獲得できるようになっていた。しかし，与党は総選挙では苦戦し，それが民主化の契機になった。

「野都」現象

この時期，1973年・78年・81年・85年総選挙の４回は中選挙区制でおこなわれた。中選挙区制は，大政党が獲得議席数を最大化しようとすると，適切な数の候補者を擁立し，かつ，候補者間で均等に「票割り」する必要がある。合計得票数は十分でも，特定の候補者に票が集中すると，議席につながらないことがある。しかし，韓国の場合，すべての選挙区が２人区と単純な構図であり，かつ，別のかたちで国会の過半数議席は確保されているため，与党はもちろん，野党も基本的に１名しか候補を立てなかった。

４回の総選挙のうち，81年総選挙は「官製野党」の参入しか認められず，しかも，民主韓国党と韓国国民党に分けられたが，それ以外の３回は，野党がどこなのかは明確であり，体制に対する批判の受け皿になった。特に，78年総選挙における新民党や85年総選挙における新韓民主党は，得票率では与党に比肩する結果を示し，大統領や体制にとって現状を脅かす明確なシグナルになった。

これらの総選挙において，野党は都市部で支持されるという「野都」現象がみられた。都市部，特にソウルでは産業化が進むにつれて農村部から労働者が流入し，人口が急増した。それにともない，さまざまな問題が生じるなか，経済成長と物価上昇の両方に敏感な中産層が誕生した。この層は民主化の基盤になると同時に，金融政策の失敗に対して野党に投票することで政策転換を促し，事実，そうした政治的なメッセージを受けとった大統領は適宜，金融拡大と緊縮を随時切り替えたという見方がある。

1971 年大統領選挙

朴正煕大統領が 72 年憲法へと改正し，「維新体制」を樹立したのも，71 年大統領選挙において新民党の金大中（キムデジュン）に 95 万票差まで迫られたからである。69 年憲法によって大統領の任期が 3 期に延長されたが，このままでは 4 年後の政権交代は確実視された。事実，朴は遊説において「投票をお願いするのはこれが最後だ」と訴え，72 年憲法によって韓国国民は大統領を自らの投票で選ぶことができなくなった。

当時 47 歳だった金大中は金泳三（キムヨンサム）と共に「40 代旗手論」を掲げて党内予備選挙に打って出て，決選投票で金泳三をかわして新民党の大統領候補に上り詰めた。それだけでなく，出身地の全羅（チョルラ）道だけでなく，ソウルでも 60％前後を得票した。総選挙と異なり，全国を 1 つの選挙区とする大統領選挙では 1 票の格差は存在しないため，人口が拡大し続けるなかソウルでの野党候補の伸長は，朴正煕にとって深刻な脅威であった。

李承晩（イスンマン）大統領にとって，後継者問題を「解決」しようとして不正を働いたがゆえ「4 月革命」が起き，結局，下野することにつながった契機が 60 年副大統領選挙である。当時 84 歳だった李にとって，大統領とは別に選出される副大統領に後継者として李起鵬（イギブン）を当選させることは死活問題だった。「大統領が闕位（けつい）の時は副大統領が大統領になり，残任期間中，在任する」という憲法条文があるなかで，56 年副大統領選挙のように再び民主党の張勉（チャンミョン）との正副大統領の「コアビタシオン（共存）」になると，選挙に拠らない政権交代がありうるという危機感があった。56 年は得票率 2.4 ポイント差で張に負けた李起鵬が，60 年は 61.7 ポイントも差をつけて勝利すると，不正選挙があったとして学生が決起したのが 4 月革命である。

1978 年総選挙・1985 年総選挙

78 年総選挙において新民党が得た議席数は 61 で，全 231 議席の 26.4%にすぎず，民主共和党と維新政友会の計 145 議席には遠く及ばない。しかし，得票率は 32.8%であり，31.7%だった民主共和党を上回っていて，事実上，野党の勝利だった。その背景には，維新体制における抑圧に対する国民全体の反発が当然あるが，物価高騰に対する都市部中産層の離反の影響も大きい。

維新体制が崩壊した直接的な契機は，79 年 10 月 26 日に朴正熙大統領が中央情報部長の金載圭(キムジェギュ)に射殺されたからであるが，遠因は釜馬(プマ)（釜山(プサン)・馬山(マサン)）民主抗争など民主化運動に対する対応策をめぐって執政中枢で異論があったからである。結局，全斗煥が粛軍クーデタを起こして軍の実権を掌握し，光州(クァンジュ)民主化運動を戒厳令を敷いて弾圧して大統領に就いた。

85 年総選挙では，官製野党の民主韓国党や韓国国民党に対して，「鮮明野党」を掲げた新韓民主党が投票日直前に結党されたが，ソウルでは 43.2%の得票率を示し，27.4%だった民主正義党を 15.8 ポイントも上回った。全国的にも得票率 29.3%で，民主正義党（35.2%）との差は 6.0 ポイントにすぎず，民主韓国党（19.7%）や韓国国民党（9.2%）の得票率を合わせると，「野圏（野党全体）」ではゆうに過半数である。もちろん，新韓民主党の議席数は全 276 議席の 24.3%にあたる 67 にとどまったが，民主韓国党や韓国国民党の当選者が相次いで入党し，一気に 100 議席を超えた。新韓民主党は名実ともに最大野党となり，民主化運動の指導者だった金泳三と金大中は「制度圏（国会）」に確実な足掛かりを得た。

このように，民主化以前にも中断されることなくおこなわれた総選挙において，与党が実質的に負ける結果がたびたび生じた。それは，大統領や体制にとっては危機の兆候である一方，野党や民主化運動の指導者にとっては，「大統領直接選挙制」さえ実現されれば政権交代を実現することができるという希望と道標になった。

2　地域主義——出生地から居住地へ

単一国家における「地域主義」

民主化し 87 年憲法へと改正されると，韓国国民は大統領も再び自らの手で選出できるようになった。最初の大統領選挙（1987 年 12 月）と総選挙（88 年 4 月）でみられるようになったのが「地域主義」である。地域ごとに各候補者・政党の得票率に顕著な差が確認された。

87 年大統領選挙において，民主正義党の盧泰愚（得票率 36.6% で当選）は TK（大邱〔70.7%〕・慶尚北道〔66.4%〕），統一民主党の金泳三（28.0%）は PK（釜山〔56.0%〕・慶尚南道〔51.3%〕），平和民主党の金大中（27.0%）は光州（94.4%）・全羅北道（83.5%）・全羅南道（90.3%），新民主共和党の金鐘泌（8.1%）は忠清南道（45.0%）でそれぞれ全国得票率を大きく上回る票を得た。これらの地域はそれぞれの候補者の縁故地である。一方，ソウルでは，盧泰愚（30.0%），金泳三（29.1%），金大中（32.6%）の得票は三分されており，当初より地域主義の影響が薄い。

88 年総選挙においても同様の傾向がみられ，小選挙区制中心の選挙制度ゆえに得票率の差以上に議席率の差は増幅された。たとえば，平和民主党は得票率（19.3％対23.8％）では統一民主党を下回ったが，光州・全羅北道・全羅南道の議席をほぼ独占したため議席率（24.1％対20.5％）では上回った。ソウルは全42議席のうち，民主正義党（10議席），統一民主党（10議席），平和民主党（17議席）のあいだで得票率と議席率の差がそこまで顕著でなかった。

韓国は連邦制国家でもなければ，際立った民族的亀裂も存在しない。そのなかで，カナダのケベック党やイギリスのスコットランド国民党のように特定の地域で顕著な支持を集める政党の登場・存在をどのように理解すればいいのか。

高句麗（コグリョ）・新羅（シルラ）・百済（ペクチェ）の三国時代にまで遡（さかのぼ）る歴史的経緯，産業化の過程で優遇／疎外された恨（ハン）などさまざまな要因が指摘されているが，政治的民主化がいちおう実現したなかで，政治家が有権者を動員するうえで「民主化」に代わって「発見」「活用」した戦略という見方が妥当である。その証拠に，「地域」の境界は構造的に固定化されておらず，その後，政治的に変容してきた。

嶺南と湖南

憲政史上初めての「与小野大」国会に悩まされた盧泰愚大統領，野党第一党の地位を平和民主党の金大中に奪われた金泳三と金鍾泌の利害が一致し，民主正義党・統一民主党・新民主共和党の3党合併によって90年1月に誕生したのが民主自由党である。200議席を超える巨大与党は単独で憲法改正をおこなうことができるが，実態は派閥連合であり，総裁（盧泰愚）とは別の代表最高委員に就いた金泳三は次期大統領候補として地歩を固めた。同時に，これは「嶺南（ヨンナム）＋忠清」による「湖南（ホナム）（光州・全羅）」包囲戦略でもある。TKとPKが合わさって嶺南になったように，「地域」が再編されたわけである。

コラム5 政 党 名

BTSのリーダーはキム・ナムジュンが本名だが，「RM」を名乗っている。練習生だった頃から用いていたRap Monsterという芸名を略したものであり，「本当の自分（Real Me）」でもあると語っている。

「国民の力（People Power Party）」と「共に民主党（The Minjoo Party of Korea）」が韓国の二大政党で，それぞれ保守と進歩を代表する。政党名に「党」が入っていないのは，金大中が1997年大統領選挙を前に設立した新政治国民会議以来である。進歩系の政党は，この国民会議と盧武鉉大統領のウリ党を除き，「民主」が入っているのが特徴的である。

開かれたウリ党，ハンナラ党，セヌリ党は漢字で表記できない韓国語の固有語である。それぞれ「我々の」「ひとつの／偉大な国」「新しい世界」という意味である。支持政党でもないのに「ウリ党（我が党）」という略称を用いるのを躊躇（ためら）う層は，「ヨル党（ヨル［リン］は

さらに，92年大統領選挙で金泳三が勝利して「文民政府」を強調すると，軍人出身の金鍾泌は95年3月に民主自由党を離党し，自由民主連合を結成した。96年総選挙において，自由民主連合は忠清における圧倒的な支持を基盤に50議席を獲得し，第三党として存在感を示した。「3金（金泳三・金大中・金鍾泌）」のうち金鍾泌だけが大統領になれなかったが，それでも確固たる支持基盤を有してキャスティングボートを握った。事実，金鍾泌は97年大統領選挙に際して金大中とDJP連合を組んでその勝利に貢献し，その後，国務総理（首相）に就いた。このとき，大田（テジョン）・忠清では金大中が最多得票者だったように，選挙の構図次第で地域と政治家や政党のあいだの結びつきは変わる。

嶺南の人口は湖南の2倍であり，民主化直後は総選挙における1票の格差が地方偏重の6倍強だったため，地域主義の効果がよ

「開かれた」の語頭)」という別の呼称を編み出した。

そもそも「正名」は韓国憲政史や日韓関係においてたびたび問題になる。「光州事態」ではなく「光州民主化運動」,「旧朝鮮半島出身労働者問題」ではなく「強制労働被害者問題」といった具合である。

BTS が UNICEF(国連児童基金)と共におこなった「Love Myself」キャンペーンにおいて,RM は「自分の名前を大切にし,心の声に耳を傾け,自分のストーリーを語ってほしい」と訴えた。はたして,韓国の政党は,党派は違えど,共に,力を合わせて,国民に仕えることができるのか。それが問題だ。

BTS speech at the United Nations | UNICEF
https://www.youtube.com/watch?v=oTe4f-bBEKg&ab_channel=UNICEF

り強く出る構図だった。しかし,首都圏への人口集中,さらに,憲法裁判所の決定によって1票の格差が「4倍」(96年総選挙),「3倍」(2004年総選挙),「2倍」(16年総選挙)以内へと徐々に是正されるにつれ,首都圏の頭数が政治的によりカウント(票換算/重視)されるようになった。

政党システムの全国化

1988年総選挙から2024年総選挙にかけて,首都圏(ソウル特別市・仁川(インチョン)広域市・京畿(キョンギ)道)に配分されている地域区議席の比率は34.4%(全224議席のうち77議席)から48.0%(全254議席のうち122議席)へと高まった。この間,親世代は地方出身で上京組,子ども世代は生まれも育ちも首都圏という層が増えた。

ソウルの人口は1992年を頂点に減少に転じ,2020年には

1000 万人を下回った。一方，周辺の京畿道の人口は増え続け，04 年総選挙以降はソウルよりも配分議席数が多い。これは，ソウルの地価が高騰し，購入はおろか，チョンセ（多額の保証金）やウォルセ（月極の家賃）で賃貸できなくなった層が城南（ソンナム）市の盆唐（ブンダン）・板橋（パンギョ），高陽（コヤン）市の一山（イルサン）など京畿道の「新都市」に移り住んだからである。

首都圏は特定の政党を常に支持しているわけではなく，保守／進歩の二大政党のあいだでそのつど行き来する。そのため，各政党は「決戦は首都圏」と見込んで，ほかの地域より相対的に多い中道や無党派の取り込みに躍起になっている。「共に民主党」は 20 年・24 年総選挙で相次いで過半数議席を獲得したが，首都圏で圧勝したのが大きい。

地域主義は，デュベルジェの法則や政党システムの全国化という議論のなかに位置づけると，比較政治学的に理解できる。「デュベルジェの法則」とは，小選挙区制において選挙区レベルで候補者の数が 2 に収斂することをいう。この**二大候補者制**において，所属政党の組み合わせがどの選挙区でも同じになると，**二大政党制**になる。そのためには，政党は全国各地に等しく候補者を立て，かつ，政党間競争が全国どこでも同じ組み合わせでおこなわれる必要がある。それを「政党システムの全国化」という。このように理解すると，地域主義とは，ある地域において群を抜いて強い政党が別の地域では候補者すら立ててもいないことといえる。

24 年総選挙において，「国民の力」は地域区 254 選挙区すべて，共に民主党も 246 選挙区に候補者を立てた。政党システムの全国化，二大政党化が進むにつれて，定義上，地域主義は弱まる。

住宅と政治

地域主義の変容としてもうひとつ興味深いのが，近年，出生地や本籍地よりも，居住地を重視する傾向である。特に，首都圏で生まれ，ソウル所在の大学を出て，ソウルの職場に通勤する 20 ～ 30 代が増え，住宅・通勤・教育などの環境が最大の関心事になっているなか，「どこに住んでいるのか」は各人の社会経済的地位（SES）を表し，利害や価値観を左右する。

その最たるシンボルが「아파트（マンション）」である。住宅は韓国国民にとっても生涯でもっとも高価な買い物であり，資産になる。そもそも，住宅を購入できるかどうか，購入するとしてもマンションなのか「単独住宅（一軒家）」なのか，マンションを購入するとしてもどのエリアの「駅勢圏（駅チカ）」なのかどうか，本人の収入や親からの相続によって条件づけられる。

税制や都市の再開発をめぐる住宅政策は大統領によって異なり，それによって資産価値や税負担も変わる。文在寅（ムンジェイン）大統領の任期中，マンション価格は高騰し，総合不動産税の課税対象者が急増した。すでにマンションを所有している者にとっては税負担の増加，まだマンションを所有していない者にとっては「魂を売ってでも頭金をかき集めなければローンを組めない」という状況になった。

そのなかでおこなわれた 22 年大統領選挙において，タワーマンションが立ち並ぶソウル特別市江南（カンナム）区狎鷗亭（アックジョン）洞第 3 投票所における尹錫悦（ユンソンニョル）の得票率は 91.2％に達した。江南区（67.0％），瑞草（ソチョ）区（65.1％），松坡（ソンパ）区（56.8％）といった江南ベルト（ソウルを東から西に流れる漢江（ハンガン）以南に位置し，1980 年代から急発展したエリアで「富者（プジャ）トンネ〔街〕」）の保守志向は，対立候補の李明在（イジェミョン）との票差がわずか 24 万票あまりだったことを勘案すると，この「没票（投票先の集中）」は決定的だった。

マンションという資産の有無や多寡は，本人の学歴，職業，収入といったSESによって規定されるが，そもそもSESは親のSESと密接にリンクしていて，資産とともに世代間で継承される。こうしたなかで高SES層の階級投票がみられるようになったのである。

3 「年齢層」「イデオロギー」の重層構造

386世代

韓国では長らく，「反共」が事実上国是だったため，共産主義はおろか，社会主義の標榜も許されていなかった。金大中はなんども「パルゲンイ（アカ）」の疑惑をかけられたが，金鐘泌と組むことで1998年にようやく大統領に就いた。「鳥は左右両方の翼があってこそ飛べる」という表現が韓国語にあるが，韓国は「右（保守）」の羽しか（認められてい）なかった。

ところが，2002年大統領選挙において，若年層ほど新千年民主党の盧武鉉（ノムヒョン），高齢層ほどハンナラ党の李会昌（イフェチャン）を支持する傾向がみられた。同時に，若年層ほど「進歩」，高齢層ほど「保守」と自己規定する傾向もみられた。韓国で「左」は，「革新」や「リベラル」ではなく，「進歩」とされた。「革新」は「技術革新」や「革新的思考」のように「イノベーション」の訳語として用いるのが一般的である。ともかく，保守であれ進歩であれ，政治志向，イデオロギーに自らの立場を包括的に位置づける動きが現れ，かつ，年齢層ごとに異なる傾向がみられたのが特徴的である。

同年6月，下校中の女子中学生2名を在韓米軍の装甲車が轢死（れきし）させた事故が起きたが，米韓地位協定によって韓国には裁判管轄権がなく，無罪の評決が出た。こうしたなか，与党の盧武鉉は選挙キャンペーンにおいて「反米で何が悪い」と発言し，唯一の同盟国である米国との関係も，もはやタブーではなくなった。

金大中大統領は2000年6月に北朝鮮の金正日(キムジョンイル)国防委員長と歴史上初めて南北首脳会談をおこなったが，その後，その宥和的な対北太陽政策をめぐって金鐘泌とのDJP連合が瓦解した。この北朝鮮との関係において「反共保守」こそが要であり，国内の「パルゲンイ」を摘発する根拠となったのが国家保安法である。

04年総選挙では，盧武鉉大統領の与党ウリ党が勝利して与大野小国会になった。「386世代（1980年代に大学に通った60年代生まれの当時30代）」の初当選議員187名が大挙して国会に進出した。国会議員の平均年齢は53.7歳から50.8歳へと一気に若返り，世代交代を印象づけた。

安全保障をめぐる保守／進歩

韓国において左右対立軸，保守／進歩の分岐としてまず登場したのは，米国，北朝鮮，国家保安法をめぐる立場の相違である。国家保安法は，韓国が分断国家として成立した直後の1948年12月に制定された法律である。北朝鮮について，「政府を僭称」し「国家を変乱することを目的とする国内外の結社」である「反国家団体」として位置づけ，それを「称揚・鼓舞」することなどを禁止・処罰している。つまり，国家保安法は「反共保守」における実質的意味での憲法，憲法体制を構成している。

米国との同盟を重視，北朝鮮に対して強硬な姿勢をとり，国家保安法を堅持するというのが保守である。一方，米国に対して自立的であろうとし，北朝鮮には宥和的に臨み，国家保安法の改廃を求めるというのが進歩である。金大中大統領の太陽政策，盧武鉉候補の「反米で何が悪い」発言，ウリ党による国家保安法廃止の推進は「進歩」の旗幟(きし)を鮮明にするもので，それだけ保守とのあいだで対立が拡がった。

左右対立軸が経済をめぐって形成された西ヨーロッパ諸国とは異なり，安全保障をめぐる争点がまず際立ったのは冷戦期の日本も同じである。憲法9条の改正に賛成し，日米安保を堅持するというのが「保守」である一方，憲法9条の改正に反対し，日米安保を拒絶するというのが「革新」とされた。冷戦後，「革新」の代わりに「リベラル」が用いられるようになり，保守／リベラルの対立軸は重層化したが，安全保障をめぐる立場は依然として左右の分岐点になっている。

米ソ冷戦が終焉し，ソ連・東欧における共産党政権が崩壊するなどヨーロッパの国際関係は大きく再編されたが，東アジアでは朝鮮半島や台湾海峡の分断はそのままである。こうした国際関係の相違が国内における左右対立軸の形成・維持・変化のダイナミズムに影響しているといえる。

経済・社会をめぐる保守／進歩

その後，2010年代に入ると，経済や社会のあり方をめぐっても保守／進歩の対立軸が明確になった。経済成長，規制緩和，財政規律に対して親和的だと保守である一方，富の分配，公的規制，財政拡大に対して好意的だと進歩である。

韓国は朝鮮戦争の廃墟から産業化を成し遂げ，1996年にはOECD（経済協力開発機構）に加盟して「先進国クラブ」の仲間入りをしたと自負した。しかし，その直後にアジア通貨危機（97年）に見舞われ，IMF（国際通貨基金）の救済を受けるなかでさまざまな分野で構造改革をおこなった。経済政策の基調が新自由主義（ネオリベラリズム）へと変わり，非正規雇用が拡大し，大企業と中小企業の賃金格差など「貧益貧，富益富」（貧しい者はますます貧しく，富める者はますます富む）が進んだ。貿易立国の韓国は世界金融危機（2008年）の影響も大きかった。こうしたなか，経済のあり方をめぐって左右対立軸が浮上したのは当然である。

さらに，社会のあり方についても，共同体，法と秩序，規律を重視する保守と，個人，多様性，公正を重視する進歩に分かれた。従来，国家・民族・家族・会社・学校など「ウリ（我々）」が強調されたが，「人間としての尊厳と価値」「幸福を追求する権利」を生まれながらにして有する「個人」（§10）が注目されるようになっている。この集合体と個人のあいだで，どのように均衡，調和を図るのかが焦点であるなか，いつか完結する「大きい物語」のために，「いま・ここ」においてかけがえのない誰かが犠牲になることを諒(りょう)としない層が確実に出てきたということである。

それぞれ利害や価値観が異なるが，互いに対等な「私」たちが集まり，いかに「私たち」たりえるのか，「私たち」として集合的な意思決定をおこなうかは，「〈私〉時代のデモクラシー」において切実な課題である。いまや，利害や価値観を測る共通の指標すら存在しない時代である。

2030世代と86世代

2020年代になり，386世代はすでに50代後半から60代前半に差し掛かっている。「586世代」ないしは「86世代」へと呼称も変わった。一方，「2030世代（20～30代）」が注目され，『90年生まれがやって来る』（18年刊行）という本を文在寅大統領は大統領府のスタッフ全員に配り，「20代のことをどれだけ知っているのか」と問いかけた。この本の著者はCJグループで新入社員の研修に携わっていたが，「アナログとデジタルのあいだに立った最後の20世紀型人間」の登場が企業活動だけでなく，社会生活全般にどのような衝撃を与えるのかを展望した。23年には『2000年生まれがやって来る』も刊行され，「超合理・超個人・超自律の脱会社型AI人間」が注目されている。

この年齢層は「M（ミレニアル）世代」「Z世代」として世界的にも存在感を示している。パソコンよりもスマホやタブレットに生まれたときから馴染んでいて，「みんながいいねしていること」にはInstagramやTikTokなどのSNSでどこにいても瞬時に共感を示すが，「偉そうで面倒」に映ると，いつでも離れる。この世代からアテンション（まずは目にとまること）をとり，車，本，テレビなどモノを売るためには，これまでとはまったく異なるアプローチが必要だが，政策，政治家や政党，そして政治の意義をどのように位置づけるのか，根源的な見直しが求められている。

働き口（일자리）に困っている2030世代からすると，86世代は，保守も進歩も，すでに十分「既成世代（エスタブリッシュメント）」であり，ポスト（자리）をひとつも譲ろうとしない「既得権」，頼んでもないのに説教してくる「オワコン（꼰대）」に映っている。利害が相反するというより，世界観そのものが相容（あいい）れないのである。

4　韓国における「世代」

加齢しても保守化しない86世代

「86世代」「2030世代」は当初からそのように呼称されたが，年齢効果と世代効果の違いは一定の時間が経たないと区分しにくい。

「年齢効果」とは，若い頃は進歩的だが，年をとるにつれ保守化していくことを意味する。加齢すると，仕事，家族，住まいなどを持ち，現状変革よりも現状維持を好むようになるのは不思議なことではない。一方，世代とは青年期に共通の経験をすることで社会化過程を経た集団を指し，その後の人生においても一定の性向を有することを「世代効果」という。さらに，同時代人として全年齢層が共通の経験を経ることで有する性向を「時代効果」という。たとえば，コロナ禍は全世界市民にとってそのような経験だったといえる。

86世代はまさに青年期に民主化運動を経験した。もちろん，この世代の大学進学率（2年制の「専門大学」を含む）は1989年でも22.6％にすぎず，女子はさらに低く，「運動圏」が全体を代表（リプリゼント）＝象徴しているわけではない。しかし，民主化運動の結果，「大統領直接選挙制」を勝ちとったという自負は「時代精神」として広く共有された。

86世代はその後，経済が好調だった90年代に社会人となり，アジア通貨危機で上の世代がリストラされると，30代という早い時期にそれなりのポストに就いた。2020年代，50代後半から60代前半になっても，加齢にともなう保守化がみられず，進歩的な性向を一貫して示している。

比較政治学的には，パリ5月革命（1968年）を経験した「68世代」は，前後の世代とは異なり「左」で，その影響は生涯続いていることが確認されている。韓国の86世代は，いわば「遅れてきた68世代」といえる。

「圧縮された近代」と世代形成

「10年経てば山河も変わる」という表現が韓国話にあるが，それだけ変化が速く，あらゆる分野に影響が及ぶということである。

韓国は憲法制定・政府樹立（1948年），朝鮮戦争（50～53年），産業化（70～80年代），民主化（87年），「世界化」（金泳三大統領の国政課題）（90年代），情報化／デジタル化（2000年代）といった過程を短期間のうちに経てきた。少子高齢化も近年，急速に進んでいて，2000 年に高齢化社会（65 歳以上の高齢者人口の全人口に占める比率が 7%超）になってわずか 17 年後に高齢社会（14%超）になり，25 年には超高齢社会（21%超）に突入するといわれている。さまざまな課題にひとつずつ取り組む余裕はなく，同時に解決策を示すしかない。「圧縮された近代」と形容される所以（ゆえん）である。

こうしたなか，青年期に共通して経験し，「世代」を画する出来事は当然，それぞれ異なる。大別すると，「貧困」と朝鮮戦争世代，「経済成長」とベビーブーマー世代，「民主化運動」と 86 世代，「民主主義」「アジア通貨危機」と X 世代，「情報化／デジタル化」と MZ 世代（2030 世代）となる。MZ 世代と一括りにされることが多いが，M 世代（1990 年代生まれ）と Z 世代（2000 年代生まれ）の性向は異なる。さらに，セウォル号沈没事故（2014 年）は「セウォル号文学」というジャンルを生むくらい衝撃的であったため，「セウォル号世代」という区分もある。

Z 世代からすると，86 世代は親の世代にあたるが，物事を判断する際の基準や世界観そのものが根本的に異なる。そうした「通約不可能性」の世界では，ことばの意味や感性さえが互いに相容れず，「通じない」「共感できない」を超え，「不可解」かつ「異常」に映りやすい。

「頭数を数える」民主主義

「民主主義とは，頭をかち割る代わりに頭数を数える制度である」という。韓国のように，少子高齢化が進むなかで年齢層や世代ごとに党派性に差がある場合，その含意は絶大である。

年齢層／世代別に，①絶対的な有権者数，②相対的な投票率，③保守／進歩それぞれに対する支持の集中度を考えた場合，「①×②×③の総和」が重要である。①は，新規参入の「若い」有権者数は急速に減少しているということである。②については，60代までは高齢になるほど投票率が高くなることが知られている。③は，高齢になるほど保守化するという年齢効果と，86世代のように加齢しても進歩的なままの世代効果の両方を考慮する必要がある。③を別にすると，①と②は，若年層がそもそも，その利害や価値観が反映されにくい「不利な」立場に置かれていることを意味している。

こうしたなか，同じ社会保障でも，子育て支援よりも介護や医療の充実といった高齢者向きの政策アウトカムになるのはむしろ当然である。そうなると，23年現在，0.72というOECDでもっとも低い出生率が今後も下げとどまらなくても不思議ではない。

1988年に初めて導入された国民年金（全面拡大は99年）は当初保険料が3%で，93年に6%，98年に9%に引き上げられたが，その後26年間も，据え置かれたままである。このままでは2054年にも財源が完全に枯渇するといわれているが，大統領も国会も，痛みをともなう年金改革を先送りにしてきた。そもそも，韓国の年金制度も積み立て方式ではなく賦課方式であり，現役世代は将来受けとる年金以上に保険料を支払っているが，24年に20歳になった世代は保険料を支払うだけで，50歳になった時点で制度そのものが破綻する状況なのである。

それでも，「シルバーデモクラシー」はまだ争点化していないが，韓国政治のゆくえ以前に，韓国社会の存立基盤そのもの，持続可能性が問われている。

世代間正義と世代内格差

年金改革にみられるように世代間の格差や不平等が是正されることなく放置されると，世代間正義が問題になる。「不正を正す時機を失すると，それ自体，新たな不正になる」という格言があるくらいである。

48年憲法を制定するための制憲国会以降，選挙権は20歳以上の男女に付与されていたが，公職選挙法が改正されて2006年地方選挙から19歳以上，20年総選挙から18歳以上へと拡大された。被選挙権も，「40歳」以上（§67-4）と憲法で定められている大統領はそのままだが，それ以外の選出職は公職選挙法の改正によって，22年地方選挙から25歳以上から18歳以上へと引き下げられた。この18歳という基準は，成人年齢の19歳（11年に民法が改正される前は20歳）よりも「若く」設定されている。

この選挙権の拡大によって若年層の声がより反映されるようになったが，少子化のなかで絶対数は減り続けている。そのため，24年総選挙において，18～39歳の有権者数（比率では30.6%）が60歳以上のそれ（31.9%）よりも初めて下回った。この趨勢は今後，さらに加速する。

もっとも，高齢者のあいだの格差，世代内格差も深刻である。韓国の高齢者の貧困率や自殺率，雇用率もOECDのなかでもっとも高い。そもそも年金制度ができたのが遅く，支給額では生活費の工面にも足らず，子どもからの仕送りやケアも期待できなくなっていくなかで働き続けざるをえない高齢者が多い。一方，マンションなどの不動産を含めて十分な資産を所有し，孫の世話をみる余裕がある高齢者もいる。

このように，世代間格差と世代内格差の両方の問題は，少子高齢化の進展とそれにともなう政治的代表の偏りともあいまって，社会正義の基盤を根底から揺るがす。MZ世代は公正を重視するなか，いかに衡平性を保つのかに，韓国社会の存立がかかっているといえる。

参考文献

宇野重規『〈私〉時代のデモクラシー』岩波書店，2010 年。
蒲島郁夫・竹中佳彦『イデオロギー』東京大学出版会，2012 年。
砂原庸介『分裂と統合の日本政治——統治機構改革と政党システムの変容』千倉書房，2017 年。
砂原庸介『新築がお好きですか？——日本における住宅と政治』ミネルヴァ書房，2018 年。
崔章集／磯崎典世・出水薫・金洪楹・浅羽祐樹・文京洙訳『民主化以後の韓国民主主義——起源と危機』岩波書店，2012 年。
西川長夫『決定版 パリ五月革命私論——転換点としての 1968 年』平凡社，2018 年。
春木育美『韓国社会の現在——超少子化，貧困・孤立化，デジタル化』中央公論新社，2020 年。
東島雅昌『民主主義を装う権威主義——世界化する選挙独裁とその論理』千倉書房，2023 年。
待鳥聡史『政党システムと政党組織』東京大学出版会，2015 年。
三牧聖子『Z 世代のアメリカ』NHK 出版，2023 年。

改革新党
https://www.reformparty.kr
国民の力
https://www.peoplepowerparty.kr
祖国革新党
https://rebuildingkoreaparty.kr
共に民主党
https://theminjoo.kr

第6章

2つの司法

大法院と憲法裁判所

大法院（左）と憲法裁判所（右）（出所：韓国・大法院，韓国・憲法裁判所）

この憲法は，国の最高法規であつて，その条規に反する法律，命令，詔勅及び国務に関するその他の行為の全部又は一部は，その効力を有しない。

日本国憲法第98条第1項

本章のポイント

✓国民に選ばれていない裁判官が法律を違憲・無効にするのはいかなる理由によるのか。
✓日本の最高裁判所が違憲にした法令について調べてみよう。
✓政治家は司法の人事をどのようにおこなっているのか。
✓「憲法不合致」（韓国憲法裁判所）と「違憲状態」（最高裁判所）は何が異なるか。
✓憲法制定権者がそもそも司法に期待した役割とは何か。

キーワード

司法積極主義，違憲審査権，政治の司法化，司法の政治化，司法政治論

1　司法という政治プレーヤー

司法人事

内閣総理大臣が誰なのかは知っていても，衆議院議長・参議院議長や最高裁判所長官の名前を知らない人は日本では少なくない。一方，韓国では，大法院（最高裁判所）と憲法裁判所の人事は，大統領や国会（議員），保守／進歩の二大政党だけではなく，全国民的な関心事である。

尹錫悦（ユンソンニョル）大統領は任期２年目に大法院長（長官）と憲法裁判所所長の人事を相次いでおこなった。まず，2023年９月に任期６年を満了する金命洙（キムミョンス）大法院長の後任にソウル高等法院（裁判所）部長判事の李均龍（イギュニョン）を指名した。保守志向の李の指名は，尹大統領からすると，金大法院長のもとで進歩に傾倒しすぎた大法院を「正常化」する狙いだった。ところが，進歩の「共に民主党」が過半数を占める「与小野大」国会は同年10月に任命同意案を否決した。大法院長人事の挫折は，憲政史上初の「与小野大」国会が盧泰愚（ノテウ）大統領が指名した鄭起勝（チョンギスン）に対する任命同意を1988年７月に拒否して以来，35年ぶりだった。結局，尹は指名をやり直し，元大法官（判事）の曺喜大（チョヒデ）が2023年12月に国会から同意を得て，大法院長に任命された。

前後して尹大統領は，23年11月に任期６年を満了する劉南碩（ユナムソク）憲法裁判所所長の後任に憲法裁判所裁判官の李悰錫（イジョンソク）を指名した。李は18年10月に国会選出，そのなかでも自由韓国党推薦で憲法裁判所裁判官に就任しており，保守志向といえる。与小野大国会は大法院長に続いて任命同意を拒否することができたが，司法空白に対する批判もあり，同意した。ただ，所長になっても，李の任期は

24年10月までである。

大法院と憲法裁判所という2つの司法の長の人事は，執政長官の大統領からすると常に，自らのリーダーシップを制約する拒否権プレーヤーになりかねない存在であり，その分，保守／進歩が角逐するアリーナ（闘技場）になる。特に憲法裁判所は，法律に対する違憲審査を通じて，大統領や国会，与野党が立法を通じて主導した政策を拒否することができる。

司法積極主義

87年憲法において，法院とは別に憲法裁判所が存在している。「司法権は法官（裁判官）によって構成された法院に属する」（§101-1）が，「法院の要請による法律の違憲審判」「弾劾の審判」「政党解散の審判」「機関間の権限争議に関する審判」「法律が定める憲法訴願に関する審判」（§111-1）は憲法裁判所が専管している。

第1章でみたように，憲法裁判所は1988年9月に成立して以降，2023年8月末までの35年間で法律の違憲審査を1109件おこない，342件を違憲，99件を憲法不合致と決定した。また，憲法訴願においては，4万7827件のうち389件を違憲，210件を憲法不合致にした。違憲と憲法不合致の合計は1040件に達し，年平均30件，月平均2.5件という頻度である。違憲審査において韓国憲法裁判所は，米国連邦最高裁判所やドイツ連邦憲法裁判所と比べても，司法積極主義であると評価できる。

それだけでなく，公職者に対する弾劾の審判，政党解散の審判においても，憲法裁判所は決定を積み上げている。大統領2名（盧武鉉と朴槿恵），国務委員（閣僚）1名（李祥敏行政安全部長官）などに対する弾劾審判をおこない，憲法裁判所は盧と李に対しては棄却（04年5月，23年7月），朴に対しては認容・罷免（17年3月）という決定を下した。また，朴槿恵大統領のもとで法務部が統合進歩党に対して解散を請求すると，憲法裁判所は審判をおこない，14年12月に「民主的基本秩序」（§8-4）に反するとして解散を命じる同時に，所属する国会議員の職を剝奪（はくだつ）した。政党解散時に所属議員の職がどうなるのかは憲法裁判所法で明記されていなかったが，憲法裁判所は「当然の帰結」として踏み込んだ。

このように，憲法裁判所は法律の違憲審査だけでなく弾劾や政党解散の審判においても積極的な役割を果たしているが，そもそも違憲審査権は韓国憲政史においてどのように規定されていて，どの機関がどのくらい行使してきたのだろうか。

歴代憲法における違憲審査権の所在

世界で最初に違憲審査をおこなったのはマーベリー対マディソン事件に対する米国連邦最高裁判所の判決（1803年）といわれる。米国合衆国憲法では司法府に違憲審査権が付与されていると明示されていないが，マーシャル連邦最高裁判所長官は憲法の最高法規性に鑑み，法律が憲法に合致しないとき，法律は当然に無効であると判旨した。この違憲審査権が韓国憲法では48年憲法以来，一貫して明記されている。

72年憲法・80年憲法では，憲法委員会に法律の違憲審査，弾劾の審判，政党解散の審判の権限が与えられていたが，違憲判断どころか，審判すらいちどもおこなっていない。62年憲法では，法律，命令・規則・処分に関する違憲審査と政党解散の審判は大法院，弾劾の審判は弾劾審判委員会がそれぞれ分掌していた。大法院は1971年，「違憲判決には2分の1以上の賛成ではなく3分の2以上の賛成を要する」とした法院組織法を違憲にしたうえで，「軍人は職務上の死傷に対して国に対して民事上の賠償を請求できない」とした国家賠償法を9対7で違憲とした。ベトナム戦争に米国に次いで軍を派遣していた朴正熙（パクチョンヒ）大統領にとって，この違憲判決は痛手であり，72年憲法で憲法委員会という骨抜きの組織を大法院とは別に設置した契機になった。国家賠償法の規定は72年憲法に盛り込まれ，87年憲法でも条文としてそのまま残っている。

60年憲法の憲法裁判所は87年憲法とほぼ同じ権限が付与されていた。憲法裁判所法の制定（61年4月）を経て発足する直前に5・16クーデタが起き，霧散した。

48年憲法の当初より，法律の違憲審査権は憲法委員会にあると明記されていた。副大統領が委員長で，大法官5名と国会議員5名の計10名で委員を構成した。52年に農地改革法を違憲としたことがある。農地改革はこの時期，最大の国政課題であった。

1987年憲法と憲法裁判所

このように，韓国憲政史において違憲審査権の所在とその（不）行使は常に争点だった。そのため，民主化し87年憲法への改正過程においても，違憲審査や政党解散の審判などの権限をどの機関に担わすのかが争われた。大法院からすると，72年憲法によって奪われた法令全般に対する違憲審査権を取り戻したかった。

結局，命令・規則・処分に関する違憲審査権以外は，憲法裁判所に分掌させることで決着した。その権限は，60年憲法の憲法裁判所のそれに，憲法訴願に関する審判が加わった。

憲法訴願とは，法院の要請による法律の違憲審査とは別に，個人が国家機関（国会・政府・法院など）の作為／不作為について違憲審査や権利の救済を求めることができる制度である。その導入によって，憲法裁判所が所掌する案件は急増すると同時に，憲法裁判（所）は韓国国民にとって徐々に身近で切実な存在になっていった。

9名の憲法裁判所所長・裁判官のうち3名は当初，非常勤だった。それくらい閑職であり，重要視されていなかったが，89年1月に初めての違憲決定，その後，90年10月に法務士（司法書士）試験猶予というステイクホルダーが多い事項，しかも大法院が定めた規則に対して違憲決定をおこなうと，憲法裁判所の存在と動向が注目されるようになった。91年に憲法裁判所法が改正されて全員が常任となり，93年には独立した庁舎をソウル特別市鍾路（チョンノ）区齋洞に構えた。

一方，漢江（ハンガン）を挟んだ瑞草（ソチョ）区に庁舎がある大法院は，もうひとつの司法との関係において，国民的関心という点では劣勢に立たされた。司法権は当該事案だけに及ぶのに対して，違憲・憲法不合致の決定は法律の条項，国民全体に効果が及ぶなかで，2つの司法は時に対立しつつ，共に「憲法の守護者」たろうとしている。

2 大 法 院

最 終 審

大法院は最終審である。法院（裁判所）は三審制であり，地方法院（地方裁判所）（ソウル中央・ソウル東部・ソウル西部・ソウル南部・ソウル北部・春川（チュンチョン）・仁川（インチョン）・議政府（ウィジョンブ）・水原（スウォン）・釜山（プサン）・昌原（チャンウォン）・蔚山（ウルサン）・光州（クァンジュ）・全州（チョンジュ）・済州（チェジュ）・大田（テジョン）・清州（チョンジュ）・大邱（テグ）の18），高等法院（ソウル・水原・釜山・光州・大田・大邱の6つ），そして大法院という構成である。民事・刑事以外の訴訟はそれぞれ，特許法院（知的財産），家庭法院（家事・少年事件），行政法院（行政事件），回生法院（企業再生）といった専門の法院が一審を担っている。さらに，「特別法院」（§110-1）として軍事法院（軍事裁判）が設置されている。

大法院は大法院長と13名の大法官の計14名で構成される。大法官の定員は憲法事項ではなく法院組織法で定められている。14名全員，国会の同意を得て大統領が任命する。大統領は大法官の指名に先立ち，大法院長から推薦を受ける。大法官のうち１名は法院行政処長（最高裁判所事務総長）となり，裁判にはいっさい関与せず，司法行政全般を統括する。

任期は大法院長・大法官ともに６年であるが，大法官は連任することができる。70歳定年は憲法事項ではなく法院組織法で定められているため，法律改正だけで米国連邦最高裁判所のように終身制に変更することもできる。

かつて米国のフランクリン・ルーズベルト大統領は，ニューディール政策が連邦最高裁判所による違憲判決で思うように進まないと，裁判官の定員を増やし，自ら任命した裁判官を送りこんで対応しようとしたことがある。米国連邦最高裁判所は「ザ・ナイン」として知られているが，定員９名というのは憲法事項ではない。韓国の大法院の場合も，定員の増減，定年の変更が国会における過半数の賛成で法律を改正するとおこなうことができるが，試みた大統領や政党は存在しない。

「帝王的」大法院長？

大法院長も大統領のように「帝王的」と形容されることがある。法院内における地位はもちろん，ほかの憲法機関に対する人事権を有していることに由来する。

法院，憲法裁判所，選挙管理委員会は憲法上同格の位置づけであるが，憲法裁判所裁判官９名のうち３名，中央選挙管理委員会委員９名のうち３名はそれぞれ大法院長が選出する。残りの６名はいずれも，大統領と国会が３名ずつ選出するが，大法院長という国民に選出されていない一個人が国民に選出された大統領と同等の人事権を有しているということである。国会選出の３名は慣行で与党１名，野党１名，与野党合意（憲法裁判所に関しては，1988年と2018年の２回，野党第二党〔院内第三党〕）で１名ということになっている。

「大法院長でも大法官でもない法官は大法院会議の同意を得て大法院長が任命する」（§104-3）と憲法で規定されているとおり，大法院長は法院内の人事権を独占している。もちろん，実務は法院行政処（最高裁判所事務総局）の補佐を受けるが，大法院長の意向は決定的に重要である。

金命洙大法院長は文在寅（ムンジェイン）大統領が春川地方法院長から大抜擢した人事である。梁承泰（ヤンスンテ）・李容勲（イヨンフン）・崔鍾泳（チェジョンヨン）・尹錧（ユングァン）・金徳柱（キムドクジュ）・李一珪（イイルギュン）・金容喆（キムヨンチョル）の歴代の大法院長いずれもが大法官を歴任していることと対照的である。それだけ文大統領が金命洙を大法院長に据えたかったということであり，その背景には金の性向があった。

金命洙は法院内のサークルであるウリ（我々）法研究会で活動し，その後身である国際人権法研究会の初代会長を務めるなど進歩派と目（もく）された。大法院長就任後，金は「司法改革」を進め，地方法院長の指名にあたって推薦制を導入した。これにより，昇任人事を期待する部長判事級の法官は「憲法と法律に則り，その良心に従って独立して審判する」（§103）うえで同僚や後輩の評価も気にせざるをえなくなった。事実，金命洙大法院長在任中に国際人権法研究会の会員が優遇された。

司法の選出サイクル

金容喆から金命洙まで８名の大法院長のうち，任期６年を全うしたのは５名である。金容喆は民主化以後に噴出した「司法波動」（司法内の改革要求）を受け辞任，李一珪は定年で退任，金徳柱は定年直前に不動産投機疑惑で辞任した（表 6-1）。

そもそも大法院長や大法官の任期は6年であり，大統領（5年）や国会（4年）より長く，憲法裁判所の所長や裁判官と同じである。しかも，大法院は48年憲法以来存在している機関であり，その院長，1986年4月に就任した金容喆の任期は本来，92年4月までだったが，任期半ばで辞任したため選出サイクルが変わった。憲法裁判所は87年憲法のもと88年9月に設立されたため，大統領（88年2月）や国会（88年5月）とは始点が異なる。

こうした選出サイクルの違いにより，大法院長や憲法裁判所所長の人事をおこなえなかった大統領も存在する。

李明博（イミョンバク）大統領は憲法裁判所所長を，朴槿恵大統領は大法院長を任命できなかった。朴大統領の任期は本来，2018年2月までで，17年9月に大法院長人事をおこなう予定だったが，17年3月に弾劾・罷免されたため，できなかった。その分，文在寅大統領は任期1年目の17年9月に大法院長（金命洙）と同年11月に憲法裁判所所長（李鎮盛）の人事を相次いでおこなうことができた。

尹錫悦大統領も，与小野大国会において35年ぶりの大法院長任命同意案否決を経たものの，任期2年目の23年11月に憲法裁判所所長（李悰錫），同年12月に大法院長（曹喜大）の人事を相次いでおこなった。さらに，24年10月に任期満了となる李悰錫の後任も任命する。

大法院長は大法官全員を推薦し，憲法裁判所裁判官3名を選出するなど，自らの退任後にも影響を及ぼしうる。大統領からすると，その任命を通じて司法に保守／進歩のカラーを長く残したいと考えるのは当然のことである。

表 6-1　大統領・大法院長・憲法裁判所所長の在任期間

年	大統領	大法院長	憲法裁判所所長
1987	全斗煥	金容喆	
88			
89		李一珪	
90	盧泰愚		
91			曺圭光
92		金徳柱	
93			
94			
95	金泳三		
96		尹舘	
97			金容俊
98			
99			
2000	金大中		
01			
02		崔鍾泳	
03			尹永哲
04			
05	盧武鉉		
06			
07			
08		李容勲	
09			李康国
10	李明博		
11			
12			
13			
14	朴槿恵	梁承泰	
15			朴漢徹
16			
17			
18			李鎮盛
19	文在寅		
20		金命洙	劉南碩
21			
22			
23			
24	尹錫悦	曺喜大	李悰錫
25			

注：空欄は代行体制。

出所：著者作成。

緊急措置は法律か，命令か

法院は具体的な事件の司法的解決を担っているが，命令・規則・処分に関する違憲審査は大法院が分掌している。問題は，はたして，72 年憲法の緊急措置は法律なのか，命令・規則・処分なのかということである。法律であるならば，その違憲審査は憲法裁判所が専管している。

緊急措置とは，「天変地異または重大な財政・経済上の危機」「国家の安全保障または公共の安寧秩序に対する重大な脅威」を認めた大統領が，「内政・外交・国防・経済・財政・司法など国政全般」に関して，「国民の自由と権利を暫定的に停止」することができるという権限である。ニクソン米国大統領の訪中，日中国交正常化，南北共同声明など国際情勢が激化するなかで必要に迫られたというよりも，事実上，朴正熙大統領の終身執政を保障するための憲法条項，憲法改正だった。

緊急措置は第 9 号まで発出されたが，大法院も憲法裁判所も，その違憲審査権は自らにあるとして争った。大法院は 2010 年 12 月，緊急措置 1 号に対して 72 年憲法に照らし合わせても発動要件を満たしていないため違憲とし，元服役囚に対して無罪を宣告した。一方，憲法裁判所は 13 年 3 月，緊急措置 1 号・2 号・9 号に対して 87 年憲法に照らして違憲とすると同時に，緊急措置は法律に相当するため，その違憲審査権は自らに専属すると明示した。「緊急措置は司法的審査の対象にならない」（72 年憲法）という違憲審査排除条項を継承していないという 87 年憲法の趣旨を強調した。しかし，これ以降も，大法院は緊急措置に対して違憲・無効を宣言し，再審による補償の途（みち）を開いた。

大法院と憲法裁判所，2 つの司法の関係にはのっぴきならないところがあるが，いずれも「憲法の守護者」の座をかけて争っているというわけである。

3　憲法裁判所

所長人事否決の事例

大法院長（鄭起勝と李均龍）だけでなく，憲法裁判所所長の人事も与小野大国会で潰(つい)えたことがある。

文在寅大統領は就任後まもなく金二洙(キムイス)憲法裁判所裁判官を所長に指名した。金は2012年9月に統合民主党の推薦によって国会で憲法裁判所裁判官に選出された。その後，5年間，「個別意見」に基づいて憲法裁判所裁判官の性向を分析した調査によると，金は「もっとも進歩的」とされる。各裁判官は，法廷意見と結論と理由は同じだが，追記する「補足意見」，結論は同じだが理由が異なる「意見」，結論が異なる「反対意見」といった個別意見を表すことができる。金は，統合進歩党に対する解散審判において，ただひとり反対の個別意見を書いた。反対意見（少数意見）がのちに法廷意見（多数意見）になることもあるし，各裁判官の性向が明らかになるという意味でも，個別意見は重要である。

文在寅大統領は金二洙を憲法裁判所所長に据えることで，金命洙大法院長と合わせて「司法改革」「保守9年間の積弊清算」を推進しようとしたが，17年9月，与小野大国会において任命同意を得られなかった。結局，文は，金二洙と同じ12年9月に梁承泰大法院長が指名した李鎮盛(イジンソン)憲法裁判所裁判官を国会の同意を得て所長に任命した。

憲法裁判所裁判官には「法官の資格」（§111-2）が必要であるため，裁判官・検察官・弁護士だけでなく，行政官や学者も任命される日本の最高裁判所とは異なる。年齢に関する規定はないが，上が

コラム 6　**憲法裁判所所長の任期**

任期延長や長期執権を目的に憲法が改正されてきたのが韓国憲政史である。そのため，民主化後，87 年憲法で大統領の任期が 1 期 5 年に制限された。当然，ほかの公職も任期や連任について規定されているが，憲法裁判所所長の任期だけ憲法事項になっていない。

盧武鉉大統領は 2006 年 9 月に任期満了を迎える尹永哲（ユンヨンチョル）憲法裁判所所長の後任に全孝淑（チョンヒョスク）憲法裁判所裁判官を据えようとした。全は 03 年 8 月に大法院長の指名を経て盧が任命した女性初の憲法裁判所裁判官だった。大統領の弾劾審判では棄却，首都移転法案ではただひとり合憲という個別意見を書いたのが全である。

「憲法裁判所の長は国会の同意を得て裁判官のなかから大統領が任命する」（§111-4）となっているなか，曺圭光（チョギュグァン），金容俊（キムヨンジュン），尹永哲

りのポストとして位置づけられているため，ここでも「ソウル大学出身・50 代（60 代）・男性」が多い。定年は法律事項で，70 歳である。

「法院の裁判」は管轄外

憲法裁判所の所掌は法律の違憲審査から弾劾の審判，政党解散の審判，それに憲法訴願まで多岐にわたるが，「法院の裁判」は憲法訴願の審判対象にならないと憲法裁判所法に明記されている。法院の裁判や判決が審判対象になると，事実上，四審制になってしまうからである。

法律の違憲審査における憲法裁判所の決定類型として，「違憲・無効」と「合憲」の 2 つだけを憲法裁判所法は当初予定していた。しかし，憲法裁判所は決定を積み重ねるなかで，「変形決定」として定着することになる憲法裁判制度を確立させていった。

そのなかで，法律条項を違憲としつつ，ただちには無効にせず，

の３名は裁判官任命と所長任命が同時におこなわれた。全孝淑の場合，そのままだと任期は 09 年８月までとなるため，盧武鉉はいちど辞任させたうえで所長に指名した。そうすることで，次の大統領の任期末にあたる 12 年９月まで在任させようとしたわけである。

しかし，野党はもちろん，憲法学界からも批判が殺到した。こんな便法が通用すると，所長に限らず，大統領選出の３名の裁判官に対して，大統領の任期末に辞任を迫り，再度指名することで，次の大統領から人事権を剝奪することができることになる。結局，この人事は撤回され，李康国が 07 年１月に就任するまでのあいだ，憲法裁判所は初めて所長不在の代行体制で運営された。

その改正の方向や期限を国会に提示する「憲法不合致」については，法院も違憲・無効と同じように羈束力（法的拘束力）を認めて，法律改正の前でもその条文をもとにした判決を出さない。一方，「～と解釈する限り，憲法に反する」という限定違憲や，「～と解釈する限り，憲法に反しない」という限定合憲については，法院は羈束力を認めず，その限定に縛られない判決を下してきた。

憲法裁判所は 1997 年 12 月，「法院の裁判」を憲法訴願の対象から除いている憲法裁判所法の規定について，「ある法律条項を限定違憲としたにもかかわらず，法院がその解釈に沿って適用を続けたのならば人権の侵害にあたるため，そうした法院の裁判も含まれると解釈する限り，憲法に違反する」と決定した。このとき，３名の裁判官が合憲の反対意見を示したが，くしくも，全員，大法院長が指名した裁判官だった。

このように，憲法裁判所と大法院という２つの司法は，緊急措置に関する違憲審査権の所在だけでなく，「法院の裁判」や変形決定の羈束力をめぐっても対立したが，憲法裁判所も 2002 年 4 月を最後に限定合憲という変形決定はおこなわなくなった。

変形決定と対話的違憲審査

違憲審査や憲法訴願の審判は憲法裁判所の所長・裁判官の 9 名（審理の定足数は 7 名）でおこない，「裁判官 6 人以上の賛成」（§113-1）があれば認容される。3 分の 2 以上という特別多数を議決要件としているが，そもそも国民に直接選出された議員が国会において過半数の賛成で可決した法律を，国民に選出されていない憲法裁判所が違憲・無効や憲法不合致にするというのは，一体，どういうことなのか。特に，政治部門（大統領や国会）にとって死活的な問題において，憲法裁判所はどのように臨んでいるのか。

総選挙における 1 票の格差は，第 1 章でみたとおり，憲法裁判所の決定が契機になって公職選挙法が改正され，選挙制度という基幹的政治制度，すなわち憲法体制が変化してきた重大な事例である。その過程において，憲法裁判所は当初，1996 年総選挙の直前に格差が 4 倍超の区割りを違憲・無効にしたが，その後はすでに実施された総選挙に対して憲法不合致を決定するにとどめおいている。国会には憲法裁判所が示した基準，4 倍以内（96 年総選挙）から 3 倍以内（2004 年総選挙）へ，そして 2 倍以内（16 年総選挙）の範囲内で，具体的な区割りに関しては立法裁量が残されていた。

そもそも憲法裁判所の基準は常に最大最小比率ではなく「人口偏差」の是正であり，16 年総選挙に際しては「選挙区当たりの平均人口± 33⅓%」である。つまり，基準を上回った選挙区の分区や下回った選挙区の合区だけでなく，全体のバラツキ（標準偏差）をできるだけ小さくするというものである。しかし，国会は毎回，最大最小比率しか改めないし，国民的な関心も低い。

このように，憲法裁判所は違憲審査において政治部門や国民の反応をあらかじめ織り込みつつ，間合いを見計らい，索敵を続けている。これを「対話的司法審査」という。

「社会のかたち」を変えた決定

憲法裁判所の決定は「国のかたち（憲法体制）」だけでなく「社会のかたち」を変えてきた。そのなかでも，「家族のかたち」は一変した。

儒教文化の影響によって韓国の家族関係は長らく家父長制的父系血統中心主義だった。その象徴が戸主制であり，「女」は父，夫，そして息子の戸籍に入るのが当然とされた。女性が結婚することを「시집가다」というが，「夫の家に行く」という意味で，「嫁入る」「嫁ぐ」そのものである。また，本貫（氏族）を同じくする者同士は婚姻することができなかった。この戸主制と同姓同本婚姻禁止を定めた民法の規定に対して，憲法裁判所は05年2月と1997年7月に前後して憲法不合致という決定を下した。それを受けて，国会は民法を改正し，家族関係登録簿によって個人が「人口」管理の対象になり，近親婚（8親等以内）以外，婚姻は自由になった。

妻だけに貞節を強制する刑法の姦通罪も，2015年2月に5回目の審判で違憲とされた。この間，裁判官が入れ替わっただけでなく，社会通念の変化も考慮され，合憲から違憲へと法廷意見が変化したということである。

ほかにも，刑法の堕胎罪も，19年4月に2回目の審判で憲法不合致とされた。これにより，女性の性的自己決定権が認められるようになったが，国会が改正期限を過ぎても代替立法をおこなっていないため，妊娠中絶が可能な期間が定まっていない。また，かつて男児選好が強かったため，妊娠32週以前に胎児の性別を通知することを禁止した医療法の条項も，24年2月に違憲とされた。

このように，憲法裁判所によって，「家族のかたち」が一変するなかで，個人，特に女性の自由が伸長した。一方，同性婚はまだ認められていないが，賛成の世論が全般的に増えているし，若年層では賛成が反対を上回っている。「婚姻と家族生活は個人の尊厳と両性の平等を基礎として成立し，維持されなければならず，国はこれを保障する」(§36-1) の「両性」が異性婚に限定されているかどうか，「法の下の平等」(§11-1) に反しているかである。

4　政治の司法化／司法の政治化

政治の司法化

憲法裁判所が「国のかたち」「社会のかたち」「家族のかたち」を変えてきた過程は，政治の司法化と司法の政治化が同時に進展した過程でもあった。

「政治の司法化」とは，本来，政治の領域，政党間／政党内で審議・妥協を通じて解決すべき争点，いちど決着がついた事項が司法，特に憲法裁判所に委ねられる現象である。第1章でみた首都移転法はその典型例である。首都移転法は2003年12月に国会で与野党合意のもと成立したが，憲法裁判所は04年10月に8対1で違憲にした。その後，05年3月，行政機能の一部を移転する法律が国会において改めて制定されたが，憲法裁判所はそれに対して同年11月に7対2で合憲と決定した。いずれも与野党合意のもと票決に付せられ，過半数の賛成を得たものであるが，前者は違憲，後者は合憲，首都は憲法事項であるという決定を9名の憲法裁判所裁判官がおこなったわけである。

「政党は，その目的・組織・活動が民主的でなければならない」

(§8-2）と憲法で規定されているが，そもそも自由意思による結社であり，その内部の事項は自ら律するものである。ところが，党代表の地位や執行部の構成が法院に持ち込まれるという事態が与党で起きた。

「国民の力」の代表だった李俊錫（イ ジュンソク）は尹錫悦大統領の就任後まもなくして「性接待」疑惑によって党員資格６か月停止という懲戒処分を受けた。党幹部が相次いで辞任すると，非常対策委員会という臨時の執行部が発足した。これに対して，李が仮処分を申請すると，ソウル南部地方法院はそれを認めた。その後も，別の非常対策委員会の発足，仮処分申請，追加の懲戒処分，党代表と党幹部の選出と続き，結局，24 年総選挙を前に李は離党し，改革新党を立ち上げて初当選した。

司法の政治化

これだけ政治のあり方，社会のあり方が司法によって左右されるようになると，司法人事が党派的対立の焦点になる「司法の政治化」も進むのは当然である。

大法院長・大法官や憲法裁判所所長・裁判官はもちろんのこと，ソウル中央地方法院やソウル南部地方法院（国会所在地の汝矣島（ヨイド）がある永登浦（ヨンドゥンポ）区などを所管）など地方法院の法官人事まで争点化している。すでにみたように，大法院長は法官人事を掌握している。

さらに，検察総長（検事総長）の人事や検察のあり方も問われている。検察庁は法務部の外庁であるが，その長たる検察総長の任期は２年と法律で保障されている。しかし，大統領が変わると検察総長が辞任を迫られることは少なくなかった。

韓国では検察が起訴権を独占し，警察に対しても捜査指揮権を有していた。そのため，大統領からすると，検察総長人事を通じて事件への介入が事実上可能になっている。法務部長官は検察総長に対する指揮権を有しているし，検事人事も検察総長の意見を聴取したうえで法務部長官が大統領に推薦することになっている。

事実，文在寅大統領は閑職に追いやられていた尹錫悦をソウル中央地検長に抜擢し，「積弊清算」を担わせ，その成果を踏まえて検察総長に任命した。同時に，検察は身内の検事の不正に甘いとして，「検察改革」を断行，捜査開始・終結権は警察，起訴・公判維持は検察にそれぞれ分掌させた。さらに，高位公職者犯罪捜査処を新たに設置し，検事など政府高官に対する起訴権を検察から取り上げた。尹が検察総長就任直後，文の最側近だった曺国（チョグク）法務部長官に矛先を向けると，両者の対立が表面化し，曺の後任の長官は尹に対してなんども指揮権を発動し，停職など懲戒処分も辞さなかった。結局，尹は任期満了前に辞任，まもなくして野党に入党，一気に大統領候補，そして文の後任大統領になった。

このように司法，検察，警察，国税庁など司直機関の人事が常に争われるなか，事件担当の法官の性向や出身大学をまず確認するのが訴訟戦略の定石になっている。

司法に対する信頼

こうした司法に対して韓国国民はどのように評価しているのか。世界価値観調査によると，司法を信頼するという回答は61.5%で，信頼しないという回答（38.4%）より23.1ポイント高い。この値は日本（77.9%）より低いが，米国（57.1%）より高い。また，議会（20.7%）や政党（24.5%）と比較すると，司法に対する信頼はまだ高いといえる。米国の場合，ギャラップの調査によると，連邦最高裁判所に対する信頼は党派によって異なっていて，共和党支持者と比べると無党派や民主党支持者は低い。韓国の場合も，検察に対する信頼は党派によって異なるという調査結果がある。米韓いずれの場合も，自らが選好する党派がその機関を掌握・統制していると信頼が高いというわけである。敗者の承服が民主的正統性に欠かせないという観点からすると，これは由々しき事態である。

統計庁の「韓国の社会指標」によると，法院に対する信頼は2010年代以降，国会や「国軍」（§5-2）などほかの機関と比べると，一貫して平均値より低いほうである。検察や警察といった司直機関も同様である。

調査機関や調査方法が異なるため，軽率に比較することはできないが，2000年代初頭までは法院や憲法裁判所に対する信頼は軍隊に次いで高く，国会や政党を大きく引き離していた。政治の司法化，司法の政治化が同時に進むなかで，司法も党派的対立の焦点になると，信頼度が落ちるのは当然である。そもそも，司法には「紛争の司法的解決」が期待されているが，何が司法を通じて解決できる紛争であり，何が政治的に解決すべき紛争なのか，そのつど問われているのである。

「司法政治論」という視点

日本では，徴用工問題に関する大法院「賠償」判決（18年10月）や慰安婦問題に関する憲法裁判所「違憲」決定（11年8月）などもあって，韓国司法に対して，憲法や国際法よりも「国民情緒法」に阿る（おもね）という見方がある。しかし，司法も，特に憲法裁判所が法律の違憲審査に際して，その法律を制定した議会，さらには有権者の反応を見込んで決定をおこなうのは当然であるというのが「司法政治論」の視点である。執政長官や議会だけでなく，司法も憲法によって構成される国家機関であり，国民から政治部門（大統領や国会）と合わせて評価される以上，戦略的相互作用のなかで行動を選択しているとみるべきであるというのである。

韓国でも国民参与裁判（陪審員制）が法律の制定により08年から導入された。日本の最高裁判所裁判官とは異なって，大法院長や大法官に対する国民審査が実施されていないなか，司法の国民的基盤や事後統制を強化する試みである。憲法裁判所も創設30周年を迎えた18年に，ポータル最大手のNAVERと組んでオンライン調査をおこない，「国民が選んだ憲法裁判所決定30選」を発表するなど，国民の期待に呼応することを当然視している。

司法は法律に照らし合わせて紛争を解決するだけの機関ではない。法律が憲法に合致しているかという違憲審査もおこなうし，「国のかたち」「社会のかたち」を変えてきた。その過程において，司法も「国民情緒」という有権者の評価にそのつど晒され，「我ら大韓国民」（憲法前文）に責任を負っているのは確かである。

参考文献

李範俊／在日コリアン弁護士協会訳『憲法裁判所――韓国現代史を語る』日本加除出版，2012年。
大林啓吾・見平典編『最高裁の少数意見』成文堂，2016年。
岡克彦『「家族」という韓国の装置――血縁社会の法的なメカニズムとその変化』三省堂，2017年。
在日コリアン弁護士協会編『韓国憲法裁判所――社会を変えた違憲判決・憲法不合致判決 重要判例44』日本加除出版，2010年。
佐々木雅寿『対話的違憲審査の理論』三省堂，2013年。
須網隆夫編『平成司法改革の研究――理論なき改革はいかに挫折したのか』岩波書店，2022年。
曽我部真裕・田近肇編『憲法裁判所の比較研究――フランス・イタリア・スペイン・ベルギーの憲法裁判』信山社，2016年。
棚瀬孝雄編『司法の国民的基盤――日米の司法政治と司法理論』日本評論社，2009年。
玉田芳史編『政治の司法化と民主化』晃洋書房，2017年。

見平典『違憲審査制をめぐるポリティクス――現代アメリカ連邦最高裁判所の積極化の背景』成文堂，2012年。

World Values Survey
https://www.worldvaluessurvey.org
大法院
https://www.scourt.go.kr/supreme
憲法裁判所
https://www.ccourt.go.kr/site/kor

第7章

ソウル共和国

中央・地方間関係と地方政治

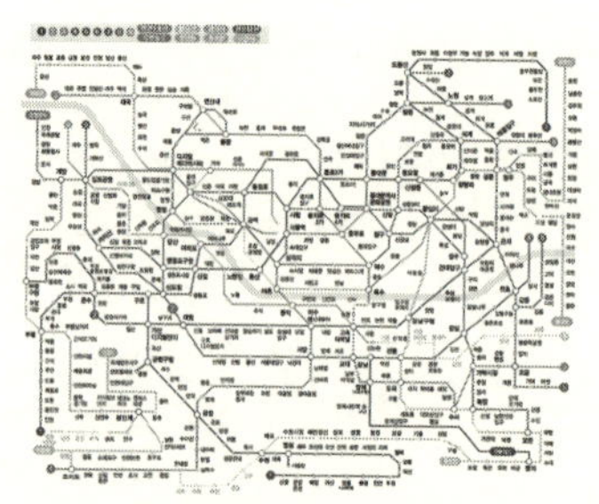

ソウル／首都圏の鉄道ネットワーク
（出所：ソウル施設公団）

日本列島の改造は，内政の重要な課題であります。明治以来百年間のわが国経済の発展をささえてきた都市集中の奔流を大胆に転換し，民族の活力と日本経済のたくましい力を日本列島の全域に展開して国土の均衡ある利用をはかっていかなければなりません

田中角栄首相の所信表明演説（1972年10月28日）

本章のポイント

✓首都圏への集中がもたらす問題とは何か。
✓都会／地方の大学で学ぶアドバンテージ／悲哀を感じているか。
✓どこに生まれ，どこに住むのかによって「人生ガチャ」は左右されるか。
✓「地方自治」ではなく「地方政治」という観点で，暮らしている都道府県をみてみよう。
✓さまざまな人たちと共に生きるための技法や姿勢とは何か。

キーワード

渦巻型構造の政治，首都圏，地雑大，89/226，地方政治

1　中央・地方間関係

国・広域自治体・基礎自治体の３層構造

ソウルがあらゆるものを飲み込むほど中央志向が強い「渦巻型構造の政治」は，朝鮮(チョソン)時代（1392～1910年）と何も変わっていないという自嘲が「ソウル共和国」である。87年憲法でも地方自治に関する規定はわずか２条だけで，62年憲法以来，一文字も変わっていない。しかし，法律の制定などを通じて，中央・地方間関係や地方自治ならぬ地方政治のありさま，憲法体制は大きく変容した。

韓国も，日本と同じように，国・広域自治体・基礎自治体の３層構造になっている。広域自治体は特別市（1）・広域市（6）・特別自治市（1）・道（6）・特別自治道（3）の17，基礎自治体は市（75）・郡（82）・区（69）の226である。

特別市はソウルだけで，1949年８月に発足した。そもそもソウルは，高麗(コリョ)（918～1392年）を滅ぼし，朝鮮を建国した李成桂(イソンゲ)が開京(ケギョン)（現・開城(ケソン)）から遷都した漢陽(ハニャン)の頃から都(みやこ)があり，日本統治期の京城府を経て，解放後は京畿(キョンギ)道ソウル市，ソウル特別自由市（46年９月），ソウル特別市（49年８月）と変わった。特別市だけでなく，広域市や特別自治市も，周囲の道からは完全に切り離され，独立した一個の広域自治体である。この点，日本の特別区や政令指定都市が都道府県に属していることとは異なる。

広域市は釜山(プサン)（63年）・仁川(インチョン)（81年）・大邱(テグ)（81年）・光州(クァンジュ)（88年）・大田(テジョン)（89年）・蔚山(ウルサン)（97年）の６つである。初の全国同時地方選挙（95年）を機に，それ以前の直轄市が広域市に再編された。蔚山は慶尚(キョンサン)南道の（一般）市から広域市に昇格すると同時に，道から切り離された。

特別自治市は世宗だけで，2012年7月に発足した。忠清南道燕岐郡・公州市と忠清北道清原郡の一部を切り離し，「行政中心複合都市」として建設された自治体である。

特別自治道は当初済州だけで，06年7月に発足した。04年総選挙に際して「各市・道の地域区国会議員の定数は最低3とする」という規定を公職選挙法に盛り込むことでなんとか3議席を維持する状況だったが，人口は増加の一途をたどっている。（一般）道から特別自治道に移行したのは，ほかに江原道（23年6月）と全羅北道（24年1月）の例がある。

特別市・広域市・特別自治市・道・特別自治道

同じ広域自治体のなかで，人口だけみても，差や増減が大きい。

23年末のデータでは，人口がもっとも多いのは京畿道で1363万人，次いでソウル特別市が939万人である。一方，人口がもっとも少ないのは世宗特別自治市（38万人）で，済州特別自治道（68万人）が続く。次いで，蔚山広域市，光州広域市，大田広域市，江原特別自治道，忠清北道，全北特別自治道，全羅南道の順で，いずれも100万人台である。特別自治道への移行は人口減の道をテコ入れするためのものである。

いまやソウルよりも400万人以上人口が多い京畿道は2つに分割し，それぞれ京畿北部特別自治道と京畿南道とする案が議論されている。ソウルをあいだに挟むため，南北に分割するしかないが，軍事境界線で北朝鮮と対峙する北部は南部の40%未満の人口になるため，特別自治道にするというのである。

同時に，羽田とのシャトル便で有名な空港がある金浦市をはじめ，河南・光明・富川・九里・果川・城南・高陽などの隣接する市を京畿道からソウル特別市に編入する案もある。

釜山には，朝鮮戦争当時，臨時首都が２年半以上置かれたことがあるが，「韓国第２の都市」の衰退は著しく，人口は 13 年の 353 万人から 23 年の 330 万人へと 10 年間で 22 万人（6.5%）が減少した。対岸で姉妹都市の福岡市は日本国内に 20 ある政令指定都市のひとつであるが，同じ期間に人口は 151 万人から 164 万人へと 13 万人（8.6%）増加していることと対照的である。KTX（韓国高速鉄道）の開通（04 年４月）によって一日生活圏が実現することで釜山でもストロー現象（大都市が周辺から資源を吸い上げる様子）がみられる一方で，九州新幹線（鹿児島ルート）の全線開通（11 年３月）によって福岡は「九州の東京」として独り勝ちしている。

こうしたなか，釜山・蔚山・慶尚南道をつなぐ「釜蔚慶（プウルギョン）メガシティ」構想が起死回生の案として注目されている。

市・郡・区

基礎自治体は，「地方消滅」が憂慮されているように，さらに差が大きく，落ち込みも著しい。

国・広域自治体・基礎自治体という３層構造のなかで，済州特別自治道と世宗特別自治市には基礎自治体が存在しない。済州特別自治道には済州市と西帰浦（ソギポ）市が存在するが，行政区域にすぎず選出職の首長や議会は存在しない。市・郡・区のなかで区は特別市と広域市にだけ設置されている。

市・郡・区ごとに人口の平均値をみると，それぞれ 58 万人，12 万人，32 万人であるが，バラツキが大きい。最大の人口はそれぞれ京畿道水原（スウォン）市（119 万人），大邱広域市達城（タルソン）郡（26 万人），ソウル特別市松坡（ソンパ）区（66 万人）である。最小の人口はそれぞれ江原特別自治道太白（テベク）市（４万人），慶尚北道鬱陵（ウルルン）郡（9000 人），釜山広域市中区（４万人）である。太白市はかつて炭鉱で栄えたが，廃鉱にともなって人口流出と高齢化が止まらない。鬱陵郡は，日本の新潟県佐渡市や長崎県対馬市と同じように，鬱陵島全島でひとつの基礎自治体を構成している。

水原市だけでなく，同じ京畿道の龍仁（ヨンイン）市と高陽市，慶尚南道の昌原（チャンウォン）市も人口が100万人を超えている。世宗特別自治市（39万人）や済州特別自治道（68万人）を上回り，蔚山広域市（110万人）に匹敵する規模である。この4つの市はすべて22年1月に特例市に昇格し，道から権限の一部が移譲された。ただ，広域市とは異なり，道から分離して別の広域自治体になったわけではない。

水原・龍仁・高陽はソウル周辺の新都市として発展した一方，昌原は，旧昌原市が隣接する馬山（マサン）市と鎮海（チネ）市と合併して10年7月に発足した。合併にあたって住民投票の実施を求める動きもあったが，それぞれの市議会における議決だけで進んだ。

再編される広域自治体／合併しない基礎自治体

日本では47都道府県の境界が1888年に画定して以来，ほとんど変更されていない一方で，市町村は「明治の大合併」（およそ7万1000から1万6000へ），「昭和の大合併」（9900から4700へ），「平成の大合併」（3200から1700へ）を経て区域も数も様変わりした。韓国では逆に，広域自治体は再編される一方で，市郡区の合併は87年憲法のもとではほとんど進んでいないのが特徴である。

朝鮮時代の行政区画である「朝鮮八道」を受け継いだ道から，ソウル，釜山・仁川・大邱・光州・大田・蔚山がそれぞれ特別市や広域市として分離され，独立した広域自治体へと再編した。また，忠清北道と忠清南道の一部が分離され，世宗特別自治市が設置され，政府部処（省庁）の多くが移転した。そのほか，全羅南道から分離して1946年8月に設置された済州島は，江原道や全羅北道と同じく特別自治道になっている。

当初，市・邑・面だった基礎自治体は地方自治法の改正によって61年に市・郡となり，88年に市・郡・区となった。その後，合併して区域が拡大したのは，昌原市を除くと，全羅南道麗水（ヨス）市（98年に麗水市と麗川（ヨチョン）市・麗川郡が合併）と忠清北道清州（チョンジュ）市（2014年に清州市と清原（チョンウォン）郡が合併）の事例しかない。分離も，忠清北道槐山（クェサン）郡から曽坪（チュンピョン）郡，忠清南道論山（ノンサン）市から鶏龍（ケリョン）市の事例（いずれも03年）しかない。そのほか，広域市の設置にともなう区の設置しかない。

国は，人口，高齢者率，財政などの観点から自立的な運営が難しくなっている郡を周辺の市に合併することを求めている。しかし，地方自治の復活，地方選挙の実施によって首長と議会の水平レベルだけでなく，中央・地方間関係をめぐって垂直レベルでも政治が展開されるようになり，基礎自治体の合併は進んでいない。

2 「首都圏」への人口集中

メガシティとしてのソウル

国連の経済社会局は人口が1000万を超える都市を「メガシティ」と定義している。そのデータによると，2018年現在，全世界で33の都市がメガシティに該当するという。もっとも人口が多いのは東京で，3749万人である。これは東京都の人口（24年元日時点で，推定1411万人）をはるかに上回るが，「首都圏」（東京都に茨城県・栃木県・群馬県・埼玉県・千葉県・神奈川県・山梨県を加えた1都7県）を指す。次いで，インドのデリー（2851万人），中国の上海（2558万人），ブラジルのサンパウロ（2165万人），メキシコのメキシコシティー（2158万人）と続く。このなかで上海とサンパウロはそれぞれの国の首都ではない。ブラジルは国内第2の都市であるリオデジャネイロに首都を置いていたが，1960年に内陸のブラジリアに遷都した。

33のメガシティのうち，20はアジアに位置する。最多は中国の6，次いでインドの5，日本・パキスタンの2，バングラデシュ・インドネシア・フィリピン・タイ・トルコの1と続く。日本は東京／首都圏のほかに大阪が1928万人で10位に入っている。これも大阪府の人口（877万人）をはるかに上回るが，「近畿圏（大阪府に福井県・三重県・滋賀県・京都府・兵庫県・奈良県・和歌山県を加えた2府6県）」を指す。

ソウルは996万人で，この定義ではメガシティに該当しないが，日本の東京／首都圏や大阪／近畿圏のように，仁川や京畿道と合わせた首都圏だとトップ5に入る。ソウルは実質的には世界トップクラスのメガシティである。

ソウルの人口学的変化

ソウル研究院がまとめたデータによると，ソウルの人口は1915年の23万人から記録されている。42年に100万人を超え，朝鮮戦争で急落したが，その後は右肩上がりに成長を続け，オリンピックが開催された88年に1000万人を突破した。92年の1097万人をピークに下がり始め，2020年には1000万人を割り込み991万人になった。

この間，ソウルの区域は1936年・49年・63年・73年に拡大された。日本統治期に朝鮮総督府が置かれた京城府は当初，漢江（ハンガン）以北（江北（カンブク））の限られたエリア（現在の鍾路（チョンノ）区・中区・龍山（ヨンサン）区のあたり）だけだったが，63年に南に大きく張り出した。現在，タワーマンションが立ち並ぶ江南（カンナム）ベルト（瑞草（ソチョ）区・江南区・松坡区）は，地下鉄

2 号線が敷設・開通（80 年，環状線全通は 84 年）された頃はまだ畑が広がる光景だった。95 年に基礎自治体の再編がおこなわれ，現在の 25 区体制になった。

人口が減少に転じても，世帯数は増え続け，2020 年に 442 万世帯に達している。これは単身世帯が韓国全体でも 40%を超えるほど増加しているためである。年齢層別にみると，生産年齢人口（15 歳以上 65 歳未満）の比率は 11 年の 77%（775 万人）をピークに低下している。一方，高齢者人口（65 歳以上）の比率は右肩上がりで増え続け，20 年は 15.4%（148 万人）である。この間，年少人口（15 歳未満）の比率は継続して下がり続け，15 年に高齢者人口を下回り，20 年は 10.1%である。ソウルの出生率は広域自治体のなかでもっとも低く，0.55（23 年，全国平均は 0.72，ソウルのなかでもっとも低い冠岳区（クァナク）〔ソウル大学所在〕では 0.39）である。

この傾向が続くと，2047 年には生産年齢人口と従属人口（高齢者人口と年少人口の合計）の比率がおよそ 6 対 5 になる。韓国は高齢者の雇用率が OECD（経済協力開発機構）のなかでもっとも高い一方，初職に就く年齢が高まり，少子化・非婚化も進んでいるため，1 人の現役世代が 1 人の高齢者を支える「肩車型」になる。

ソウル／首都圏

産業の高度化にともない都市化が進み，特に大都市に人口が集中するのは世界的な傾向であるが，韓国の場合，ソウル／首都圏が占める比重が突出している。人口だけみても，24 年 4 月現在，ソウル（938 万人）は全人口（5131 万人）の 18.3%を占め，仁川（300 万人）と京畿道（1364 万人）も合わせると 50.7%に達する。人口の過半数が首都圏に集中しているのである。

ソウルは，企業や大学，塾や病院，美術館や公園などあらゆる分野におけるファシリティ（施設）が群を抜いて充実している。一日24時間，仕事・学び・暮らしにおけるアメニティ（快適な環境）やQOL（クオリティ・オブ・ライフ）はソウルでなければ享受できない（と広く認識されている）。特に，「まともな仕事（ディーセント・ワーク）」は「地方」では限られている。そのため，進学や就職を機に「上京」しようとするし，元からのソウル居住者は「都落ち」を避けようとする。つまり，学歴・職種・年収などの社会経済的地位（SES）の高さとソウル居住には相関があり，親のSESは子どもに「相続」される部分があるため，「ソウル出生・居住」は人生ゲームのアドバンテージであり，ゴールになる。

とはいえ，ソウルの地価や住居の賃貸費が高く，手が出せない層は，京畿道に造営された新都市の盆唐（ブンダン）・板橋（パンギョ）（どちらも城南市），一山（イルサン）（高陽市），東灘（トンタン）（華城（ファソン）市），水原，龍仁，そして仁川に居住する。ソウルとこれらのエリアは地下鉄やLRT（ライトレール），さらにはGTX（首都圏広域急行鉄道）で網の目のように結ばれていて，通勤・通学に支障はない。

京畿道や仁川の市・郡・区すべてを「首都圏」に入れるのが妥当かどうかはともかく，少なくとも上記のエリアはソウルと密接に結びついていて，首都圏として機能しているといえる。

韓国は済州島や鬱陵島などの「附属島嶼」（§3）以外は，全土が朝鮮半島に位置しているため，高速鉄道網が整備されればされるほど，ソウルがすべてを吸い上げる「渦巻の目」になりやすい。KTX開通後，空路では金浦・金海（キメ）（釜山隣接の慶尚南道の市）便は利用者が減るなか，ドル箱路線は金浦・済州便だけだといわれている。

首都圏だけがカウントされる

盧武鉉（ノムヒョン）大統領が首都移転を推進したのは，こうしたソウル／首都圏への超集中化によって「国土均等発展」が阻害されているという判断があった。結局，首都移転が憲法裁判所によって違憲と決定されたあと，「行政中心複合都市」として世宗が特別自治市として発足した。世宗はその後も人口増加が続いているが，人口分散の効果は薄く，大統領室，国会，大法院（最高裁判所），憲法裁判所，外交部などはソウルに残っているなか，行政の効率が低下したという批判が絶えない。

首都圏は，有権者数の増加や1票の格差是正のなかで政治的にさらにカウント（票換算／重視）されるようになっている。1988年総選挙から2024年総選挙にかけて，首都圏に配分される地域区議席の比率は34.4%から48.0%へと高まった。

首都圏は特定の政党を常に支持する地域主義が薄く，保守／進歩の二大政党のあいだでそのつどスイングしてきたが，16年総選挙以降，3連続で保守政党が敗北している。この間，首都圏に配分される地域区議席数の比率が48%前後のなか，獲得議席率が28.7%，13.2%，15.6%では，いくら支持基盤の嶺南（釜山・大邱・蔚山・慶尚北道・慶尚南道）を席巻しても，総議席数では及ばない。24年総選挙では，地域区選出議員90名のうち59名（65.6%）が嶺南出身である。一方，進歩政党は地域区選出議員161名のうち102名（63.4%）が首都圏選出である。首都圏ではついに，進歩政党支持という地域主義がみられるようになったのかもしれない。

もちろん，大統領選挙では，得票率以上に議席率が大きくなるという小選挙区制に特有の機械的効果はみられない。事実，22年大統領選挙では「国民の力」の尹錫悦がソウルで「共に民主党」の李在明より31.1万票ほど多く得票し，全体では24.7万票差で辛勝した。しかし，このときも，京畿道では46.3万票ほど得票数が少なかった。

総選挙・大統領選挙を問わず，首都圏の「票心（投票パターン）」をつかむことは民主化以後，ますます重要になっている。

3　ソウル以外はすべて「地方」

地 雑 大

ソウルも元は京畿道の一部であり，地方選挙が実施されているように，あらゆる所（place）が本来，なんらかの地域（local）であるが，一般にソウル以外はすべて「地方（rural）」と呼ばれている。人口第２位の広域市である釜山も，日本の「近畿圏」「中京圏」に相当する「東南圏」ではなく，単に「地方都市」のひとつにすぎない。

この地方の位相を示す象徴的な表現が「地雑大」である。「地方に所在する雑多な大学」という意味で，「桜の花が咲く順に廃校になる」といわれている。「位相」は解析学や物理学で用いられる用語だが，韓国では「我が国の位相」のように「状況・立場」「地位」「序列」の意味で日常生活において多用されている。地雑大と対比される表現は「インソウル」で，「ソウルに所在する大学」という意味である。ソウル大学・高麗大学・延世大学を筆頭に大学は完全に序列化されている。この対比のなか，国立の釜山大学の位相は京都大学や大阪大学とはまるで異なる。

それでも国立大学はまだマシだが，「地方私立大学」は就職も経営も厳しい。

著者が教えている同志社大学も地方私立大学だが，「関関同立」の一角として主に近畿圏から高校生が進学し，卒業生は全国各地，世界中で活躍している。近年，日本では，自宅から通学できる大学に進学する傾向が強まっており，東京の主要大学でも学生は関東居住者が増えている。「失われた 30 年」で親の実質所得が下がり，生活費の仕送りどころか，学費の支払いも負担になっている。自宅から通学する場合も，「奨学金」という名の「学生ローン」を借りる率が高くなっている。

こうした傾向がより深刻なのが韓国である。大学が「スペック」（インターンや TOEIC スコアなど就職に有利な経験やスキル）を身につける機関／期間になると，短期的な実用性が重視されるようになる。そうした機会に恵まれているソウル／首都圏とそれ以外の学生の差が際立つ。生まれる親も住むエリアも「ガチャ」によって人生の出発点が決まるのは，「運も実力のうち」なのか，「実力も運のうち」なのか。

人口の自然減少・社会減少

人口増減には自然増減と社会増減の 2 つの要因がある。自然増減は出生数から死亡数を引いた値で，正だと自然増加，負だと自然減少である。社会増減はほかの地域からの転入者数からほかの地域への転出者数を引いた値で，正だと社会増加，負だと社会減少である。韓国の総人口は 2020 年以降，自然減少に転じ，23 年は出生者数 23 万人に対して死亡者数は 35.3 万人であり，その差分は 12.3 万人に拡がった。これはコロナ禍による超過死亡を上回っている。地方では人口の自然減少が 20 世紀の頃から始まっており，国土研究院の研究によると，現在では市・郡・区のうち 9 割近くが該当する。

しかし，地方でより深刻なのは社会減少である。進学や就職を機に，より機会の多い都市部へと若者が移動する。その結果，単に人口が減るだけでなく，その年齢や性別の構成が変化する。生産年齢人口が減ると，高齢者人口比率が高まり，年少人口も「再生産」されなくなる。

人口の社会増減には，進学や就職といった経済的利得のほかに，文化的価値観も関係している。「都市の空気は自由にする」という中世ヨーロッパの格言があるが，「自由な都会」と「封建的な農村」という対比のなか，親元や地方，ムラ社会から出たいという欲望が刺激される。

MZ 世代は，第 11 章でみるように，重層化している保守／進歩の対立軸のなかで安全保障よりも社会のあり方，共同体全体の秩序よりも個人の自由や多様性を重視している。そのなかで，より自由に映る場所に移るのは「足による投票」にほかならない。若者の転出増加による人口の社会減少は，出生数減少による自然減少とともに，その地域や将来に対する手厳しい評価の結果なのかもしれない。

89 ／ 226

韓国政府は 21 年 10 月に 89 の市郡区を「人口減少地域」に指定した。これは 226 ある基礎自治体のおよそ 4 割に相当する。以前には日本の「増田レポート」（14 年）が提唱した「消滅可能性都市」（20 ～ 39 歳の女性の数が 10 年から 40 年にかけて半減する自治体，1718 市町村のうち 896 が該当するとされた）が援用されていたが，人口増減率，人口密度，青年移動率，昼間人口，高齢化率，年少人口率，出生率，財政自立度を加重平均した人口減少指数を政府が開発し，測定した。基礎自治体が存在しない世宗・済州に加えて，ソウル・光州・大田・蔚山以外の 11 の広域自治体で市郡だけでなく区も人口減少都市に指定された。広域市では，釜山の東区・西区・影島（ヨンド）区，大邱の南区・西区・軍威（クヌイ）郡，仁川の江華（カンファ）郡・甕津（オンジン）郡が該当し，島嶼部（江華島や，白翎島（ペンニョンド）・延坪島（ヨンピョンド）など「西海（黄海）五島」が所属する甕津）と中心部の両方を含んでいる。軍威郡は23年7月に慶尚北道から大邱に編入された周辺部である。首都圏では京畿道の加平（カピョン）郡・漣川（ヨンチョン）郡も指定されている。

しかし，人口消滅地域は圧倒的に道に集中していて，江原・忠北・忠南・全北・全南・慶北・慶南のいずれも，所属基礎自治体の過半数が指定された。

韓国政府は人口減少地域に対して行政・財政上の支援を強化しているが，歯止めがかからない。むしろ，国が「地方消滅」の可能性を公認した構図になると，消滅／脱出を加速化させてしまいかねない。地方のあいだでも生き残りをかけた熾烈な競争が繰り広げられている。

軍威の大邱編入は，人口減少にともなう住民サービスの低下と大邱慶北新空港の開港という利害関係が一致したため実現したが，こうした都市部への合併が人口減少地域の解決策になるか，注目されている。

多文化共生社会へ？

ほかに，すでにみられるのが外国人の転入・定住によって不足する労働力，生産可能人口を「補充」するという傾向である。

韓国に3か月以上居住している外国人住民の数は，22年11月末現在，225万8248人，総人口（5169万人）に占める比率は4.4%，いずれも過去最高である。外国人の数が多い基礎自治体の上位5位は，安山（アンサン）市（10.1万人），水原市（6.9万人），始興（シフン）市（6.8万人），華城市（6.7万人），富川市（5.5万人）で，いずれも京畿道に位置している。比率が高い上位5位は，忠清北道陰城（ウムソン）郡（15.9%），京畿道安山市（14.2%），全羅南道霊岩（ヨンアム）郡（14.2%），ソウル特別市永登浦（ヨンドゥンポ）区（12.5%），ソウル特別市九老（クロ）区（12.5%）である。外国人住民が1万人以上，または人口に占める比率が5%以上の外国人住民集中居住地域は前年から11か所増えて97か所に達している。

首都圏／地方を問わず，それぞれの地域において外国人は産業や家族，社会そのものを持続させるうえで欠かせない存在になっている。そのため，「多文化共生社会」「多文化家族」は喫緊の課題であり，単なる労働力ではなく，共に生きる居住者としていかに包摂するかがホスト社会に問われている。

排外主義はまだ先鋭化していないが，非先進国出身の外国人，中国朝鮮族や脱北者などの「(在外) 同胞」，イスラム教徒に対する差別や偏見は，保守・進歩を問わず，根強い。地域政党の設立制限と完全な統一地方選挙によって，韓国では地域独自の課題が政治化しにくいが，外国人住民集中居住地域において今後，包摂／排除のあり方が争点になるかもしれない。

「居住・移転の自由」(§14) は憲法が保障する自由権の核心である。コロナ禍の初期に「大邱封鎖」が断行され，感染経路が隅々まで追跡されたのは，「生権力」「生政治」の現在地（アガンベン）を浮き彫りにした。

4　地方次元における首長・議会間関係

いちどに7票も投じる

韓国は，国も地方も，首長と議会の両方を国民／住民が直接選出する二元代表制である。そのため，広域自治体・基礎自治体の両方において，選挙，政党，首長・議会間関係，すなわち地方政治が存在する。

韓国の場合，首長と議会の任期はどちらも4年であり，地方選挙は1995年以来，4年（最初だけ3年任期）ごとに，文字どおりすべての選挙が「全国同時」におこなわれる。補欠選挙で選ばれた場合，前任者の残余任期のみを務めるため，完全な統一地方選挙は崩れない。

さらに，第4章でみたように，広域自治体・基礎自治体の両方において，議会選挙で地域区に加えて比例代表制も用いられるようになり，教育監（教育長）も民選されるようになったため，住民は7票をいちどに投票する。その選択・決定においてはなんらかの手がかりが必要となる。そのため，個々の地方における課題や候補者に対する評価というより，政党ラベルに依拠して一括して同じように投票しがちである。教育監は無所属だが，保守／進歩の旗幟（きし）が鮮明である。こうしたなか，国レベルにおける政府・与党に対する業績評価がそのまま投影され，全国一律に同じ方向に票が集まるというナショナル・スイングが起こりやすい。

事実，これまで実施された8回の地方選挙のうち，与党が勝利したのは98年・2018年・22年の3回であり，いずれも大統領の任期初めのハネムーン選挙に該当する。一方，任期の半ばにおこなわれる中間選挙では，政府・与党に対する業績評価となり，与党は敗北する。これでは，地方選挙は「国政選挙の代理戦」「大統領選挙の前哨戦」にしかならず，地方それぞれに固有の機制が働きにくい。

政党法の規定により，日本の大阪維新の会のような地方政党の設立は認められておらず，大阪都構想のような地方独自のビジョンは提示されにくい。

ソウルの事例

「与大野小」／「与小野大」国会によって大統領のリーダーシッ

コラム7　道路名住所

京都市中心部の住所は長い。たとえば，著者の研究室がある同志社大学烏丸キャンパスは，「京都府京都市上京区烏丸通上立売上ル相国寺門前町647-20」である。碁盤の目のようになっているなかで烏丸通は南北の通り，上立売通（かみたちうりどおり）は東西の通りを意味し，その交差点から「上（あが）ル（北に行く）」とたどり着く。

こうした道路名を基準にした住所表記に韓国は2014年から全面的に移行した。それ以前は地番（日本でも登記で使用）が用いられていたが，住宅地の整備・拡大による番号の不連続，法定洞（洞は邑・面と並んで市・郡・区の下の単位）／行政洞（ソウル特別市冠岳区新村洞の場合，24.3万人の人口を有し，ソウル大学が所在する大学洞など11の洞にさらに分かれる）の混同，マンション名に識別性で劣るなどの理由により，変更された。

プは規定されるが，地方でも同じである。全国同時地方選挙という選挙サイクルによって，地方内では「与大野小」議会になりやすい。特に，地域主義が色濃くみられる湖南（ホナム）（光州・全羅北道・全羅南道）や嶺南では，「与小野大」議会がまだ誕生していないだけでなく，首長の党派性もいちども変わっていない。湖南では進歩系，嶺南では保守系の政党が首長も議会も独占している。

ソウルも，8回のうち7回は与大野小議会であるが，10年地方選挙だけ与小野大議会になった。一方，保守／進歩のあいだで首長交代が3回起きた。1995年・98年は進歩，2002年・06年・10年は保守，14年・18年は進歩，22年は保守が市長ポストを押さえた。10年は，市長にハンナラ党の呉世勲（オセフン）が再選された一方，議会は民主党が114議席のうち79議席を占めた。

与小野大議会と市長はさまざまな案件をめぐって対立したが，もっとも争点になったのは小中学校における給食費の無償化である。

独島（トクト）は慶尚北道鬱陵郡に属する。「独島は我が土地」という歌では「南面道洞１番地」とされていたが，西島は独島安龍福（アンヨンボク）路，東島は独島異斯夫（イサブ）路という道路名住所に変更されている。韓国の「実効支配」を示すという独島警備隊（慶尚北道警察庁所属）の住所は「独島異斯夫路 55」である。

安龍福は徳川幕府からも独島の領有を認められたという人物，異斯夫は新羅（シルラ）の将軍で，512 年に于山（ウサン）国を「征伐」し，鬱陵島と独島を支配下に収めたという。

日本政府はいずれの主張も根拠がないとしているが，「島根県の竹島」において，男島・女島の住所がどうなっているか，知っている日本国民は少ない。「郵便番号 685-0000 島根県隠岐郡隠岐の島町竹島官有無番地」である。

10 年 12 月，議会は民主党の主導により児童・生徒全員を対象に実施する条例を可決した。それに対して市長は，全面無償化は「福祉ポピュリズム」であると批判し，親の所得によって対象を絞り込むべきであると主張，その是非を住民投票に委ねることを提案した。議会はこの提案を拒否したが，実施を求める直接請求があり，11 年８月に住民投票が実施された。投票率は 25.7％であり，開票要件（投票率３分の１以上）を満たさず，破棄された。市長は「不成立・全面実施賛成多数の場合は辞任する」と公言していたとおり，ただちに辞任した。同年 10 月に補欠選挙が実施され，人権弁護士出身で市民団体「参与連帯」をリードしてきた朴元淳（パクウォンスン）が当選，就任後ただちに給食費の無償化を全面的に実施した。朴は当初，無所属だったが，12 年２月に民主総合党に入党し，与大野小議会とともにソウル市政を方向づけた。

湖南の事例

湖南は，市長・知事も議会も，進歩政党が独占し，いちども党派の交代が起きていない。全羅北道では，朴晙瑩（04年補欠選挙で当選し，06年・10年地方選挙で連勝）が5人しかいない3選知事のうちのひとりである。首長の「連任（継続して在任）」は「3期」（地方自治法）に限られている。ただ，「重任」は妨げられていないため，呉世勲は通算4選市長（06年・10年地方選挙，21年補欠選挙・22年地方選挙で勝利）である。

湖南は金大中大統領の縁故地であり，大統領選挙や総選挙でも圧倒的に進歩政党を支持してきた。そうした投票パターンについて「熱狂的」という否定的な評価も少なくないが，保守政党以外の代案が示されると，離脱することもあった。保守政党は「光州民主化運動」（1980年）を軍事力で弾圧した全斗煥大統領が結成した民主正義党の後裔であり，その後も「過去清算」に微温的であるとして，いまだ拒否されている。

2016年総選挙において，湖南に配分された地域区議席28のうち3議席しか共に民主党は獲得できなかった一方で，23議席を席巻したのは「国民の党」である。国民の党は安哲秀（医師，起業家，ソウル大学教授などを歴任）が文在寅（当時，新政治民主連合の代表，分裂後，共に民主党へ再編）と袂を分かって結成した政党であり，湖南を中心に候補者を擁立した。24年総選挙でも，比例代表にしか登録しなかった祖国革新党は全国得票率24.3%で台風の目となったが，湖南では45%前後を得票し，共に民主党よりも高かった。

つまり，湖南における一党優位政党制は，有権者による需要というよりも，代案不在という供給側の問題の結果である。選挙において有権者は自ら選択肢（候補者や政党）を出せるのではなく，与えられたなかで戦略的に選択する合理的なプレーヤーなのである。

嶺南でも，釜山や慶尚南道では，変化の兆しがみられる。

垂直的な統合政府／分割政府

国と地方の関係が問題になるのは，権限や財源の「3割自治」だけではなく，政策の方向性をめぐってもそうである。「教育大統領」こと教育監が主導した学生（韓国語では児童・生徒と区分しない）人権条例の事例を検討する。

学校における差別や暴力を防止することを目的に，ソウルでも進歩多数の議会で12年に制定され，施行されてきたが，教師の正当な指導が制約されるとして保守多数の議会に変わると24年に廃止された。廃止は忠清南道に次いで2例目である。3期目の曺喜昖（チョヒヨン）教育監は「再議」を要求したが，市議会は「3分の2以上の賛成」（教育自治法）で再可決し，条例の廃止が確定した。これを受けて，国会で圧倒的多数を占める共に民主党は学生人権法の制定を推進する構えである。つまり，この事例は水平的な分割政府（進歩系教育監と保守政党多数の議会）と垂直的な分割政府（ソウル市議会と進歩政党多数の国会）によって生じるダイナミズムを示している。

条例は「法令の範囲内において」（§117-1）制定することができ，その地方自治体に限って適用される一方，法律は全国一律に適用される。法律をめぐって大統領と国会，さらには憲法裁判所のあいだで「政治」が展開しているように，教育政策や条例をめぐって教育監と市議会，さらには国会のあいだでも対立がみられるというわけである。

「地方政治」という見方は専門家のあいだでは定着しているが，一般の有権者には「地方自治」「地方分権」のほうが馴染み深い。もちろん，国から地方への権限移譲も重要であるが，中央・地方間にも，地方の内にも，政治は存在しているのである。

参考文献

アガンベン，ジョルジョ／高桑和巳訳『私たちはどこにいるのか？――政治としてのエピデミック』青土社，2021 年。
北村亘『政令指定都市――100 万都市から都構想へ』中央公論新社，2013 年。
サンデル，マイケル／鬼澤忍訳『実力も運のうち――能力主義は正義か？』早川書房，2021 年。
砂原庸介『領域を超えない民主主義――地方政治における競争と民意』東京大学出版会，2022 年。
善教将大『維新支持の分析――ポピュリズムか，有権者の合理性か』有斐閣，2018 年。
曽我謙悟『日本の地方政府――1700 自治体の実態と課題』中央公論新社，2019 年。
曽我謙悟・待鳥聡史『日本の地方政治――二元代表制政府の政策選択』名古屋大学出版会，2007 年。
辻陽『日本の地方議会――都市のジレンマ，消滅危機の町村』中央公論新社，2019 年。
ヘンダーソン，グレゴリー／鈴木沙雄・大塚喬重訳『朝鮮の政治社会』サイマル出版会，1997 年。
増田寛也『地方消滅――東京一極集中が招く人口急減』中央公論新社，2014 年。

ソウル特別市
https://www.seoul.go.kr
ソウル特別市議会
https://www.smc.seoul.kr

第8章

メディアと感情的分極化

さまざまな見方があるという隠し絵（出所：Wikimedia Commons）

絶対的な善と完全な悪が存在する，という考えは，おそらく人間の精神をかぎりなく荒廃させるだろう。自分が善であり，対立者が悪だとみなしたとき，そこには協調も思いやりも生まれない。自分を優越化し，相手を敗北させ支配しようとする欲望が正当化されるだけだ。

田中芳樹『銀河英雄伝説 4 策謀篇』
（東京創元社，2007年，p.171）

本章のポイント

✓友人がInstagramやTikTokで誰をフォローしているかが気になるか。
✓なぜ新聞やテレビをみないのか。なぜタイパが大事なのか。
✓推しがいるか。「推す」とはどういう情動なのか。
✓「クラスタ」の異なる人たちとつき合えるか。
✓感情的分極化とは何か。イデオロギー的分極化とはどのような関係なのか。

キーワード

フレーミング，陣地戦，ファンダム政治，確証バイアス，感情的分極化

1 「メディア」ではなく「言論」

「選挙を前に親が読んでいる新聞が気になる」

2022年大統領選挙を前に，「実家の両親は朝鮮日報しか読んでいないので，尹錫悦（ユンソンニョル）なんかに投票しようとしている。ハンギョレに替えるように説得して，ようやく成功した」と自慢げに語った40代の韓国人研究者がいる。ふだんは手堅い史料解読に定評がある分，ここまで露骨な党派的発言に度肝を抜かれた。また，尹の当選後，「むこう5年間が憂鬱でたまらない。新聞は読まないし，テレビもみたくない」というため息も60代の研究者から耳にした。2人とも進歩派なのは以前から知っていたが，有権者であり在外投票できるとはいえ，ここまで特定の陣営にのめり込んでいるのはなぜなのか。

朝鮮日報とハンギョレは保守／進歩をそれぞれ代表する新聞であり，高齢者には依然として影響力が残っている。韓国の新聞やテレビはマスコミではなく，「言論」を自任している。単なる媒介（メディア）ではなく，政治のあり方や国の進む方向についてオピニオンを掲げ，世論を指導する役割を担っているという自負がある。

韓国紙は大統領選挙に際して，米国紙のように特定の候補者に対する支持を明らかにすることはしないが，保守／進歩に歴然と分かれている。だからこそ，Instagram や TikTok，SNS が席巻するなかでレガシーメディアになりつつあるとはいえ，家族や友人・同僚がどのメディアにアクセスし，政治の話をしているのかが気になり，どのように接するのか，気をつける。自分と似たものを読んだりみたりしているかによって，親疎関係や人物評価が左右されるという傾向が進んでいる。

まだ数が多い全国紙

保守の代表紙は朝鮮日報・東亜日報・中央日報の３紙である。朝鮮日報と東亜日報は日本統治期の1920年に創刊されたもので，後者は36年ベルリンオリンピックの男子マラソンで金メダルを獲得した孫基禎（ソンキジョン）選手の日章旗を抹消して掲載したことで９か月間発行停止になったこともある。中央日報はサムスン（漢字表記は「三星」で，発音は本来「サムソン」である）の創設者である李秉喆（イビョンチョル）（現会長である李在鎔（イジェヨン）の祖父）が65年に創刊し，2000年からKorea JoongAng DailyをNew York Timesとともに発行している。

進歩の代表紙はハンギョレ（「ひとつの／偉大な民族」の意味）と京郷新聞の２紙である。ハンギョレは1988年に創刊され，読者と社員が株を所有することで，広告主の不当な干渉を排除しようとした。ハングル専用や横書きをいち早く導入し，読者とのインターフェイスを刷新した。京郷新聞は46年の創刊で，経営者が二転三転し論調も変わったが，98年から社員持ち株会社になり，社屋の14階を二大労組のひとつである全国民主労働組合総連盟に貸し出している。

そのほか，「中道」を掲げる韓国日報，毎日経済新聞・ソウル経済新聞・韓国経済新聞・ヘラルド経済・亜州経済といった経済紙，もうひとつの財閥系（現代（ヒョンデ））で夕刊紙の文化日報がある。さらに，宗教系としては，国民日報（汝矣島（ヨイド）純福音教会）や世界日報（統一教会〔現・世界平和統一家庭連合〕）がある。

部数は落ちても，全国紙の数はいまだ多い。しかし，コンビニのスタンド販売はほぼなくなり，地下鉄やバスで読んでいる人もめっきりみかけなくなった。

通信社は，国家基幹ニュース通信社に指定されて国庫から支援されている聯合ニュースと，2001年に設立されたnewsisがある。

英字紙は Korea Herald，Korea Times（韓国日報姉妹紙）がある。また，釜山（プサン）日報，大邱（テグ）日報，光州（クァンジュ）日報，済州（チェジュ）道民日報など地方紙もあるが，全国紙の影響がどこでも強い。

このうち外国語でオンライン発信しているのは，朝鮮日報，中央日報，東亜日報，ハンギョレ，聯合ニュースである。日本語版は朝鮮日報，中央日報，聯合ニュース，スポーツ紙のスポーツソウルが充実しているが，ハンギョレも有志が翻訳に勤しんでいる。

「夜の大統領」と NAVER

インターネットが普及する前，新聞やテレビといったマスコミだけが情報収集や判断の拠りどころだった頃，朝鮮日報社長の方又栄（パンウヨン）は「夜の大統領」に喩（たと）えられるほど絶大な存在感を示していた。民主化以後，新聞にもその波は押し寄せ，経営と編集の分離などがおこなわれたが，「朝中東（朝鮮・中央・東亜）」（進歩派からの揶揄，自称は「メジャー新聞」「主流言論」）の影響力は圧倒的で，「（保守に）傾いた運動場（公論の場）」といわれた。そうしたなか，盧武鉉（ノムヒョン）次期大統領が 03 年 1 月にハンギョレの社屋を訪問し，論説主幹だった鄭淵珠（チョンヨンジュ）を就任直後に KBS（韓国放送）社長に任命したのは，「言論市場の均衡」を図ろうとするものだった。

インターネットの普及で「紙の新聞」が購読されなくなったのは韓国も同じだが，オンラインでの閲覧の仕方に特徴がある。韓国でも近年 Google の市場シェアが伸びているが，独自のポータルサイトである NAVER や Daum が欠かせないツールになっている。特に NAVER は圧倒的なシェアを背景にし，新聞やテレビから記事の提供を受け，インリンク方式（自社サイト内に本文すべてをそのまま掲載）でトラフィックを稼いだ。その後，紆余曲折があり，23 年から原則としてアウトリンク方式（見出しのみの提供で，本文は各社の

URL にリンクして閲覧）に変わったが，プラットフォーム構築者とアプリやコンテンツの開発者の差はそれでも歴然としている。

安全保障，経済，社会のあり方などさまざまな争点に関して韓国紙の論調は明確に割れる。特に大統領選挙や総選挙に際しては，旗幟（きし）が鮮明である。購読者は減り，オンラインでも YouTube などにアテンションが奪われているのは厳然たる事実であるが，依然としてアジェンダ設定とフレーミングにおいて一定の影響力を維持している。

アジェンダ設定とフレーミング

私たちが直接体験できることは極めて限られているため，誰かが代わりに伝えてくれないと，そもそも存在すら知らないこと，知らないということすら気づかないことばかりである。災害や事件・事故などの現場から当事者や目撃者が SNS でリアルタイムに発信する場合が増えているが，それでも新聞やテレビなどのマスコミが媒介にならないとわからないことが多い。

選挙や惨事（セウォル号沈没事故やハロウィン梨泰院（イテウォン）雑踏事故など）はすべての新聞が大きく取り上げ，社説を掲載する。しかし，保守／進歩のどちらかの新聞だけが取り上げる傾向がある事項もある。たとえば，文在寅（ムンジェイン）大統領が退任後に刊行した回顧録『辺境から中心へ』について，朝鮮日報は社説（24 年 5 月 20 日）で取り上げ，「客観的事実より金正恩（キムジョンウン）の言葉を信じると言う前職大統領」と批判したが，ハンギョレは取り上げなかった。一方，IDAHOBIT（国際反ホモフォビア・トランスフォビア・バイフォビアの日，毎年，5 月 17 日）に際して，ハンギョレは社説（22 年 5 月 18 日）を掲載し，「差別禁止法の制定を国会は急げ」と主張するが，朝鮮日報は性的マイノリティに対する差別に無頓着である。

「障害」を取り上げるにしても，「個人の不運」に焦点をあてるか，「社会的障壁」を問題にするか次第で，私たちの認識やその後の対応の仕方が異なる。そうした認識の枠組みをかたちづくるのがフレーミングである。

キャンプ・デービッドで開催された日米韓首脳会談について，朝鮮日報（23年8月19日付社説）は「安保・経済共同体」「自由民主主義協議体」と位置づけたうえで，「覇権的な対外拡大に乗り出した中国を牽制」することも含めた連携における韓国の責任の意義を強調した。一方，ハンギョレ（21日付社説）はこうした「準同盟化」は台湾海峡や南シナ海で米国の対中戦略に巻き込まれるリスクを高めるだけでなく，日本の歴史問題を隠蔽すると批判した。

このように，新聞も，保守と進歩では，物事の見方が異なるし，敵／味方の線引きにも食い違いがある。

2　放送メディアに対する政府の統制

放送通信委員会と総合編成チャンネル

電波は公共財であるため，放送や通信は免許事業である。これを所管するのが放送通信委員会であり，李明博（イミョンバク）大統領が2008年3月に放送委員会から再編し，権限を強化した。

常任委員5人のうち，大統領は委員長を含む2人を任命，国会が3人を推薦する。その3人のうち，与党が1人，野党が2人をそれぞれ推薦すると法律で定められている。任期は3年で，一度に限り連任できる。委員長だけが国会の人事聴聞会の対象になっているが，同意は不要である。つまり，政府・与党だけで過半数の3人を選出でき，それだけで議決要件を満たす。

権限は多岐に及び，テレビ局の許認可権，ネット同時配信や「中間広告」（かつて番組中に CM を流すことは禁止されていた）の審議・許可だけでなく，地上波のうち唯一の民放である SBS（1990 年開局当時はソウル放送だが，その後全国に展開）を除いて，KBS・MBC（文化放送）・EBS（教育放送）といった公共放送 3 社の理事会を構成する権限を有している。

全斗煥（チョンドゥファン）大統領による「言論統廃合」（80 年）以降，禁止されていた新聞とテレビのクロスオーナーシップを放送通信委員会は認め，総合編成チャンネル（総編）が 2011 年 12 月に開局された。総編はケーブルや衛星放送で配信されるため，視聴するうえで地上波と差はない。

許認可されたのは 4 局で，朝鮮日報（テレビ朝鮮），中央日報（JTBC），東亜日報（チャンネル A）という保守 3 紙と毎日経済新聞（MBN）という経済紙が親会社である。そのほか，聯合ニュース（ニュース Y，15 年から聯合ニュース TV に改名）が報道専門チャンネルに選定された。韓国経済新聞と泰光（テクァン）グループの申請は認められず，進歩紙はそもそも申請していない。

その後，3 ～ 5 年ごとに審査されているが，再承認を得られなかった例はない。ただ，テレビ朝鮮とチャンネル A の承認が 20 年に保留されたことがある。

KBS・MBC・EBS

放送通信委員会は KBS（11 人）・MBC（9 人）・EBS（9 人）の理事全員を任命する。根拠法である放送法・放送文化振興会法・韓国教育放送公社法のどこにも明記されていないが，それぞれ 7 対 4，6 対 3，7 対 2 の比率で与野党が理事を推薦するという慣行が確立されている。理事の任期はすべて 3 年である。

KBS と MBC の社長は KBS 理事会や放送文化振興会理事会がそ

れぞれ選出し，EBS の社長は放送通信委員会委員長が直接任命する。つまり，政府・与党は放送通信委員会を通じて，公共放送 3 社の理事会だけでなく，社長の人事も事実上左右する。

社長は当然，経営だけでなく番組の編成も総括している。そのため，社長が変わると，番組の内容だけでなく，出演陣も変わる。誰が，何を言うのかが左右されるというわけである。

社長の任期も 3 年で，連任も可能である。たとえば，盧武鉉大統領によって 03 年 4 月に KBS 社長に任命された鄭淵珠は 06 年に再任された。しかし，政権が交代したあと，任期半ばで李明博大統領によって解任された。その後も，高大栄，金儀喆の 2 人の社長が政権交代によって解任された。この間，内部から登用されたが，23 年 11 月に第 26 代社長に就任した朴敏は文化日報論説委員から抜擢された。

MBC 社長も内部から登用されているが，金在哲は解任直前で辞任，金張謙は解任された。さらに，文在寅大統領の任期中，放送文化振興会理事長に 21 年 8 月に任命された権台仙（ハンギョレ編集局長出身）は政権交代後に放送通信委員会によって 23 年 8 月に解任されたが，処分の執行停止が法院（裁判所）で認められ，復帰した。

このように，公共放送の理事会や社長の人事が争点になっているのは，それだけ「運動場の傾き」が政治的に切実な課題であるということである。

放送通信委員会委員長人事

公共放送 3 社の理事会，ひいては社長の人事も左右する放送通信委員会の委員長人事は，大統領にとって放送メディアを統制するうえで要である。それだけに大統領は腹心を配置しようとする。

再編後の初代委員長に，李明博大統領は最側近の崔時仲（チェシジュン）（東亜日報論説委員や韓国ギャラップ会長を歴任）を任命した。11年3月に再任されたが，12年2月に収賄疑惑で辞任，懲役2年6か月を言い渡され服役するが，13年1月，退任直前の大統領によって赦免された。

その後，保守大統領のもとで，逓信部官僚出身で韓国電気通信公社（現KT）社長などを歴任した李啓徹（イケチョル），金泳三（キムヨンサム）大統領の「代弁人（スポークスパーソン）」出身で4選の元議員の李敬在（イキョンジェ），春川（チュンチョン）地方法院長（裁判所裁判長）を歴任した崔成俊（チェソンジュン）が委員長に任命された。

進歩の文在寅大統領は17年9月に成均館大学新聞放送学科教授の李孝成（イヒョソン）を委員長に任命した。李は国会人事聴聞会のなかで「総編4局は多すぎる」と発言し，保守色を弱める改革に意欲をみせた。李が国政刷新という名目で19年7月に辞任すると，弁護士で民主言論市民連合共同代表だった韓相赫（ハンサンヒョク）を文は後任に据えた。20年8月に再任するほど文の信任が厚く，執政（17年大統領選挙）・地方（18年地方選挙）・立法（20年総選挙）だけでなく，放送メディアも「（保守に）傾いた運動場（公論の場）」の「正常化」を期待した。

再び保守に政権が交代すると，尹錫悦大統領は東亜日報出身で李明博大統領の代弁人などを歴任した李東官（イトングァン）を23年8月に委員長に据え，逆に「非正常（進歩への傾倒）の正常化」に拍車をかけた。「共に民主党」は「言論掌握」として強く反発し，「与小野大」国会で弾劾訴追を発議すると，李は票決に先立ち同年12月に辞任した。その後，検事出身の金洪一（キムホンイル）が国民権益委員会（腐敗防止の委員会で08年に発足）委員長から横滑りで任命された。検察総長出身の尹大統領は「検事偏重」「回転ドア」人事が目立つが，ここでも専門性より人脈が重視された。

「陣地戦」としてのメディア

保守／進歩を問わず，放送メディアの統制に躍起になるのは，そのような制度設計になっていることもあるが，メディアこそが人びとの認識をかたちづくり，陣営対立が激化するなかで敵／味方を峻別するうえで重要な機制を果たしているからである。

マルクス主義思想家であり，イタリア共産党創設者のひとりであるアントニオ・グラムシは，イギリスの植民地インドで起きたサティヤーグラハについて以下のように評価した（片桐薫訳『グラムシ・セレクション』平凡社，2001 年 p.50)。

> ガンディーの消極的抵抗は，一つの陣地戦であって，ある時期には機動戦となり，また他の時は地下戦に転化する。ボイコット運動は陣地戦であり，ストライキは機動戦であり，武器や戦闘部隊を秘密に準備するのは地下戦である。

一般に「非暴力抵抗運動」として知られるサティヤーグラハには，陣地戦・機動戦・地下戦という諸相が同時に存在するという。植民地解放であれ，共産主義革命であれ，社会の根本的変革を実現するためには，当面する戦線において正面から攻撃して勝利する「機動戦」が欠かせないが，そのためには，自陣営が有利になるように基盤を整えないといけないというのが「陣地戦」である。ロシア革命（1917 年）後に，西欧諸国で連鎖が起きなかったのは，革命の輸出が不十分だったからではなく，内的な矛盾が成熟していなかったからと判断し，イタリアでも，労働者階級による革命に先立ち，ブルジョワジーによる近代化という受動的革命が不可避であるとみていた。また，ムッソリーニのファシズムについては，すべての階級を代表するというポピュリズムとカイザー主義（ボナパルティズムに対するマルクスの評価，カイザーは「皇帝」の意味）に労働者階級も加担してしまったと評価した。

大統領選挙という「機動戦」に勝利するためにも，出版や放送というメディアを押さえ，人々の認識，「頭のなか」を変える「陣地戦」が切実なのは，当時も現在も同じである。

3 「ファンダム政治」とは何か

政治家ファンクラブ

新聞やテレビだけでなく，TikTok や Instagram などの SNS，Google や YouTube といったプラットフォームも含めたマルチメディア時代の到来により，政治家と有権者の関係が様変わりした。韓国の場合，アジア通貨危機後，金大中（キムデジュン）大統領は「産業化では後れをとったが，情報化では世界の先頭に立つ」とビジョンを定め，インフラを整備した。その結果，デジタル化，キャッシュレス化が社会のそこここに行き渡っている。

こうした時流にうまく乗ったのが盧武鉉である。盧は金大中の与党内で非主流派だったが，2002 年大統領選挙に向けた党内予備選挙において党の内外でブームを巻き起こし，候補者になった。その際，「ノサモ」（盧武鉉を愛する人々の集まり）という個人ファンクラブが原動力になった。ノサモは選挙キャンペーンでは豚の貯金箱を寄付し，当選後は「権力の監視・監督に努める」というスタンスだった。

その後，ファンクラブの性格は一転した。文在寅大統領の「ムンパ」（「文」と「熱狂的なファン」の合成語）や，共に民主党の李明在（イジェミョン）代表の「ケッタル」（「改革の娘」の略語）は，信奉する「アイドル」に対する一切の批判を許さない。在任中，文が「民生（国民の暮ら

コラム8　「推し」とファン

K-POPから，Kドラマ，K文学，Kフード，Kビューティー，K防疫まで。「Kなんとか」がやたら喧伝され，目に障(さわ)る。

私が好きなのは，K-POPではなくNewJeansであり，東京ドームにおけるファンミーティング（2024年6月）で「青い珊瑚礁」を独唱したハニ。楽曲「Ditto」は秀逸で，「それな」（dittoは「同上」を意味するノノ字点［〃］のこと）と共感を示す姿勢が痛々しく，美しい。個人的には，MV（ミュージック・ビデオ）で校庭の蛇口から水を飲むシーンはエモすぎる。青春!!　いや，追憶（T-T）　別に，ミン・ヒジンがプロデュースしたからでも，HYBE／ADOR所属だからではない。私も日本人や中年男性としてではなく，ひとりの人として推しているだけなんだからねっ（爆）。

ともかく（汗），「一対一」でハマっているだけなのに，まとめられるとウザいし，他人に代弁されるともっとムカつく。同時に，「説明

しぶり）点検」をおこなった際に，ある商店主が「商売，あがったりですよ」と心情を吐露すると，ムンパは大統領の経済政策が批判されたとして，その「不届き者」の身辺情報を暴露して炎上させた。また，22年大統領選挙において得票率0.73ポイント差で尹錫悦に競り負けた李在明を，次こそ「チャートトップ」の座に立たせるべく，ケッタルは党内のライバルに対して「スイカ」（外側と異なり，内側は赤い〔赤は国民の力のシンボルカラーで，「内通者」という含意〕，かつて「パルゲンイ〔アカ〕」に向けられた用法）と非難する。

「推し」がすこしでも「上」にいけるようにと何百枚も「音盤」（そもそも「レコード」の意味）を買い，「初動」（発売直後の売り上げ）を押し上げるのが，ファンにとっても快楽に感じるように企画されているのがアイドルビジネスである。K-POPもそうした商法を悪用しているとしばしば批判されるが，韓国政治においても「ファン

したがる中年男性」「オワコン（꼰대）」になっていないか gkbr
Z 世代は日本に対する好感度がいちばん高く，居酒屋などで「おまかせ」が流行っているのは事実だが，だからといって「YES JAPAN」というわけではない。料理を楽しむひとつのスタイルとして受け入れられているだけで，「日本発」「日本流」はほとんど意識されていない。
なんでも「韓国スゴイ」という風潮は「クッポン」（国家〔국가〕とヒロポン〔히로뽕〕の合成語〔국뽕〕）としてむしろ警戒されている。「愛国心はならず者の最後の逃げ場である」という。
ことほどさように「최애」（「最愛」の漢字語だが，「推し」の意味）とファンの関係は難しい。

NewJeans, 'Ditto' Official MV（side A）
https://www.youtube.com/watch?v=pSUydWEqKwE

ダム」（熱狂的な支持を寄せるファン集団）の存在はいまや決定的に重要である。

金於俊「総帥」

ノサモ，ムンパ，ケッタルの例にみるように，SNS の活用は進歩派に一日（いちじつ）の長がある。

政治家に対してもっとも影響力がある人物は金於俊（キムオジュン）である。86 世代の金は弘益（ホンイク）大学を卒業した後，浦項（ポハン）製鉄（現 POSCO）に入社したが，すぐに辞め，1998 年にタンジ日報（タンジ〔딴지〕は「言いがかり」の意味）というオンラインコミュニティを創設し，時代の寵児になった。浮沈もあったが，2011 年に始めたポッドキャスト「私はコムスだ（コムス〔꼼수〕は「せこい言動」の意味）」で李明博大統領など保守派を風刺すると，大ヒットした。その存在を決定的に

したのは，16 年に TBS ラジオで「金於俊のニュース工場」という看板番組を持つようになったことである。

TBS ラジオは本来，ソウル市の交通放送であるが，朴元淳（パクウォンスン）市長のもとで「市政への市民参加」が奨励されていた。YouTube でも同時配信され，アーカイブも提供される番組（平日の午前 7 時から 9 時まで 2 時間，土曜日にはダイジェストを放送）は，金於俊を MC（司会者）とするトークショーで，有力政治家や芸能人などがこぞって出演し，圧倒的な視聴率を誇った。

21 年補欠選挙で呉世勲（オセフン）がソウル市長に返り咲くと，本来の交通放送に戻すべきだと主張し，番組は 22 年末で打ち切りになった。すると，金於俊はただちに YouTube に同じ名称のチャンネルを開設し，同じスタイルで番組を続けている。チャンネル登録者数は 160 万人超である。

共に民主党の禹元植（ウウォンシク）議員は第 22 代国会前半期（24 ~ 26 年）の議長に内定した翌日，上記番組に出演し，事実上「申告式」（新人の通過儀礼（ヘイジング））をおこなった。金於俊は自称するように，進歩派の「総帥」なのである。

クラスタの分化

保守派はメディア環境の変化に対応することが遅れたが，いまでは精力的に展開している。

金於俊よりチャンネル登録者数（180 万超）が多い保守派きってのYouTuber である秦聖昊（チンソンホ）も，同じく 86 年世代である。ソウル大学を卒業後，朝鮮日報の記者を経て，ハンナラ党の公認で 08 年から 1 期だけ国会議員になったが，12 年・20 年総選挙には無所属で立候補し，落選した。この間，19 年にチャンネルを開始し，保守としての政見を開陳するというより，進歩派を攻撃することで人気を博した。

月刊朝鮮という朝鮮日報が刊行する論壇誌で編集長を務めた趙甲済(チョカプジェ)も，1999年から「趙甲済ドットコム」という個人ホームページを運営し，2012年からはYouTubeチャンネル「趙甲済TV」（登録者数50万人ほど）も運営している。光復・朝鮮戦争世代の趙は新聞・テレビ・出版が普及していくなかでキャリアを積んだが，読者やターゲットにコンテンツ（記事や動画，メッセージ）を届けて所期の結果を出す(デリバリー)には，媒体やインターフェイスとの相性をそのつど見直すことが重要であると十分理解している。

そのほか，文在寅大統領が退任後に居住している私邸（慶尚(キョンサン)南道梁山(ヤンサン)市下北面(ハブク)平山(ピョンサン)村）の周辺で拡声器で抗議する様子をライブ配信するYouTuberもいる。スーパーチャット（投げ銭）やコメントをもらうことで承認欲求が満たされるというわけである。社会経済的地位や政治志向が近い人たち同士はクラスタ（集団／群れ）を形成し，内／外を峻別する傾向がある。

「私だけが正しい」という確証バイアス

SNSでシェアやリポストを重ねると，滝のように流れる大量の情報(サイバーカスケード)に晒されるなかで，同じクラスタのなかで「いいね！」と強化学習がおこなわれ，確証バイアスを強めてしまう傾向がある。たとえば，「新型コロナウイルスのワクチンは人体に有害である」という疑念を有し，それを裏付ける「証拠」「逸話」ばかりを探すと，いつの間にか確信に変わってしまうということである。これは，自分の仮説や信念は誤っているかもしれないという前提に立ち，批判や修正に対して常にオープンな姿勢を保つという科学的なアプローチとは相容(あいい)れない。

検索結果や「おすすめ」は，これまでの履歴やフォロー／フォロワーの関係などに基づいて，個別に自動的にカスタマイズされるアルゴリズムによって，自ら与り知らぬところでさまざまにクラスタ化されている。欲望を最適化，先取りしてくれて便利ではあるが，関心や価値観がまるで異なる人たちとは自動的に出会わなくなる。そもそも，「全き他者」とは，同じ物差しで比べることすらできないという非共約性，「私」には統制できない存在，そうした「私」たち同士の関係性，この世界の条件そのものである。

にもかかわらず，「私」の見方／味方は絶対に正しい，「あいつら」は常に間違っているという姿勢で互いに臨むと，社会は修羅場になってしまう。「敵」「悪魔」は殲滅すべき対象にすぎないと映ると，対話や妥協の余地が消える。

「推し」とファンの関係はさまざまである。アイドルやプロダクション事務所にときに苦言を呈するものから，ライバルを蹴落とすことに血眼になり，さらにはアイドル本人にストーキングするものまである。「ファンダム政治」がせり出すなかで，政治家と有権者，政党やメディアの相互関係も，何を媒介につながるのかが根本から見直されている。

4　内／外の感情的分極化

「政治に特有」な感情的分極化

ファンダム政治のなか，第３章でみた「イデオロギー的分極化」（具体的な争点について左右の立ち位置の距離が拡がると同時に，それぞれまとまり，交わらなくなっていくこと）だけでなく，「感情的分極化」もみられるようになっている。感情的分極化とは，なんらかの集団に愛着や一体感を抱く人たちが，ほかの集団に対して反感や憎悪を有し，互いに対立し合うことである。たとえば，二大政党制の米国では，共和党の支持者は同じ支持者に対しては「内集団」とみる一方，民主党の支持者に対しては異質な「外集団」として「他者化」する。さらに，相互に対立・嫌悪するだけでなく，道徳的な善悪で彼我を裁断し，排除・拒絶するようになる。そこでは，交渉や妥協，是々非々や損得計算という姿勢は，「敵」への阿り，裏切りに映る。

カール・シュミットは「政治に特有の区別とは，味方と敵の区別である」（権左武志訳『政治的なものの概念』岩波書店，2022 年，p.21）と喝破したが，感情的分極化はすぐれて政治的である。一方，マックス・ヴェーバーは「信条倫理」と「責任倫理」を分別したうえで，政治家たる者，後者を堅持しなければならないと主張した。自ら正しいと信じるところを貫いても，その結果が芳しくなければ，その責任を負うのが政治の使命だという。さらに，たとえ目的が正しいとしても，どんな手段でも正当化されるわけではないともいう。「（信条倫理家は）純粋な信条から発した行為の結果が悪ければ，その責任は行為者にではなく，世間の方に，他人の愚かさ［……］の方にあると考える」（脇圭平訳『職業としての政治』岩波書店，2020 年，pp.103-104）という言明は，感情的分極化のありさまそのものである。

このように，感情的分極化は，現代政治に特有な新しい現象というよりは，そもそも政治に固有なものとして向き合うことが欠かせない。

「アンチ」で結束

感情的分極化が進むと，本来，「非政治的」であるはずの事項においても，相手側陣営が進めるため受け入れがたいという反応がみられる。

たとえば，2020 年に始まったパンデミックへの対応において，ワクチンの開発と接種は明らかに効果があり，その収束を早めたが，その接種に関して党派的な違いがみられた。国民全体に対する接種が推進されていた21年9月にピュー研究所がおこなった調査によると，米国では成人の73%が接種を受けるなか，年齢や学歴が高いほど接種率が高いという傾向がみられた。そうした社会経済的地位による違いだけでなく，民主党支持者（86%）は共和党支持者（60%）よりも接種率が26ポイントも高いという党派的な違いが顕著だった。

これだけでは，コロナ防疫政策そのものに対する評価なのか，バイデン大統領や民主党に対する好悪なのか，見分けがつかない。米国では従来，個別の争点に対する評価よりも，政党帰属意識が投票などの政治行動を説明するといわれてきた。しかし，トランプ大統領の4年間，数々の陰謀論が飛び交った20年大統領選挙や連邦議会議事堂襲撃事件を経て，「赤」（共和党）と「青」（民主党）の対立が激化するなかで，相手側陣営に対する「アンチ」（反対・拒絶）によってそれぞれ結束するようになっている。

もちろん，「自己」（アイデンティティ）は「他者」と照らし合わせることで成り立ち，相互に承認し合うことが欠かせないが，「Aである」「Xを志向する」ではなく，「Bではない」「Yに反対する」が前面化すると，均衡が崩れ，常に不安に苛（さいな）まれることになる。

他陣営との「結婚は考えられない」

韓国でも，「国民の力」や共に民主党，保守／進歩のどちらかに党派的アイデンティティを有すると，内集団（同じ政党やその支持者）に対しては好意的である一方，外集団（異なる政党やその支持者）に対しては敵対的であることが知られている。

20年8月におこなわれた調査に基づく研究によると，自分や子どもの結婚相手として考えられるかが集団ごとに有意に異なる。内集団に対しては，保守／進歩のどちらも95%以上が「支障がない」と考えている一方，外集団に対しては，どちらも50%以上が「絶対に結婚しない」と回答している。本人，子どもの場合を問わず，過半数である。かつて地域主義が強かった時期，嶺南（ヨンナム）と湖南（ホナム）のあいだでの結婚がタブー視されていたが，いまや「赤」（国民の力）と「青」（共に民主党）のあいだで断絶しているのである。

さらに，集団の性格に関する評価も有意に異なるという。内集団に対しては「愛国的で」「賢く」「正直である」と肯定する一方，外集団に対しては「偏屈で」「偽善的で」「利己的である」と否定している。つまり，道徳的な善悪で彼我を真っ二つに裁断している。

22年12月に朝鮮日報がおこなった調査でも同じ傾向が確認されている。外集団との飲食は，両陣営とも45%前後が「不都合だ」と回答している。出身地域，性別，世代，社会経済的地位の違いだと20%に満たないことと対照的である。さらに，70%前後が，党派的性向が異なる外集団は「国益よりも自分たちだけの利益に関心がある」と評価している。

また，韓国は世界的にはコロナウイルスによる死者数が少ない国のひとつであるが，文在寅大統領が進めた防疫政策に関する評価も割れた。当時の与党支持者の圧倒的多数（87.6%）は「よくやっている」と肯定した一方，野党支持者の過半数（61.4%）は「できていない」と否定した。こうした状況について，保守の代表紙を自負する朝鮮日報は，「1つの国，2つに割れた国民」と評価した。

韓国民主主義の「生き延び方」

大統領と議会多数派の党派性が異なる分割政府，与小野大国会は韓国でも常態化しているし，尹錫悦大統領は任期中ずっと，保守与党の国民の力だけでなく，進歩野党の共に民主党からも協力が得られないと，法律・予算・人事，なにひとつ進めることができない状況である。共に民主党も，第 21 代国会（20 ～ 24 年）に続いて第 22 代国会（24 ～ 28 年）においても圧倒的な議席を占め，立法権を単独で掌握している以上，「国政」の責任を政府・与党と分担しているといえる。そもそも，大統領制において，「我ら大韓国民」（憲法前文）は大統領と議会という 2 人の代理人にそれぞれ異なる権限と役割を異なるタイミングで委任していて，どちらか一方だけが「民心」を代表しているというわけでは決してない。相互に牽制し合うなかで均衡を図り，交渉・妥協を重ねて，共に，力を合わせることで，国民の負託に応えることが期待されている。

国会における保守／進歩の両党の投票行動だけでなく，国民の日常生活のそこここにおいても分極化が進んでいる。米国では「民主主義の死に方」が懸念され，現に，さまざまな指標において「後退」が例外なく観察されている。

韓国における党派的な対立が深刻なのは，多国間比較・時系列比較・多項目比較のいずれにおいても間違いない。保守／進歩にどちらにも嫌気がさした中道や無党派が増えているのも事実である。

両方の極から「協治」が叫ばれるが，相手側だけに一方的に譲歩を要求するのでは，対立や分断は深まるばかりである。利害＝関心（インタレスト）や価値観を測る基準そのものが異なる「全き他者」と共生・共存を図るためには，各自，それぞれ「自省」が迫られ，「他者といる技法」を学び直すことが欠かせない。

韓国民主主義の「生き延び方」は，そこにかかっている。

参考文献

稲増一憲『マスメディアとは何か――「影響力」の正体』中央公論新社，2022年。
大石裕・山腰修三・中村美子・田中孝宜編『メディアの公共性――転換期における公共放送』慶應義塾大学出版会，2016年。
奥村隆『他者といる技法――コミュニケーションの社会学』筑摩書房，2024年。
サンスティーン，キャス／伊達尚美訳『#リパブリック――インターネットは民主主義になにをもたらすのか』勁草書房，2018年。
谷口将紀『政治とマスメディア』東京大学出版会，2015年。
チョ，ファスンほか／木村幹監訳・藤原友代訳『ビッグデータから見える韓国――政治と既存メディア・SNSのダイナミズムが織りなす社会』白桃書房，2017年。
秦正樹『陰謀論――民主主義を揺るがすメカニズム』中央公論新社，2022年。
フラード＝ブラナー，ゾーイ，アーロン・M・グレイザー／関美和訳『ファンダム・レボリューション――SNS時代の新たな熱狂』早川書房，2017年。
ウォール＝ヨルゲンセン，カリン／三谷文栄・山腰修三訳『メディアと感情の政治学』勁草書房，2020年。
レビツキー，スティーブン，ダニエル・ジブラット／濱野大道訳『民主主義の死に方――二極化する政治が招く独裁への道』新潮社，2018年。

KBS World
https://www.kbsworld.ne.jp
中央日報日本語版
https://japanese.joins.com
朝鮮日報日本語版
https://www.chosunonline.com
東亜日報日本語版
https://www.donga.com/jp
ハンギョレ日本語版
https://japan.hani.co.kr
聯合ニュース日本語版
https://jp.yna.co.kr

第９章

反復される「ろうそく集会」

投票外政治参加と代議制民主主義

「曺国事態」をめぐる２つの集会。左は曺の母校であり教鞭をとっていたソウル大学における抗議。右は大検察庁（最高検察庁）前の大通りにおける支持
（出所：YONHAP NEWS/アフロ，EAP＝時事）

下人には，勿論，何故老婆が死人の髪の毛を抜くかわからなかった。従って，合理的には，それを善悪のいずれに片づけてよいか知らなかった。しかし下人にとっては，この雨の夜に，この羅生門の上で，死人の髪の毛を抜くと云う事が，それだけで既に許すべからざる悪であった。勿論，下人は，さっきまで自分が，盗人になる気でいた事なぞは，とうに忘れていたのである。

芥川龍之介「羅生門」青空文庫

本章のポイント

✓ろうそく集会／革命にどのように向き合うか。
✓「民主共和国」は「我ら大韓国民」にとって何を意味するのか。
✓代議制民主主義に固有の意義とは何なのか。
✓「憲法政治」とはどういう局面なのか。
✓投票以外の方法で政治に参加したことがあるか。

キーワード

ろうそく集会，他者の合理性の理解，曺国事態，民心，代議制民主主義

1 「ろうそく集会」か，「ろうそく革命」か

「ろうそく集会」と憲法第1条

「大韓民国は民主共和国である。大韓民国の主権は国民にあり，すべての権力は国民から生じる。」これは朴槿恵（パククネ）大統領の弾劾訴追・罷免につながった「ろうそく集会」において歌（う）／謳（た）われた「憲法第1条」という曲であり，「国のかたち」を問ううえで根拠となった。

朴大統領は任期4年目，2016年10月末に民間人の知人を国政に関与させた「国政壟断（ろうだん）」疑惑，サムスンなどの財閥から賄賂を受けた「政経癒着」疑惑が報道されると，支持率が一桁まで急落した。同時に，ソウルの光化門（クァンファムン）前の広場や全国各地でろうそく集会が毎週末に開催され，回を重ねるごとに参加者が増えていった。そのなかで市民たちは「即時退陣」「下野」を要求し，「これが国か」と問うた。

この憲法第1条は48年憲法以来，72年憲法以外，一貫して継承されてきた憲法規範である。主権在民，国民主権を示し，すべての国家機関に授権したのは国民であることを闡明（せんめい）している。特に第1項は，高宗（コジョン）（大韓帝国の初代皇帝）の薨去（こうきょ）を契機に起きた三一運動（テハン）（1919年）を経て上海で樹立が宣言された大韓民国臨時政府の臨時憲章第1条をそのまま継承するものである。当時，「朝鮮」は大日本帝国の外地のひとつだったが，植民地支配からの解放と同時に，日韓併合以前の「大韓帝国」（1897～1910年）への王政復古ではなく，「大韓民国」という民主共和国の成立が掲げられた。87年憲法の前文において「我ら大韓国民は3・1運動によって建立された大韓民国臨時政府の法統……を継承［する］」と謳われている。

コラム9　**「イムのための行進曲」を斉唱するということ**

同じときに同じ場所で同じ曲を大勢で一緒に歌うということは一体感をもたらし，ときに大きなダイナミズムを生む（河西秀哉『うたごえの戦後史』人文書院，2016年）。韓国憲政史においてもっとも頻繁に斉唱された曲が国歌「愛国歌」であることは間違いないが，「イムのための行進曲」ほど論争的だった曲もないだろう。

この曲は小説家の黄晳暎（ファンソギョン）が白基琓（ペクギワン）の長編詩「묏비나리」（묏は「山」「墓」，비나리は「祈る」）の一部を借用して作詞，光州民主化運動（1980年5月）当時，全南（チョンナム）大学の金鍾律（キムジョンニュル）が曲を付け，尹祥源（ユンサンウォン）と朴淇順（パクギスン）の霊魂結婚式（81年）に献呈された。尹は光州で犠牲になり，朴は労働運動に献身して死亡した。その後，「民衆歌謡」として局面ごとに声を合わせて共に歌われた。

記念式典は90年から毎年「5・18」に開催されている。95年に特別法が制定され，97年に国が主催，2000年になってようやく金（キム）大中（デジュン）大統領が出席した。金は「光州事態」の首謀者として大法院

第2項の後段が「国民はその代表や国民投票によって主権を行使する」へと書き換えられたのは72年憲法である。その時期，韓国国民は大統領を直接選出することができず，「国民の主権的受任機関」とされた統一主体国民会議が朴正熙（パクチョンヒ）大統領の終身執政を保障した。まさに「帝王的大統領制」そのものであった。

それだけ韓国国民にとって憲法第1条というのは，植民地でも，王政でも，帝王的大統領制でもない「国のかたち」，つまり「民主共和制（Republic）」のあり方を指し示すと同時に，それに照らし合わせて「これが国か」と問いただす根拠になったわけである。

朴槿恵大統領の弾劾・罷免と「ろうそく集会」

朴槿恵大統領の弾劾訴追・罷免はそれぞれ国会と憲法裁判所にお

（最高裁判所）で死刑判決が下された人物である。そこで出席者一同で斉唱されたのが「イムのための行進曲」である。「先に行くから 生き残った者よ 付いてこい。」先に逝った「イム（あなた）」に対する負債意識が根底にある。

09～16年の8年間は合唱団による合唱だけになったが，17年，文在寅大統領が再び参列者一同による斉唱に戻した。22年，尹錫悦大統領も国立5.18民主墓地を訪れ，遺族や光州市民と共に「イムのための行進曲」を斉唱した。いまや「国民歌謡」「国民儀礼」になったのである。

KTV（国民放送）「第42周年5・18民主化運動記念式」（2022年5月18日）
https://www.youtube.com/watch?v=iBYUDvjJi48

いて87年憲法の規定に則っておこなわれた。大統領に対する「弾劾訴追は国会在籍議員過半数の発議と国会在籍議員3分の2以上の賛成」（§65-2）を要するが，2016年12月9日に賛成234，反対56，棄権2，無効7で可決された。可決要件の200を34議席も上回る結果だった。当時，与党セヌリ党は128議席を有していて，まとまって反対すれば否決できたはずだが，造反票が60票以上出たと推測される。

その背景にはろうそく集会と世論調査によって示された確固たる民意がある。直前の12月3日に開催されたろうそく集会には全国各地で「232万人」（主催団体発表）が集まるとともに，即時退陣を求める声が圧倒的に大きかった。こうしたなかで国民の代議機関である国会がその意に反して弾劾訴追案を否決すると，ろうそくの明かりが，たいまつの炎が国会，そして与党にも向くと考え，朴槿恵大統領に与することをやめたというわけである。

憲法裁判所も翌17年3月10日に8名全員一致（任期満了による欠員1名）で罷免と決定した。弾劾審判は「民事上・刑事上の責任」（§65-4）を問うものではないが，国政壟断や政経癒着は「憲法や法律〔に対する〕違背」（§65-1）に該当し，朴槿恵大統領を罷免しない限り，憲政秩序を回復できないくらい重大なものであるとみなしたというわけである。

ろうそく集会は弾劾という憲法手続きが動き始めると下火になったが，罷免を求める民意が圧倒的だった。そのなかで憲法裁判所も民意に違わない決定を下したのである。もっとも保守的といわれた安昌浩裁判官（検事出身，国会選出，セヌリ党推薦）も「本件は保守／進歩という理念の問題ではなく，憲法的価値を実現し，憲政秩序を守護する問題である」という補充意見を書いた。

4月革命，5・18光州民主化運動，6月民主抗争

韓国憲政史において市民による集合行為が決定的だった局面がなんどかある。

まず「4月革命」である。1960年3月におこなわれた正副大統領選挙（ランニング・メイトではなく別々に選出）において，高齢の李承晩大統領は李起鵬を副大統領に当選させ，自らの後継者に据えようとして選挙不正を働いた。それに学生たちが抗議したのが4月革命であり，その結果，李大統領は辞任してハワイに亡命し客死した。60年憲法へと改正され，大統領制から議院内閣制へと執政制度が変わり，同年8月に張勉内閣が発足した。87年憲法では「不義に抗拒した4・19民主理念」（前文）という文言で言及されていて，抵抗権を謳ったものとみなされている。

次に「5・18光州民主化運動」である。朴正熙大統領が宴席で部下の金載圭に射殺（79年10月26日）されると，民主化の機運（ソウルの春）が盛り上がった。しかし，粛軍クーデタ（同年12月12日）で実権を掌握した全斗煥ら新軍部は翌80年5月に光州で市民たちが蜂起すると，戒厳令を発令し，軍事力で弾圧した。民主化以後に再評価されるまでは，「パルゲンイ（アカ）が起こした暴動」「光州事態」と呼ばれていた。

そして「6月民主抗争」である。これは「大統領直接選挙制」「民主憲法の復活」「憲法改正」を焦点に，「運動圏」から「制度圏」の野党政治家や「ネクタイ部隊」（都市部のサラリーマン）まで広範囲に共同戦線が結成されたもので，体制転覆ではなく，エリート間の合意で決着がついた。87年憲法への改正はその政治的妥協，合意の文書化である。これにより87年大統領選挙は国民によって直接選出されるかたちでおこなわれたが，当選したのは全斗煥の入隊同期の盧泰愚だった。

このように，4月革命，5・18光州民主化運動，6月民主抗争の3つはその後の展開が異なるが，いずれも市民による集合行為が契機になった。

他者の合理性の理解

朴槿恵大統領の弾劾・罷免によって前倒しで実施された2017年大統領選挙で当選した文在寅大統領は，「ろうそく集会」ではなく「ろうそく革命」と規定し，自らの歴史的使命を強調した。朴の前任者である李明博大統領と合わせた保守派を「守旧勢力」「既得権」とひとまとめに位置づけ，その「積弊清算」に乗り出し，司法の場で断罪した。

ろうそく集会に結集したのは必ずしも進歩派だけではなかったし，

弾劾・罷免は「即時退陣」「下野」とは異なり，87年憲法に定められた手続きである。それに，弾劾訴追には与党セヌリ党からも60名以上が賛成し，もっとも保守的な憲法裁判所裁判官も罷免に同調した。

韓国憲政史において「革命」という評価が定着しているは4月革命だけである。ほかは「民主化運動」「民主抗争」である。比較史的にも，フランス革命（1789～99年），辛亥革命（1911～12年），ロシア革命（1917年），ジョージアのバラ革命（2003年）など「革命」と称される出来事においては，執政勢力が既存の法手続きでは予定されていないかたちで放逐(ほうちく)されている。その意味で，朴大統領の弾劾・罷免の過程は，「ろうそく革命」ではなく「ろうそく集会」というべきである。

同時に，当事者の一部にとって主観的にどのように理解されているかも重要である。「積弊清算」によって朴槿恵・李明博の大統領2人が刑事的に処罰されたように，そうした理解によって社会的現実が形成されるからである。

このように，理にかなっているかはともかく，なんらかの選択にはそうするだけの理由があるし，主観的な意味づけは，それはそれとして理解する必要がある。これを「他者の合理性の理解（rational accommodation)」という。こうした理解の方法と姿勢は，特に外国研究や地域研究において欠かせない。

2　投票外政治参加としての「ろうそく集会」

「反米で何が悪い」発言

投票以外の政治参加にはさまざまなかたちがあるが，87年憲法下の韓国の場合，ろうそく集会が国会・政府・司法といった「制度圏」にもっとも大きな影響を及ぼしてきた。その最初の契機は2002年6月に起きた米軍装甲車女子中学生轢死(れきし)事故である。

下校中の女子中学生2名を在韓米軍の装甲車が公道で轢(ひ)き殺したが，米韓地位協定により韓国には裁判管轄権がなく，放棄を要求したものの拒否され，同年11月に無罪評決が出て米兵2名が帰国した。米韓地位協定とは，朝鮮戦争の休戦後も引き続き駐留して韓国防衛を担っている在韓米軍に対してさまざまな便宜を図るものである。領域内で起きた事件・事故について，国籍を問わず，何人に対しても法に則って逮捕・起訴・裁判・処罰するという裁判管轄権は国家主権の核心であるが，在韓米軍の軍人・軍属に対する裁判管轄権を，韓国は米韓地位協定によって在韓米軍に委ねているのである。

この事故に対して，光化門前の広場でろうそくを手にした追悼集会がおこなわれ，「ろうそく集会」と初めて呼ばれた。オンライン空間でも，「▶◀」「▷◁」という記号が追悼の意としてメッセンジャーを行き交った。

02年はワールドカップを日韓が共催した年であり，韓国代表チームはベスト4になり，スポーツ・ナショナリズムが高揚した。同時に，第4章でみたように，12月の大統領選挙に向けて党内予備選挙がおこなわれ，特に与党の新千年民主党では，非主流派だった盧武鉉(ノムヒョン)がノサモ（盧武鉉を愛する人々の集まり）を背景に支持者＝ファンを魅了していた。そうしたなか，選挙キャンペーンにおいて「反米で何が悪い」と発言し物議をかもしたが，唯一の同盟国である米国に対しても堂々たる姿勢を示すものとして盧を評価する向きも少なくなかった。

大統領弾劾訴追反対集会

次にろうそく集会が広範囲にみられたのは04年3月のことである。

盧武鉉大統領に対する弾劾訴追案が国会で韓国憲政史上初めて可決された。同年4月の総選挙を前に盧が「ウリ党を圧倒的に支持してくれることを期待する」と発言すると，野党のハンナラ党は公務員の「政治的中立」義務（§7-2）に反するとして反発した。

盧大統領は新千年民主党から立候補したが，もともと非主流派の出身で，03年2月の就任後も党内で派閥対立が続いた。結局，同年11月に親盧派（盧武鉉支持）の議員たちが離党し，新与党のウリ党（ウリは「我々の」の意味）を結成した。ウリ党はよくまとまっていたが，議席数が50に足らず，単独で弾劾訴追を阻止することは不可能であった。そうしたなか，旧与党の新千年民主党が野党ハンナラ党が提出した弾劾訴追案に賛成したことで04年3月12日に可決され，盧大統領の職務遂行が停止となり，国務総理（首相）の高建（コゴン）が権限代行に就いた。

任期1年目の大統領に対して任期末の国会が職務停止に追い込んだことを受けて，光化門前の広場でろうそく集会が再び開かれ，「弾劾反対」が叫ばれた。02年の例に倣（なら）って，「謹弔 国会▶◀」というメッセージが当時人気だったCyworld（cyは「サイバー」と「あいだ（사이）」の意味）というSNSを埋め尽くした。世論調査でも3分の2が弾劾に反対という結果だった。

結局，総選挙ではウリ党が民主化以後初めて過半数議席を獲得し，「与大野小」国会になった。政治的にはこれで決着がつき，5月14日に憲法裁判所も6対3で棄却した。政治的中立義務など「憲法や法律〔に対する〕違背」（§65-1）は認められるが，罷免するほど重大ではないという決定だった。この基準は17年3月に朴槿恵大統領に対する弾劾審判においてもそのまま援用された。

当時，弾劾訴追と政党解散の審判に関する各裁判官の個別意見は非公開だったが，認容（罷免）とした３名の裁判官が誰だったのかはのちに明らかになっているし，憲法裁判所法の改正によってすべての審判において個別意見が公開されるようになった。

米韓 FTA

３回目の大規模なろうそく集会は李明博大統領の就任直後に繰り広げられた。

現代（ヒョンデ）建設社長や国会議員２期を歴任し，ソウル市長として清渓川（チョンゲチョン）の復元やバス運行システムの再編などを成し遂げた李大統領は「大韓民国 CEO（最高経営責任者）」を自称した。08 年４月，米韓首脳会談を前に，米国産牛肉の輸入再開に合意し，米韓 FTA（自由貿易協定）の妥結を目指した。会談後，公共放送 MBC の「テレビ手帳」というドキュメンタリー番組で BSE（牛海綿状脳症）によって「狂牛」がまともに立っていられない映像が流れると，「自動車の輸出拡大と引き換えに，国民の健康や命を犠牲にするのか」という批判が高まり，ソウル市庁前の広場をろうそく集会が埋め尽くした。

李明博は次点者に対して 532 万票差で当選し，08 年２月の大統領就任時に 70％を超える支持率を誇っていたが，同年６月には 10％台にまで落ちた。まもなくして李は談話を発表，食の安全に関する心配を十分考慮できていなかったと謝罪し，米国に対して追加交渉に臨むことを約束した。

そもそも，米韓 FTA は前任の盧武鉉大統領が推進・調印したもので，世界金融危機のなかで早期批准が貿易依存度の高い韓国には必要であると李大統領は判断した。条約の批准には国会の同意が必要であり，08年総選挙の結果，「与大野小」国会だったが，与党内外の親朴派（朴槿恵支持）議員たちによって牽制された。

後日，「狂牛」映像はフェイクニュースであることが明らかになり，MBCは訂正と謝罪をおこなった。

曺国事態をめぐる2つの集会

最後に挙げる例は「曺国事態」をめぐる2つの集会である。

ソウル大学ロースクールで刑法・刑事訴訟法を教えていた曺国は，文在寅大統領の青瓦台（大統領府）に民情首席秘書官として仕え，憲法改正案を発表するなど信任が厚かった。民情首席秘書官とは，検察や警察など司直機関を総括するポストであり，次官級でありながら法務部長官を上回る影響力を行使した。

文在寅大統領は19年7月に，ソウル中央地検長として「積弊清算」を陣頭指揮してきた尹錫悦を検察総長（検事総長）に抜擢し，次いで9月に曺国を法務部長官に任命した。検察と法務部の両方に腹心を据えて「積弊清算」と「検察改革」を一気呵成に進めようとしたわけである。ところが，「特定の人物に対して忠誠を誓わない」という尹が曺の娘の不正入学疑惑に対する捜査を始めると，「生きた権力（現政権）」との対立が表面化した。曺はまもなくして辞任するが，競争の厳しい韓国社会において誰しもに敏感な入試をめぐって「公正」という価値が問われた。公正は進歩派が重視する点であり，特に若年層にとって切実である。

曺国は「江南左派」を代表する人物である。江南は韓国で地価がもっとも高いエリアで，社会経済的地位が高い層がマンションに居住している。SKY（ソウル大学・高麗大学・延世大学の英文頭文字）への進学率が全国でもっとも高く，曺の娘も高麗大学卒業後，ソウル大学大学院を経て，釜山大学のメディカルスクールに在学中だった。

この過程において曺国夫婦（夫人も大学教授）が不正を働いたという疑惑に対して，光化門前の広場で抗議の集会が開かれた。

一方，大検察庁（最高検察庁）がある瑞草でも集会が大通りを埋めつくして開かれ，「大統領の人事権に対する妨害」が非難され，「検察改革の貫徹」が謳われた。このように，2つの集会が同時におこなわれ，保守と進歩の陣営間対立を象徴した。

ろうそく集会はその後も事があるたびにみられ，ハロウィン梨泰院雑踏事故の責任追及の例が記憶に新しい。また，投票以外の政治参加が集会に限定されるわけでもない。ひとつだけ確実なことは，87年憲法のもと，ろうそく集会にさまざまな背景や主張の人びとが集まることで，政治が動き，評価されてきたということである。

3　1987年憲法における「民心」

直接民主主義的な要素

韓国も代議制民主主義を基本としているが，87年憲法には一部，直接民主主義的な要素が規定されている。

まず国民投票であるが，2つの類型がある。ひとつは，憲法改正の国民投票である。国会において「在籍議員過半数または大統領の発議によって提案」（§128-1）され，「在籍議員の3分の2以上の賛成」（§130-1）で議決されると，国民投票に付される。そこで「国会議員選挙権者過半数の投票と投票者過半数の賛成」（§130-2）が得られると憲法改正は確定され，大統領がただちに公付することになっている。最低投票率（50%）が明記されているのが特徴的である。この国民投票は87年憲法のもとではいちどもおこなわれていないが，87年憲法への改正も同じように国民投票に付され，投票率78.2%，賛成率93.1%で確定・公布された。

もうひとつは,「大統領は, 必要だと認めるときには, 外交・国防・統一, その他国家安危に関する重要政策を国民投票に付すことができる」(§72) という憲法条項である。盧武鉉大統領はこれを根拠に自らに対する信任投票を実施しようとしたことがあるが, 信任投票は許されず, 政策投票に限られるというのが憲法学の定説である。なお, 朴正熙大統領は72年憲法のもとで1975年に国民投票を実施し, 自らに対する信任を問うたことがある。

国民発案(イニシアチブ)や解職請求(リコール)は国レベルでは認められていない。地方レベルだと条例発案や解職請求が可能である。これらはいずれも地方自治体法など法律が制定・改正されることで導入された。そのほか,「住民に過度な負担を与えたり, 重大な影響を及ぼす地方自治体の主要決定事項」に関する住民投票制度も法律の制定・改正を通じて導入された。その代表例が済州(チェジュ)島の行政特別自治道への移行(2005年7月)やソウル特別市の給食費の無償化(11年8月)である。

なにより,「不義に抗拒した4・19理念を継承」した「我ら大韓国民」(憲法前文)がろうそく集会ではしばしば召喚される。第2章でみたように, 憲法のあり方が問題になる「憲法政治」の局面では, 主権者が自ら政治の前面に登場し, 歴史を主導する。

国民請願

憲法規定とは無関係に, 大統領の発案で試みられた国民の政治参加の型がある。

たとえば, 文在寅大統領は大統領府ウェブサイトに「国民請願」ページを設けた。韓国国民であれば誰でも匿名で要望や意見を書き込むことができ, 30日以内に20万件以上の推薦(いいね)を集めると, 大統領府のスタッフが書面または動画で回答するというものである。任期中に111万件の請願がおこなわれたが，回答要件を満たしたのはわずか293件である。最後の回答は「野良猫の虐待犯を厳罰に処すべき」という請願に対するものだった。ほかにも，平昌(ピョンチャン)オリンピックの女子団体追い抜きでチームメイトを置き去りにした選手から代表資格を剝奪(はくだつ)せよ，といった請願など，大統領の任務とは必ずしも合致しないものまで拡散・共鳴させる装置だった。

また，文大統領が在来市場（小売商が立ち並んだ市場）を訪れた際，「商売上がったりですよ。景気がちっともよくないんです」と答えた店主に対して，「大統領批判」と受けとめたムンパ（親文派）が「ショートメッセージ爆弾」を送り，個人情報を暴露するといった私刑(リンチ)を加えたことがある。これも，是非はともかく，国民，支持者，ファンの声がそのまま表出，暴走したものである。

尹錫悦大統領は政府部処（省庁）からの年例の業務報告の代わりに「国民と共にする民生討論会」を24年の年初から全国各地で開催している。タウンホールミーティング（対話集会）形式ではあるが，あらかじめ指定された者だけが意見を開陳でき，大統領が一方的に説諭するという構図である。4月の総選挙の前でもあったため，「政治的中立」義務違反という見方もある。

くしくも，「国民」「民生」を強調する一方で，文在寅も尹錫悦も，野党はおろか，与党に対しても一方的な態度であり，記者会見もほとんど開かないという共通点がある。

世論調査共和国

国民の意向，「民心」が数値で表されるのが世論調査である。韓国は「世論調査共和国」といわれるくらい世論調査が数多く実施され，幅広く用いられている。

定評があり，広く引用されるのは韓国ギャラップとリアルメーターの２社である。毎週１回，定期的に大統領の職務（国政）遂行，各政党の支持率，その時々の政策に対する評価などを尋ね，全国平均値だけでなく，年齢・男女・地域・イデオロギー別にも結果を伝えている。選挙結果とは別に，「直近の民心」が次々と「更新」「上書き」されていくわけである。

近年，雨後の筍（たけのこ）のように世論調査会社が乱立し，金儲けや争点化の手段にもなっている。第８章でみたメディアの分極化における渦中の人である金於俊（キム オ ジュン）も，TBS のラジオ番組「ニュース工場」の MC（司会者）から降板すると，同じ名前で YouTube を始めるとともに，「世論調査の花」という調査会社を設立したくらいである。

低い回答率やサンプリングエラーなど技術的な問題点が少なくないなか，誤差の範囲内でも「支持率が上がった／下がった」と派出に伝えるのがメディアの常である。さらに，CATI（調査員が尋ねる方式，韓国ギャラップ利用）と ARS（機械による自動音声を用いる方式，リアルメーター利用）といった調査方法の違いもあり，調査会社による差もみられる。

保守／進歩の二大政党に対する確固たる支持者とは別に，中道や無党派と自己規定する有権者が常に一定程度存在する。この層は争点によって支持する政策や政党を変えるし，そのつど揺れ動く。首都圏や若年層に多く，それによって勝敗が分かれることもある。世論調査はその動向を確かめるために欠かせず，政党の公職候補の選出にも広く活用されている。

「民心」と「党心」

世論調査が政党によって本格的に用いられたのは 02 年大統領選挙に際してのことである。第４章でみたように，与党・新千年民主党の大統領候補であった盧武鉉と新党・国民統合 21 の鄭夢準（チョンモンジュン）

の２名の支持率はどちらも，野党ハンナラ党の李会昌に大きく引き離されていた。そこで考案されたのが候補者一本化であり，そのために用いられたのが世論調査である。設問の仕方をめぐって最後まで綱引きがあったが，誤差の範囲内であっても，数値が高く出たほうに一本化することで決着した。結局，2.3 ポイント差で盧に決まった。与党と新党が候補者一本化で合意したことも異例であれば，世論調査を用いたことも画期的だった。

07 年大統領選挙は，盧武鉉大統領の支持率低迷や補欠選挙における与党の連敗などにより，野党ハンナラ党の党内予備選挙が事実上の「本選挙」であるとみられていた。ここでも一般国民を対象にした世論調査が用いられ，そこで優位に立った李明博が，代議員や党員による投票では上回った朴槿恵を抑えて候補者として選出された。「党心」より「民心」が帰趨を決したといわれた。

政党の公職候補者選出において「民心」，特に世論調査が重視されるようになったのは，本選挙における競争力，つまり党員や支持者よりも有権者一般からの人気が高いほうが「勝てる候補者」という意味で切実だからである。さらに，党内予備選挙で党員やコアな支持者だけが支持する極端な政策にコミットすると，本選挙や就任後，有権者一般と齟齬が生じやすくなるため，あらかじめ党内予備選挙で「民心」を問い，中道に寄るのは合理的ともいえる。

一方，「政党なくして近代民主主義は考えられない」といわれるなかで，政党（party）はそもそも何を代表するのかという根源的な問いも提示されている。特定の政党は社会の一部分（a part）しか代表できないし，だからこそ「複数政党制」（§8-1），ほかの政党との連携（partnership）が欠かせない。にもかかわらず，特定の政党の特定の人物だけが国民全体を代表していると名乗りを上げるようになると，ポピュリズムが蔓延することになりかねない。

4　代議制民主主義体制に対する評価

デモ・ボイコット・署名への参加経験

ろうそく集会が繰り返され，政治を動かしてきたのが韓国憲政史である。87 年憲法は代議制民主主義を基本にしているが，「不義に抗拒した 4・19 理念を継承」した「我ら大韓国民」（前文）が前面に登場する憲法政治の局面があった。

世界価値観調査によると，韓国ではデモへの参加経験や参加意向を示した回答はそれぞれ 10.2%，48.8%である。米国（16.6%と 54.8%）ほど高くないが，日本（5.8%と 32.7%）より高い値である。ここでは「デモ」という用語になっているが，「示威」「集会」の両方を含むものと理解される。ろうそく「集会」と呼ばれるのが一般的であるが，政治のありさまに対して「異論」を示す「示威」でもあることは明らかである。

ボイコットへの参加経験や参加意向を示した回答はそれぞれ 4.7%，47.0%である。ここでも，米国（21.1%と 47.4%）ほど高くないが，日本（1.8%と 25.9%）より高い値である。2019 年 7 月，日本政府が韓国に対する輸出管理体制を見直すと，「輸出規制」と受けとめ，「NO JAPAN」（日本製品不買運動）が韓国国民のあいだで拡がった。その結果，アサヒビールやユニクロの売上が激減した。

署名への参加経験や参加意向を示した回答はそれぞれ 17.5%，47.2%である。ここでは，米国（59.7%と 30.9%）だけでなく日本（50.8%と 25.0%）よりも下回る値である。参加経験の比率ではデモやボイコットを上回るものの，日米やその他諸国と比べて高いわけではない。調査時期は大統領府における「国民請願」が活発だった時期にあたる。

このように，デモ，ボイコット，署名という投票以外の政治参加について多国間比較のなかで検討すると，韓国は特に高いわけでも，低いわけでもない。

政党・議会・選挙に対する信頼

一方で，代議制民主主義の根幹をなす制度である政党・議会・選挙に対する信頼は低いほうである。

同じ調査によると，政党に対して「信頼する」という回答は24.5％であるのに対して，「信頼しない」という回答は３倍超の75.5％である。米国（11.1％対87.8％）より高いが，日本（25.6％対62.6％）と同じほどである。

議会の場合も，肯定的評価（20.7％）より否定的評価（79.3％）はおよそ４倍の水準である。肯定的評価は米国（14.8％対83.7％）より高いが，日本（31.1％対58.4％）より低い。

唯一，選挙に関してのみ，肯定的評価（64.3％）が過半数であり，否定的評価（35.7％）を28.6ポイント上回っている。否定的評価のほうが高い日本（41.4％対48.5％）や米国（38.7％対59.7％）とは異なる傾向を示している。

日米韓３か国比較において，韓国は選挙に対する信頼だけ絶対的にも高いほうだが，政党や議会に対する信頼は低いといえる。そもそも韓国憲政史において「大統領直接選挙制」は民主化の焦点であり，その後，選挙が政権取得のための「街で唯一のゲーム」として定着したことは間違いない。朴槿恵大統領の弾劾・罷免も，87年憲法が予定していた手続きに則っておこなわれた。

同時に，政党，特に保守／進歩の二大政党と両者が真正面から対立するアリーナ（闘技場）と化している国会に対する信頼は，多国間比較だけでなく，韓国内の時系列比較やほかの機関との比較においても低い。87 年憲法の改正案のなかで議院内閣制に対する支持が一貫して低いのも，政党と国会に対する不信に起因する。「帝王的」大統領制が問題になっても，大統領制を議院内閣制などほかの執政制度に変えるという議論にならないのはそのためである。

代議制民主主義以外の統治容認？

それだけでなく，韓国の場合，さらに深刻なのは，代議制民主主義に対する信頼が確固たるものではなく，ほかの政治体制を容認する姿勢がみられるということである。

同じ調査によると，現行の民主主義体制に対して「信頼する」という回答は 70.1%であるが，「信頼しない」という回答も 30.0%に達する。米国（81.5%対 14.4%）や日本（80.7%対 5.9%）と比べると，信頼は 10 ポイント以上低く，不信は 15 ポイント以上高い。

議会や選挙に煩わされることがない「ストロングマン」による統治を容認するという回答は 66.8%に達し，容認しないという回答（33.2%）の 2 倍である。米国（37.1%対 60.5%）や日本（27.2%対 57.1%）では容認しないという回答が過半数である。選挙によって選出された政党や議員が議会で審議し合意を形成していく過程は代議制民主主義や政党政治の核心であるが，そうした煩わしさを捨象した政治，強い指導者を望む声が大きいというのが特徴的である。

ほかにも，政府ではなく，「テクノクラート（専門家集団）」による統治をめぐっても二分する結果（53.0%対 47.0%）で，容認のほうがわずかに高い。米国（51.1%対 46.2%）や日本（38.6%対 40.0%）も容認する向きが少なくない。

韓国では「政治」と「国政」が区別されることが一般的であり，前者は国会の所在地と合わせて「汝矣島政治」と否定的に言及される場合が少なくない。それに対して，大統領がおこなう「国政」は，党派的対立を超絶した，国全体の未来に責任を負うものであるべきだというのである。こうしたなかだからこそ，李明博は「経済大統領」「大韓民国 CEO」を自称した。

代議制民主主義の現状

代議制民主主義や政党政治を根幹とする現代民主主義は直接民主主義の代替物では決してない。それ固有の価値があり，それ特有の機制がある。

「我ら大韓国民」が大統領や国会という代理人に「通常政治」を委任するのは，分業と専門化を期待してのことである。ただ単に物理的に一堂に会することができないからではない。その際，憲法を制定し，それら代理人に権限を授けると同時に，互いに牽制させることで均衡を図ろうとしたのが立憲主義的憲法である。韓国の 87 年憲法もそうした憲法のひとつである。

「複数政党制」（§8-1）を憲法で保障しているのも，社会におけるさまざまな利害や価値観をそれぞれ代表する諸政党が国会に集まって審議をおこない，合意を形成していくことが，代議制民主主義に欠かせないためである。その過程において，コストは当然にともなうものとして甘受する姿勢がそれぞれ問われている。「私（たち）」の一存だけで，即座に，すべてが叶うというのは，制度上，ありえない。

一方，「我ら大韓国民」という主権者は，代理人に対する委任を撤回し，「憲法政治」の前面に登場することがある。「不義に抗拒した 4・19 民主理念」（憲法前文）という規定が抵抗権を明示したものかどうかはともかく，ろうそく集会が反復され，そのつど憲法のあり方が問われるのは，韓国の代議制民主主義や政党政治のあり方を逆から照らし出しているといえる。

参考文献

宇都宮健児『韓国市民運動に学ぶ――政権を交代させた強力な市民運動』花伝社，2020年。
川瀬俊治・文京洙編『ろうそくデモを越えて――韓国社会はどこに行くのか』東方出版，2009年。
岸政彦・石岡丈昇・丸山里美『質的社会調査の方法――他者の合理性の理解社会学』有斐閣，2016年。
佐藤卓己『輿論と世論――日本的民意の系譜学』新潮社，2008年。
待鳥聡史『代議制民主主義――「民意」と「政治家」を問い直す』中央公論新社，2015年。
三浦まり・金美珍編『韓国社会運動のダイナミズム――参加と連帯による変革』大月書店，2024年。
水島治郎『ポピュリズムとは何か――民主主義の敵か，改革の希望か』中央公論新社，2016年。
ミュラー，ヤン＝ヴェルナー／板橋拓己訳『ポピュリズムとは何か』岩波書店，2017年。
文京洙『文在寅時代の韓国――「弔い」の民主主義』岩波書店，2020年。
吉田徹編『民意のはかり方――「世論調査×民主主義」を考える』法律文化社，2018年。

第10章

女性のいない民主主義

「イデナム」と「イデニョ」

尹錫悦大統領が大統領室で初めて主宰した首席秘書官会議。2022年5月11日（出所：韓国・大統領室）

女性は，意思決定がおこなわれるすべての場所に属しています。そこに女性がいることが例外であってはなりません。

女性2人目として米国連邦最高裁判所裁判官に就いた
ルース・ベイダー・ギンズバーグ（在任：1993～2020年）の
米紙『USA TODAY』とのインタビュー（2009年5月）

本章のポイント

✓女性を「いない」ものにしてきたのは誰か。どのような機制が働いているのか。
✓クオータ制は女性の社会進出を促すか。
✓20代の男女のあいだで支持政党や選好する政策が異なるのはなぜか。
✓「非婚」と「未婚」の決定的な違いとは何か。
✓社会経済的地位の「相続」は何が問題なのか。

キーワード

クオータ制，#MeToo運動，「正常家族」イデオロギー，母親ペナルティ，合理的「調整」

1　政治における女性

選出職における女性

男女普通選挙権が実現して韓国国民が最初に投票したのは，48年憲法の制定を担う制憲国会（憲法制定後は第1代国会〔1948～50年〕として機能）の議員198名を選出した際である。948名の立候補者のうち女性は19名で，当選者はゼロだった。女性初の国会議員は李承晩（イスンマン）大統領によって初代商工部長官に任じられた任永信（イムヨンシン）であり，49年補欠選挙で大韓女子国民党から当選し，50年総選挙で再選した。

「世界の半分は女性」とはいえ，選出職における女性は，87年憲法においても極めて少ない。大統領は20代・13名のうち朴槿恵（パククネ）大統領ただ1名である。独自の功績がないわけではないが，韓国では珍しい二世政治家であり，父の朴正熙（パクチョンヒ）大統領に対する郷愁が支持を後押ししたのは事実である。国会議員は，88年総選挙から2000年総選挙まで，女性の比率は一桁台であり，比例代表にクオータ制が導入された04年総選挙で初めて10%を超え，24年総選挙において地域区36名，比例代表24名，計60名で，初めて20%台になった。

地方の首長も，いまだ男性が独寡占しているのが現状である。広域自治体の市長・知事は選挙が8回実施されているが，女性首長はまだ，ひとりも誕生していない。小中高の教諭の人事権や学校行政を担い，「教育大統領」に比せられる教育監（教育長）も，住民による直接選挙へと制度が変更されて以降，10年（1名：釜山（プサン）），18年（2名：蔚山（ウルサン）・大邱（テグ）），22年（2名）の延べ5名（18年・22年は両市とも連続当選）だけである。

基礎自治体の市長・郡守・区長も，1995年（1名）・98年（0名）・2002年（2名）・06年（3名）・10年（6名）・14年（9名）・18年（8名）・22年（7名）の8回でわずか36名にすぎない。

大統領・国会，広域自治体・基礎自治体の首長に関する限り，「世界の半分」にすぎない男性が過大代表されているどころか，政治市場を独寡占している状況である。

政府・司法における女性

大統領以外の政府ポストや司法も同じである。

まず大統領秘書室長である。87年憲法において8名の大統領に仕えた秘書室長は31名いるが，女性はゼロである。「大統領の命を受け，行政各部を統括する」（§86-2）国務総理（首相）も，29名のうち女性は盧武鉉（ノムヒョン）大統領に仕えた第37代の韓明淑（ハンミョンスク）だけである。

行政各部（省庁）の長官を兼ねる国務委員（閣僚）の場合，韓国紙のハンギョレが22年7月に公表したデータによると，1948年以降，歴代927名のうち女性は59名のみで，わずか6.4%にすぎない。企画財政部・行政安全部・農林畜産食品部・統一部・国防部はすべてゼロで，科学技術情報通信部・産業通商資源部・外交部・雇用労働部・国土交通部・海洋水産部も1名ずつしかいない。金大中（キムデジュン）大統領のイニシアチブで2001年1月に設置された女性部（その後，組織再編があり，10年3月以降，女性家族部）は25名全員が女性で，事実上「女性枠」になっている。先のデータからこれを除くと，3.7%となる。

歴代大統領における女性長官の数は，任期を通じて，盧泰愚（ノテウ）（4名），金泳三（キムヨンサム）（8名），金大中（9名），盧武鉉（5名），李明博（イミョンバク）（6名），朴槿恵（5名），文在寅（ムンジェイン）（13名）である。尹錫悦（ユンソンニョル）大統領の場合，就任時，18名の長官のうち女性は3名（環境部・中小ベンチャー企業部・女性家族部）で16.7%だった。大統領室も，室長や首席秘書官など次官級以上に女性はひとりもいなかった。

大法官（最高裁判所判事）には金英蘭（キムヨンラン）が04年8月に初めて就任して以降，24年2月の申淑憙（シンスッキ）まで女性は9名しかいない。憲法裁判所裁判官も似たような状況で，全孝淑（チョンヒョスク）が03年8月に初めて就任して以来，23年4月の鄭貞美（チョンジョンミ）まで女性は6名しかいない。そのうち5名は大法院長（長官）による指名であり，大統領が選出したのは文在寅大統領の李美善（イミソン）裁判官1名しかおらず，国会選出はゼロである。大法院長や憲法裁判所所長には，女性はまだ就いていない。

クオータ制の導入

公職選挙法が改正され，04年総選挙からクオータ制が導入された。比例代表では女性を50%以上公認することが義務化された一方，地域区では女性を30%以上公認するように「努力する」にとどまっている。これにより，各政党は比例名簿の奇数順位には女性，偶数には男性を記載するようになり，それ以降，比例代表で選出される議員の過半数は女性になった。24年総選挙において比例配分議席46議席のうち24議席は女性である。

一方，地域区は，小選挙区制であり二大政党から公認を得るのも難しく，女性の当選者は2000年総選挙まで一桁台にとどまっていた。04年総選挙で初めて二桁台（10議席）に乗り，16年総選挙で20議席を突破，24年総選挙には36議席（全254議席のうち14.2%）に達した。比例配分議席と合わせると60議席で，全300議席のうち20%，第22代国会（24～28年）は韓国憲政史上もっとも多くの女性の国会議員が立法活動に携わっている。

しかし，立候補者数，政党の公認者数をみると，699 名のうち 99 名で，14.2％にすぎない。努力義務の 30％の半分にも及ばず，20 年総選挙（19.1％）からも後退した。政党間に差がみられ，「国民の力」（11.8％）と「共に民主党」（16.7％）の二大政党は落第点である。

地域議会においても比例代表では同じように政党名簿が作成されている。比例代表配分議席が極端に少ないため，22 年地方選挙において，広域自治体では 62.4％，基礎自治体では 90.2％が女性議員である。一方，地域区では，広域自治体では 14.8％，基礎自治体では 25.0％しか女性議員がいない。

改善されないままのジェンダーギャップ

世界経済フォーラムが 06 年以降毎年発表している世界ジェンダーギャップ報告書によると，24 年現在，韓国は 146 か国のなかで 94 位であり，118 位の日本と同じような課題が指摘されている。

日韓両国ともに「教育」や「健康」では良好な評価だが，「政治的エンパワーメント」や「経済的な参画や機会」では低い評価である。前者は，議員や閣僚における女性の比率や過去 50 年間で女性が国家元首を務めた期間で測定される。韓国の場合，朴槿恵大統領誕生ゆえに順位は日本より高いが，絶対値ではいずれも低い。後者は，労働参加，同一労働同一賃金，所得，管理職比率，専門職比率で測定される。日韓両国ともに労働参加や所得における男女差が依然として大きく，女性の管理職比率は著しく低い。

21 年時点で，国の高位公務員（日本の「指定職」相当）に占める女性の比率は 10.0％にすぎず，課長級まで広げても 24.4％にとどまっている。地方でも，課長級以上の職位に就いている女性公務員は24.3%しかいない。

一方，近年，一部の職域では女性の活躍が目立っている。たとえば，キャリア外交官では女性が毎年，合格者の70%近くを占めるが，一方の性が30%を下回らないように採用するという両性平等採用目標制（女性発展基本法によって1996年から施行）によって，逆差別を受けているのはむしろ女性であるといわれるくらいである。

韓国の官僚は公務員試験によって採用される。大統領が交代すると，高官は政治任用されるが，米国のように猟官制というわけではない。むしろ，政治権力の担い手が党派的に変わろうとも，組織として独自の選好を有すると同時に，専門家集団として人材プールを提供するのが官僚制である。そこに女性が少ないと，政治的代表において偏りが生じるのは当然である。

2　有権者としての女性

「低かった」投票率

有権者としての女性は男性と違いがみられるだろうか。まず投票率から検討する。大統領選挙，総選挙，地方選挙を問わず，当初，女性の投票率は男性より低かったが，近年はむしろ男性を上回っている。

1987年大統領選挙は民主化で勝ち取った「直接選挙制」ということもあり，投票率は89.2%に達した。そのうち，男性は89.8%，女性は88.5%で，その差は1.3ポイントだった。92年，97年，2002年も1ポイントほど女性の投票率のほうが低い状況が続いたが，07年大統領選挙でほぼ同じになった。その後，12年大統領選挙で女性（76.4%）のほうが男性（74.8%）より1.6ポイント高くなり，17年，22年でも続いている。

総選挙は大統領選挙と比べると投票率が低い。大統領制において，執政長官を選出して政権交代をもたらす大統領選挙が第一次選挙で，それ以外は第二次選挙となり，投票率が相対的に低いのは一般的な現象である。1988 年総選挙の投票率は 87 年大統領選挙に比べると 13.4 ポイント低い 75.8%だった。そのうち，男性は 76.8%，女性は 74.7%で，その差は 2.1 ポイントだった。男女の差は大統領選挙より開いていて，その後も 2 ～ 4 ポイントの差があった。いちばん差が大きかったのは 2008 年総選挙で，女性（44.3%）のほうが男性（48.1%）より 4.1 ポイント低かった。20 年総選挙で初めて逆転し，女性（66.7%）の投票率が男性（66.3%）よりも 0.4 ポイント高い。

地方選挙においても同じ傾向がみられる。全国同時地方選挙が初めて実施された 1995 年地方選挙の投票率は 68.4 %，男性（76.8%）は女性（74.7%）より 2.2 ポイント高かった。その後も 1 ～ 4 ポイントの差があったが，2002 年地方選挙においていちど逆転し，女性（51.4%）の投票率が男性（51.2%）よりも 0.2 ポイント高かった。06 年地方選挙で再び逆転し，男性のほうが高くなったが，18 年にまた女性のほうが高くなり，22 年地方選挙では男性に 1.9 ポイントの差をつけている。

フェミニズムの争点化

男女の差，ジェンダー規範，フェミニズムが政治的に争点化したのは，「フェミニズム大統領」を自称した文在寅の在任中である。

#MeToo 運動が社会のそこここで展開され，映画監督やスポーツ指導者，検事などが次々に告発され，欺瞞が暴かれた。こうしたなか，共に民主党の党内予備選挙で文に次いで 2 位につけ，次期大統領候補を期待された忠清（チュンチョン）南道知事の安熙正（アンヒジョン）が，女性秘書に対

する性的暴行の加害者として告発されて辞任し，その後，大法院（最高裁判所）で３年６か月の懲役が確定した。法廷でも「被害者らしさ」が問われるなど二次被害が発生したが，最終的に「性認知（ママ）感受性（gender sensitivity）」の重要さが確認された。また，人権弁護士の出身で参与連帯という市民団体をリードし，10 年以降，3 期目を迎えていたソウル市長の朴元淳（パクウォンスン）も，女性秘書に対するセクハラ容疑が提起されるなかで自ら命を絶った。その際，共に民主党の女性議員や女性運動団体の幹部らは，告発した元秘書を「被害者」ではなく「被害を訴えている人」と呼称するなど，ダブルスタンダードが問題になった。共に民主党出身で初めて釜山市長に就いた呉巨敦（オゴドン）もセクハラで辞任し，懲役３年の刑に服した。

一方，こうした流れに対するバックラッシュも顕在化している。ソウル市長・釜山市長の補欠選挙（21 年４月）に圧勝した国民の力は同年６月にハーバード大学出身で 36 歳の李俊錫（イジュンソク）を党代表に選出した。当時，李は院外（16 年総選挙・18 年補欠選挙・20 年総選挙で落選）だったが，MZ 世代の男性から支持を集め，党員を一気に 10 万人以上増やすなど旋風を巻き起こした。「男女間で構造的差別はもはや存在しない」と明言するなど，ジェンダー平等やフェミニズムへの「アンチ」を正面から掲げた。

尹錫悦も 22 年大統領選挙に際して「女性家族部の廃止」を掲げるなど，この動きに便乗した。政府部処の再編には政府組織法の改正が必要であるため，「与小野大」国会で過半数議席を占める共に民主党の反対によって実現していない。

保守化するイデナム／進歩化するイデニョ

ジェンダー平等やフェミニズムの運動，そしてバックラッシュが起きるなかで「イデナム」（20 代男性）と「イデニョ」（20 代女性）

の政治志向は完全に分かれた。イデナムが保守化する一方で，イデニョは進歩化した。

そうした傾向は20年総選挙，22年大統領選挙，24年総選挙において確認されている。20年総選挙の地域区において，イデナム，イデニョともに，共に民主党の候補者に対する支持が国民の力を上回っていたが，イデナムでは得票率7.2ポイントの差（47.7%対40.5%）にすぎなかったのに対して，イデニョでは38.5ポイントも差（63.6%対25.1%）がついた。22年大統領選挙になると，イデナムとイデニョの支持は逆の方向を向くようになった。イデナムでは，国民の力の尹錫悦の得票率は58.7%で，共に民主党の李在明の得票率（36.3%）を22.4ポイント上回っている。一方，イデニョでは，尹（33.8%）より李（58.0%）の得票率が24.2ポイント高い。投票率も，イデニョ（68.4%）のほうがイデナム（62.6%）より5.8ポイントも高い。24年総選挙でも同じ傾向が確認される。なかでも特徴的なのは，国民の力の代表だった李俊錫が尹大統領と対立し離党，結成した改革新党に対する評価の差である。改革新党は比例代表において3.6%を得票し，2議席を獲得したが，イデナムからは全年齢層のなかで最多の16.7%の支持を集めた（以上，テレビ局3社による合同出口調査）。

韓国政党学会が22年1月に発表したサーベイ調査（11点尺度において10がもっとも保守的で0がもっとも進歩的，5が真ん中〔中道〕）の結果でも，イデナムは全年齢層でもっとも保守的（5.87）である一方，イデニョ（4.60）は40代男性（4.40），50代男性（4.54），40代女性（4.59）に次いで進歩的であるという。こうした20代男性の相対的な右シフト，20代女性の相対的な左シフトは全世界的にみられるが，韓国の場合，イデナムは絶対的にも保守のなかでさらに保守化している一方で，イデニョは絶対的にも進歩のなかでさらに進歩化しているのが特徴的である。

分岐の契機

こうしたイデナムとイデニョの政治志向が分岐した背景には，世代区分と同じように，青年期における共通した経験，さらには将来に対して分かち持っている不安や絶望があると考えられる。

86世代とは異なり，2010年代後半から20年代にかけて高校を卒業した20代，Z世代の場合，男女間で大学進学率に差はない。86世代が誇る民主化運動において，「運動圏」内部の女性差別や性暴力は「大義」のために隠蔽され，甘受すべきコストとされたが，個人が集団のために犠牲になってはならないというのは，1990年代，民主化運動から自立した女性運動の大原則である。第2次世界大戦中に日本軍の慰安婦だったと金学順（キムハクスン）がカミングアウトしたのは91年8月14日（2018年以降，「日本軍慰安婦被害者をたたえる日」として記念されている）のことだった。これ以降，慰安婦問題は日韓関係における争点にもなった。

こうした女性運動が制度的に結実したのが2001年の女性部の発足である。女性部は女性の権益伸長というよりジェンダー平等を実現するべく，雇用や育児などさまざまな分野で法制度の改正や意識の改善に努めてきた。そのなかでも，1988年に制定された男女雇用平等法はなんども改正され，採用・昇進・賃金など職場におけるあらゆる差別の禁止やワークライフバランスの促進などが図られた。

しかし，正規職／非正規職の雇用形態，ケアワーク（家事・育児・介護など）の従事時間など，男女間の構造的格差は厳然と残っている。男性と同じように大学で学び，社会人として懸命に働いているのに，ただ女性という理由だけで差別や不条理に依然として直面せざるをえないイデニョが，独自の行為主体（エージェンシー）として政治の舞台に自ら登場しているのは当然のことである。

3 「経断女」から「私のことは私が決める」へ

『82年生まれ，キム・ジヨン』

ひとりの韓国人女性の生きざまを描き，世界各地で反響を呼んだのが『82年生まれ，キム・ジヨン』という小説である。「キム・ジヨン」という名前は1982年生まれの韓国人女性でもっとも多いという。2016年に原作が刊行された当時，ジヨンは34歳，2000年に大学進学，卒業後に就職し，結婚，出産にともなって退職した「経断女（経歴断絶女性）」のひとりである。

小説全体が精神科医のカルテだったという構成が最後に明らかになるが，夫以外の男性は全員，名前が（与えられてい）ない。これは，男性の娘／妻／母としてのみ呼ばれる女性のありさまをそっくりそのまま相手に投影するミラーリング戦略である。韓国では，結婚しても夫婦は別姓のままだが，そもそも女性が結婚することを「시집가다（夫の家に行く）」と表現する慣行がいまでも残っているように，「家」における男女の役割規定，ジェンダー規範が依然として頑強である。もちろん，第6章でみたように，戸主制が廃止されるなど法律上「家族のかたち」は様変わりしたが，「婚姻と家族生活」における「個人の尊厳と両性の平等」（§36-1）には課題が多い。ジヨンがベビーカーに子どもを乗せて公園でコーヒーを飲んでひと息ついていると，「俺も旦那の稼ぎでコーヒー飲んでぶらぶらしたいよなあ……ママ虫もいいご身分だよな……」（pp.183-184；傍点は引用者）という男性の声がふいに耳に入った。「ママ虫」というスティグマ（負の烙印）化などでジヨンは心身ともに疲弊し

コラム 10　**良設定問題**

『82年生まれ，キム・ジヨン』というキャラクターの設定には作家チョ・ナムジュの戦略が反映されている。キム・ジヨンは原著刊行の2016年当時，36歳であり，現在は86世代とMZ世代に「挟まれた世代」の40代半ばである。彼女がソウルの大学に進学した2000年，女子の大学進学率は43.5%であり，男子（47.0%）との差はほぼなくなっていた。

むしろ大きいのは2年制の「専門大学」との違いや，同じ大卒でも，「インソウル」と「地雑大」の落差である。同い年の女性でも，学歴や居住地の差はその後の人生において大きな影響を及ぼすし，なにより，親の社会経済的地位が世代を超えて子どもに継承されているのが韓国社会である。

てしまう。

日本語版の表紙は鏡に映った自画像のようだが，顔が描かれていない。英語版やドイツ語版などでもこのモティーフが踏襲されている。名前が奪われ，顔をなくし，自分を見失ってしまう歴史（history = his story），いや，彼女の物語（her story）は，『千と千尋の神隠し』（宮崎駿監督）や『ムーミン谷の仲間たち』（トーベ・ヤンソン著）などでも描かれている。

ケアワークをめぐる構造

夫婦間で女性のほうがケアワークに費やす時間が圧倒的に長い。「家事は女の仕事」というジェンダー規範による部分はもちろんあるが，男女間で賃金格差が大きいと，賃金の低いほうがケアワークに従事することは経済的に「合理的な」選択になる。OECD（経済協力開発機構）のデータによると，男女間の賃金格差は韓国がもっとも高く，平均の2倍を超えている。キャリアとケアワークをど作家はこの重層的な亀裂のなかであえて男女の「カテゴリカルな違い」「構造的な差別」だけに焦点を当てた。そのため，学歴や居住地（ソウル市内のマンション！）では「平均以上の」設定にしたという（18 年刊行のコメンタリー版を参照）。

高卒男性のほうがキツイ。「ソウルでなければ，すべて地方」という構造を見落としている。男性のほうがむしろ逆差別されている。さまざまな批判が出たが，そもそも，「あれか，これか」という問題ではない。

「あれも，これも」問題という状況のなかで，解決に向けて，どのように共に，同時に，取り組むのか。問題を正しく設定（well-posed problem）しないと解けないし，解いても意味がないという。

のように両立させるのかは本来，夫婦にとって共通の課題のはずだが，出産にともなって経歴が断絶し，女性が育児にあたるという「経断女」，年齢・男女別の雇用者率において 30 代女性だけ低くなるという「M 字カーブ」になってしまうのは，構造的な問題があるということである。

こうしたなか，2010 年代前半は 1.2 前後だった出生率は 15 年以降，減少の一途をたどり，23 年には 0.72 を記録した。OECD38 か国（22 年現在，平均値は 1.51）のなかで 1 を下回っているのは韓国だけである。韓国の出生率が人口置換水準（長期的に人口を維持するうえで必要な出生率）といわれる 2.07 より低くなったのは 1983 年だが，その頃はまだ「2 人でも多い」という出生抑制政策が続いていた。出産奨励政策に舵を切ったのはようやく 2005 年のことで，「パパ，ひとりはイヤだ。ママ，きょうだいがほしい」が標語になった。

21 年現在，初婚年齢は男性 33.4 歳，女性 31.1 歳であり，11

年と比べると，それぞれ1.5歳，2.0歳，遅くなった。平均出産年齢は33.4歳で，これも10年間で2.0歳遅くなった。一方，生涯非婚率（50歳時点の非婚率）は20年現在，男性は16.8%，女性は7.6%であり，25年にはそれぞれ20.7%，12.3%に達すると推計されている。

韓国も日本と同じで婚外出産率が2.9%（21年現在）と低く，同性婚は合法化されておらず，養子縁組も認められていないため，「非婚」（結婚することが前提になっている「未婚」とはまったく異なる概念）が進むと出生率がさらに低下することが予想される。

「非婚」「無子」という自己決定

有配偶者出生率（結婚している夫婦から生まれる子どもの数）も，2000年代，15年の1.50をピークに下がり，20年には1.13まで落ちている。子どもを望まない夫婦も増えている。晩婚化や非婚化だけでなく，無子化も進むと，少子化は当然の帰結である。

そもそも，結婚するかどうか，子どもを持つかどうかは，それぞれの夫婦，個人の自己決定事項である。にもかかわらず，「適齢期」になれば結婚し，子どもを持つのが当然とみなされてきた。しかも，家を継ぐべき男児に対する選好が高く，男児の出産こそ「嫁の務め」ともされた。そうした「正常家族」イデオロギーに対して，女性たちは非婚や無子，セックス拒絶というかたちで抗議しているともいえる。

自らのキャリアや他人から干渉されないライフスタイルを重視する女性が増えているなか，「経断女」「M字カーブ」が近年，緩和している。事実，独身でキャリアを続ける女性は，結婚して子どもがいる女性と比べると，収入が落ちないというデータがある。23年にノーベル経済学賞を受賞したゴールディンによると，男女間の賃金格差はいまや，教育水準やキャリア選択の差ではなく，「母親ペナルティ（motherhood penalty）」によるものであるという。韓国では「出産ペナルティ」と訳出される場合が多いが，「未婚」と同じように，出産と育児を混同している。出産は女性しかできないが，育児をパートナーのあいだで衡平に分担していれば，たとえ休職や昇進の遅れによる「ペナルティ」が生じるとしても，「母親」だけに集中するはずがない。

2020 年代に入り，女性の投票率のほうが男性より高く，特にイデニョはイデナムとは異なる性向を示している。そうしたなか，非婚や無子という女性たちの選択は，「足による投票」（自治体による住民サービスを評価して居住地を変えること）ならぬ，「身体による投票」，つまり，「私のことは私が決める（My body, my choice）」という主張（クレイム），当然の自己決定にほかならない。こうした「発言」を無視し続けると，やがてその組織――企業であれ，国家であれ――から「離脱」が起きるが，少子化はその前兆かもしれない。

少子化「問題」

少子化が高齢化と同時に起きると，生産年齢人口（15 歳から 64 歳まで）が減り，従属人口比率（15 歳以下の年少人口と 65 歳以上の高齢層の合計が生産年齢人口に占める割合）が高くなる。賦課方式の年金は，保険料（9%），所得代替率（42.5%），支給開始年齢（65 歳）に関して抜本的な制度改革をおこなわない限り，2054 年にも破綻するといわれている。少子高齢化が問題なのは，社会の持続可能性，さらには社会そのものが成り立たなくなるからである。

一方，個人にとって，生まれ落ちる親や家庭環境は常にすでに「ガチャ（Given Family）」であるとしても，結婚や出産は本来，仕事や余暇と同じく，自ら選ぶことができる「私的な事項」である。血のつながりはなく，法的には保護されていなくても，一緒に生きていくことを互いに決めた人たち，特にLGBTQ＋など性的マイノリティのカップルは自ら，「この家族（Chosen Family）」と名乗ることがある。そうした個人の選択，自己決定が集合体レベルで集計されると「問題」になる場合があるが，本質的には個人の自由である。

こうした個人の自由と集合体のあいだで不可避的に発生する課題を解決するのが本来，政治の役割であり，「公的領域／共同体／民主共和国（res publica）」の存在理由でもある。「個人的なことは政治的だ」というのは1960年代のフェミニズム運動のスローガンだったが，「2024年・韓国」においても切実である。政治は汝矣島（国会の所在地）だけでなく，「家内」にも職場にも教室にも，そこここに遍在しているのである。

4　社会階層と世代

男性限定の徴兵制

「すべての国民は法律の定めるところにより国防の義務を負う」（§39-1），「誰であれ兵役義務の履行によって不利益な処遇を受けない」（§39-2）と憲法で定められているが，兵役義務があるのは男性だけである。BTSのメンバー全員が2023年12月までに相次いで入隊したように，韓国人男性は全員，19歳になると検査を受けて，「適格」と判定されると，20歳から入隊しなければならない。学業などを理由に入隊の時期を28歳まで延期できるが，免除はオリンピックでメダル，アジア大会で金メダルを獲得するなど「国威発揚」に貢献した場合に限られる。K-POPの世界的普及という貢献を認め，BTSにも特例措置をとることが提案されたが，賛否が割れた。

兵役期間は，陸軍・海兵隊が 18 か月，海軍が 20 か月，空軍が 21 か月である。月給（手当を含む）は除隊時の兵長で最大 165 万ウォンである。兵営内でスマホも使えるようになるなど，処遇は改善されているが，経歴に実質的な空白が生じるという部分は何も変わっていない。

大学生の場合，海外留学やインターンなど就職に必要な「スペック」を身につけるべき絶好のタイミングに休学をし，上意下達の異世界に入るというのは学業断絶にほかならず，自由剥奪（はくだつ）にも映る。

男性限定の徴兵制は法の下の平等に反するとして憲法訴願が提起されたが，憲法裁判所は 10 年 11 月に合憲と決定した。違憲とする個別意見もあったが，法廷意見では「男性のほうが平均的に女性より身体能力が高い」ということが徴兵制を男性に限定する合理的な理由として挙げられたが，カテゴリカルな差別ではないかという批判もある。せめてもの「補償」だった公務員試験応募時の点数の加算制度は，憲法裁判所が 1999 年 12 月に平等権違反として違憲と判断したため，廃止されて久しい。

ポリティカル・コレクトネス

「未婚」ではなく「非婚」，「躾（しつけ）／指導」ではなく「家庭内暴力（ドメスティック・バイオレンス）／校内暴力」，「不法滞在者」ではなく「未登録滞留者」と認識し，呼称するのが正しいとする「ポリティカル・コレクトネス」が社会生活のそこここで求められるようになった。かつて「当然視されていたこと」「一方の当事者だけが我慢や泣き寝入りを強いられていたこと」も，その基準や線引きがそのつど正され，改まってきたのは明らかに社会正義に合致する。そのなかで「不便さ」を感じる層は，それまで不当に優遇されてきたといえる。

一方，行き過ぎも懸念され，不信や対立がみられる。米国では

「反ポリコレ」「リベラルの欺瞞」を助長してトランプが大統領になった。韓国でも36歳にして国民の力の代表に就任した李俊錫が「男女間で構造的差別はもはや存在しない」と主張すると，イデナムは「それは86世代の問題だ」「下の世代にツケを回すな」と呼応した。

イデナムもイデニョも，Z世代は86世代の子ども世代にあたる。86世代は民主化運動の功績ひとつで，その後，なんども優遇された一方で，いまや「既成世代（既得権益）」であるにもかかわらず，「俺たちが若かった頃はだな……（라떼는 말이야）」とウエカラ目線で説経を垂れる「オワコン（꼰대）」に映っている。こういうマンスプレイニング（man と explain を合わせた用語で，男性が相手を見下して知識をひけらかす行動や態度）こそ正すべきだが，それは自分たちの責任ではないというのである。

江南（カンナム）駅ミソジニー（女性嫌悪）殺人事件（16年5月17日）についても，無差別殺人であって，ミソジニーが原因ではないと考えているイデナムは少なくない。こういった層は，女性が髪をショートカットにしていると，「フェミ」だと決めつけて非難したり，アニメで女性キャラクターが人差し指の関節を曲げるシーンについて，男性器が愚弄されたとして反発したりする。

社会経済的地位の世代間継承

学歴，職業，収入，財産，居住地など親の社会経済的地位（SES）によって子どものライフチャンスが左右される時代である。大学進学率は，親が大卒の場合，高卒と比べると高く，首都圏に居住していると，「インソウル」（ソウル所在の大学）に進学しやすい。地方に居住していると，自宅から通学できる「地雑大」（地方にある雑多な大学）にしか進学できない場合も少なくない。大卒，そのなかでもインソウルは，地雑大や高卒に比べると，「まともな仕事（ディーセント・ワーク）」に就きやすく，高収入も期待できる。収入が高いほど婚姻率が高く，「勝ち組」同士のパワーカップルになる傾向がみられる。いまや教育を通じた階層移動の梯子が外され，親の SES は子どもへと世代間継承されているのである。しかも，低 SES だと非婚者になる可能性が高いため，「社会的再生産」も制約される。

こうした世代間継承や相続は，マンションなどの不動産，読書や旅行の経験といった文化資産も含めた資産の多寡が決定的である。「金持ちの子どもは銀のスプーンを口にくわえて生まれる」という英語の表現，階級社会のイギリスに倣（なら）って，韓国ではダイヤモンド・金・銀・銅・土の「スプーン階級論」が問題になっている。そのなかで恋愛・結婚・出産・就職・家・健康・人間関係などさまざまなことを諦めざるをえない「N 放世代」，さらには「この人生はおしまいだ（이생망〔이번 생은 망했다〕）」という絶望にまでいたっている。

「機会は平等に，過程は公正に，結果は正義に見合うものでなければならない」というのは文在寅大統領の就任演説の一節だが，親の SES によって機会がまるで異なる。同じ 20 代，同じ Z 世代といっても，男女だけでなく，SES などさまざまな断層が走っている。文の側近出身で 24 年総選挙において旋風を巻き起こした曺国（チョグク）元法務部長官をめぐって韓国社会が真っ二つに割れた契機は，娘の不正入学への加担が公正に反しているという「声（ボ）＝異論（イ）＝発言（ス）」だった。

合理的「調整」

86 世代と MZ 世代の世代間対立にせよ，イデナムとイデニョの世代内対立にせよ，「対立」は注目され，政治的にも利用されやすい。より構造的な問題や本質的な課題よりも，目につく対立で自分と立場が異なる相手を双方「敵」と認識し，非難しやすい。

日本では24年4月から「障害のある人への合理的配慮の提供」がすべての事業所で義務化された。視力が悪くても眼鏡があれば社会生活に支障がないように，障害を「個人の能力の欠如」ではなく，「社会的バリアの除去」という観点から捉え直し，障害者も非障害者も共に生きることができるようにすることが「合理的配慮（rational accommodation）」の趣旨である。そもそも，accommodateには「（必要なものを）提供する」「便宜を図る」だけでなく，「（不一致・相違などを）調整する」「（対立などを）和解・調整させる」という意味がある。「健常者」が障害者に対して一方的に恵みを施すというものでは決してない。問われているのは合理的「調整」であり，ノーマライゼーションである。

フェミニズムやジェンダー平等，「性と生殖に関する健康と権利」において問われているのも，個人の自由や平等であって，男性や異性愛の否定や排斥ではない。にもかかわらず，「そもそも何が問題なのか」が錯綜すると，運動／闘争や応答も歪み，個人も社会全体も行き詰まってしまいかねない。

「女性のいない民主主義」は，「いる」のに「いない」ものとしてきた，いても「私的な事項」としてのみ位置づけてきた，その「声」を無視し，押しつぶしてきたことが問題である。政治学においても，男性を中心とした政治のありさまを「普通」とするのではなく，女性，マイノリティ，まだ生まれていない未来世代などに「普(あまね)く通じる」のか，その基準から根源から不断に見直すことが欠かせない。

参考文献

有田伸『就業機会と報酬格差の社会学――非正規雇用・社会階層の日韓比較』東京大学出版会，2016 年。

岡野八代『ケアの倫理――フェミニズムの政治思想』岩波書店，2024 年。

ゴールディン，クラウディア／鹿田昌美訳『なぜ男女の賃金に格差があるのか――女性の生き方の経済学』慶應義塾大学出版会，2023 年。

斎藤真理子編『完全版 韓国・フェミニズム・日本』河出書房新社，2019 年。

チョ・ナムジュ著／斎藤真理子訳『82 年生まれ，キム・ジヨン』筑摩書房，2023 年。

鄭喜鎭編／権金炫怜，鄭喜鎭・棡砦昫・ルイン著／申琪榮監修／金李イスル訳『#MeToo の政治学――コリア・フェミニズムの最前線』大月書店，2021 年。

富永京子『みんなの「わがまま」入門』左右社，2019 年。

ハーシュマン，A.O.／矢野修一訳『離脱・発言・忠誠――企業・組織・国家における衰退への反応』ミネルヴァ書房，2005 年。

前田健太郎『女性のいない民主主義』岩波書店，2019 年。

柳采延『専業主婦という選択――韓国の高学歴既婚女性と階層』勁草書房，2021 年。

World Economic Forum
https://www.weforum.org

第 11 章

第三極の模索

階級政治の「現住所」

「鳥は左右両方の翼があってこそ飛べる」（出所：Wikimedia Commons）

第三身分とは何か。――全てである。第三身分は，これまで何であったか。――無であった。第三身分は何を要求しているのか。――何がしかのものになることを。

シィエス（稲本洋之助・伊藤洋一・川出良枝・松本英実訳）
『第三身分とは何か』（岩波書店，2011 年，p.9）

本章のポイント

✓社会におけるさまざまな利害や価値観は，「いくつ」政党があれば十全に「代表」されるのか。
✓近年，世界各国で「左派」政党が振るわないのはなぜか。
✓世代によって保守／進歩の理解に差が生じるのはなぜか。
✓「全国の労働者」が「団結」できないのはなぜか。
✓「スプーン階級論」とは何か。銀のスプーンをくわえて生まれてきたら「幸運」なのか。

キーワード

国家保安法，移行期正義，ネロナムブル，江南左派，スプーン階級論

1 「反共」が事実上「国是」だった？

体制間競争と国家保安法

南北朝鮮の体制間競争は「自由民主主義」「市場経済」を掲げる韓国が「勝利」したとされるが，1970年頃までは北朝鮮のほうが経済的には進んでいた。日本統治期から朝鮮半島北部のほうが工業地帯であり，朝鮮戦争で戦火を交えて国土が疲弊したなかで，南北それぞれで相手とどのように対峙するのかは喫緊の課題であった。

そもそも，「光復」（1945年）はただちに「独立自主」をもたらさず，米ソが南北を占領し，軍政を敷いた。「解放3年」のあいだ，さまざまな「国のかたち」が模索されたが，結局，48年，大韓民国と朝鮮民主主義人民共和国がそれぞれ成立した。

48年憲法においても，「大韓民国の領土は韓半島とその付属島嶼とする」（§3）と定められている。さらに，大日本帝国下の治安維持法（1925年）をモデルに48年12月に制定された国家保安法では，「国憲に違背し，政府を僭称したり，それに付随して国家を変乱する目的で結社または集団を構成する者は処罰する」と定められた。ここにおいて「朝鮮民主主義人民共和国」は「政府を僭称」している「集団」「反国家団体」にすぎない。53年に刑法が制定された際に，「内乱」や「外患」に吸収して廃止する案も国会に上程されたが，棄権多数で否決された。その後も，なんどか改正されているが，れっきとした現行法である。

国家保安法は北朝鮮との体制間競争が熾烈だった韓国において，長らく実質的な意味での憲法であり，現在においても憲法体制を構成している。

87年憲法下において，国家人権委員会が2004年に国家保安法の廃止を勧告し，盧武鉉大統領の与党ウリ党が廃止を推進したが，「与大野小」国会においても潰えた。憲法裁判所も，「反国家団体の称賛・鼓舞・宣伝」や「文書，図画，その他の表現物を制作・入手・複写・所持・運搬・頒布・販売・取得」を禁じる国家保安法は，表現の自由や良心の自由に反しておらず，合憲であると８回連続（直近は 23 年９月）で決定した。

進歩党事件

国家保安法は「国憲」維持のほかに政治的にも「活用」されたのが進歩党事件（1958 年１月）である。李承晩政権は進歩党の幹部が北朝鮮と内通しているとして国家保安法違反で逮捕すると同時に，進歩党を行政処分で解散させた。委員長だった曺奉岩に対して大法院（最高裁判所）は死刑を宣告し，まもなくして執行された。

曺奉岩は李承晩によって初代農林部長官に任命され，当時，もっとも重要な課題だった農地改革を担当した。当初はそれだけ信任が厚かったというわけであるし，大地主を背景にした野党・韓国民主党が猛反対したにもかかわらず，改革を断行した。このとき，農地改革がなされず地主・小作農体制が続いていれば，その後の韓国経済の「離陸」は難しく，北朝鮮の「無償没収・無償分配」論の影響が大きくなったかもしれない。

しかし，国会副議長を経て，曺が 52 年・56 年大統領選挙に連続して出馬し，得票率を 11.4％から 30.0％まで伸ばすと，李は 58 年総選挙を前に政敵の除去に出た。「パルゲンイ（アカ）は自由韓国の敵」という主張には，与党・自由党だけでなく野党・民主党（韓国民主党から再編）も同意した。そもそも，民主党は結成にあたって共産党活動があるとして曺の合流を拒み，56 年大統領選挙において自らの候補である申翼熙が遊説中に死亡すると，曺への一本化を呼びかけず，李の３選を黙認した。それだけ共産党活動の経歴や北朝鮮との内通疑惑は「自由韓国」とは相容(あいい)れず，政治的に完全に排除されるべきものとされていたということである。

この件は 2011 年１月に大法院で再審され，曺奉岩は「社会民主主義を掲げただけで，体制転覆の意図や試みはなかった」として，全員一致で無罪が確定した。

「国是の第一義」としての「反共」

「反共」を国是として掲げ，自らの執政を正当化しようとしたのは朴正熙(パクチョンヒ)である。朴は軍事クーデタを起こして張勉(チャンミョン)内閣を崩壊させたが，その際の「革命公約」が「反共」だった。「反共を国是の第一義として掲げ，これまで形式的で，かつスローガンにすぎなかった反共態勢を再整備・強化する」と同時に，「米国をはじめとする自由友邦との紐帯をさらに強固にする」と内外に誓った。解散させられた国会に代わって立法権を掌握した国会再建最高会議は 1961 年７月に反共法を制定し，「反国家団体」のなかでも「共産系列の活動を封じる」ことを目的にした。

民政移管にともない 62 年憲法が成立し，「複数政党制」「国家による保護」「民主的な政党組織と活動」「民主的基本秩序に違背する場合，解散される」という 87 年憲法に通じる政党に関する規定が初めて設けられた。これにより，進歩党事件のように行政処分で政党を解散することはできなくなり，政府による提訴，司法による審判という政党解散の手続きが明確になった。しかし，これは政党の憲法保護というより，「民主的基本秩序＝反共」に背く政党の成立は許さないという「国是」にほかならない。

合わせて制定・改正された政党法・国会議員選挙法・国会法によって政党は全国政党でなければならず，総選挙には政党だけが候補者を擁立でき，国会は院内交渉団体（当初10名だったが，73年の国会法改正によって20名に引き上げられ，現在に至る）を中心に運営されるようになった。国会には，朴正熙の与党・民主共和党と体制が容認する「制度圏野党」しか存在しないということである。

「韓国版CIA」といわれる中央情報部も61年に設置され，対北朝鮮の防諜だけでなく，政敵の除去なども担った。野党政治家の金大中が東京のホテルから拉致されて5日後にソウルの自宅近くで解放された事件（73年8月）もその所作である。

「制度圏野党」との協定による民主化

「制度圏野党」が選挙で大統領の座を脅かすようになると，朴正熙は72年憲法によって大統領直接選挙制を廃止し，終身執政を自らに保障した。全斗煥は80年憲法によって大統領の任期を1期7年に限定したが，大統領選挙人団による間接選挙はそのままだった。

朴の死後，粛軍クーデタによって軍の実権を掌握した全は，「光州事態」は「パルゲンイ」が煽動した「暴動」と位置づけ，軍事力で弾圧することで政権も奪取した。のちに，金泳三大統領による「歴史の立て直し」のなかで特別法が制定され，「光州民主化運動」として再審／歴史的再評価された。

院外の「運動圏」，特に学生運動や労働運動も「不純分子」による「時局事件」として弾圧されたが，のちに真実和解委員会（2005年に第1期発足，10年まで活動，20年に第2期発足）の調査によって国家権力による捏造が明らかになったものも少なくない。体制移行後，それ以前の不正を明らかにし，再発を防止する「移行期正義」が南アフリカや東ティモールなどで問われたが，韓国でも「過去事」は，「日帝強占期」（1910～45年）よりもまず，民主化以前の国家権力による暴力や不正，たとえば「済州（チェジュ）4・3事件」（1948年）が争点になった。

87年の民主化は，「運動圏」と「制度圏野党」，それに「ネクタイ部隊」（都市部の中産層）が「大統領直接選挙制」という要求で一致したからこそ全国民的な拡がりを示すと，全斗煥も盧泰愚（ノテウ）に「6・29宣言」を出させた。すると，金泳三や金大中は政治的民主化が実現したとして与野党で4人ずつ参加する「8人政治会談」に応じ，そこで87年憲法の内容を事実上確定した。経済社会的民主化を求める勢力は「7・8月労働大闘争」を展開したが，孤立化／周辺化を余儀なくされた。つまり，韓国における民主化は体制転覆ではなく，制度圏野党との協定による決着という過程を経たという特徴がある。

2　1987年憲法体制のリミット

定着しない第三党

民主化以降，87年憲法のもとで，「国民の力」や「共に民主党」に連なる保守／進歩の二大政党のあいだで政権交代が4回起きた。大統領選挙も総選挙も，決選投票なしの相対多数制，総選挙は比例代表制との並立制／準併用制とはいえ，ほとんどの議席が小選挙区制で配分されるため，二大候補者制になりやすい。しかし，第4章でみたように，地域主義や政党システムの全国化の程度によっては，二大政党制にならない場合も少なくない。

事実，大統領選挙の場合，当選者と次点者の得票率の合計が90%を超えたのは2002年・12年・22年の3回にすぎない。盧泰愚・金泳三・金大中の三つ巴の争いだった1987年を別にしても，92年の鄭周永（チョンジュヨン）（得票率16.3%），97年の李仁済（イインジェ）（19.2%），

2007年の李会昌（15.1%），17年の安哲秀（21.4%）という第3の候補者が存在した。いずれも，著名人が急ごしらえの自前の政党から立候補したもので，社会的基盤を有していない。鄭は現代の創業者であり，のちに名勝地である金剛山の観光事業も手掛けた。李仁済（労働部長官や京畿道知事を歴任）は与党の党内予備選挙で李会昌に負けたあと，離党して国民新党を結成して立候補した。李会昌（大法官〔最高裁判所判事〕出身，監査院長や国務総理〔首相〕を歴任）は1997年・2002年に2回，ハンナラ党から立候補したが，いずれも敗北，07年にも無所属で挑んだ。安（医師，起業家，ソウル大学教授などを歴任）は11年ソウル市長補欠選挙に際して人気を博したが，朴元淳の支持に回った。

総選挙も，民主正義党（盧泰愚）・平和民主党（金大中）・統一民主党（金泳三）・新民主共和党（金鍾泌）の4つに分かれた1988年を別にしても，92年の統一国民党（鄭周英，31議席），96年の自由民主連合（金鍾泌，50議席），2016年の「国民の党」（安哲秀，38議席）の3回，単独で院内交渉団体を結成する第三党が出現した。それ以外にも，2000年の自由民主連合（金鍾泌，17議席），04年の民主労働党（10議席），08年の自由先進党（李会昌，18議席）や親朴連帯（14議席），12年の統合進歩党（13議席），24年の祖国革新党（12議席）は一定の存在感を示した。

第三党は二大政党の内紛や代議制民主主義の機能不全などさまざまな理由で間歇的に出現しているが，定着していない。

「労働」を掲げた第三党

この定着しない第三党のひとつが「労働」「真の進歩」を掲げる政党である。

当初，1997年大統領選挙に初めて権永吉（ソウル新聞記者出身で，全国言論労働組合連盟初代委員長や全国民主労働組合総連盟〔民主労総〕初代委員長を歴任）を擁立したのは国民勝利 21 である。民主労総の内部に NL（民族解放）と PD（民衆民主）の路線対立があり，アジア通貨危機のまっただなか，NL 主導で「国民」が前面に打ち出された。その結果，30.6 万票（得票率 1.2%）を獲得した。

国民勝利 21 は 2000 年 1 月に民主労働党へと発展的に再編され，母体の「民主労働」という旗幟（きし）が鮮明になった。2000 年総選挙では現代自動車の城下町である蔚山（ウルサン）で地域区議席の獲得を期待したが，崔勇圭（チェヨンギュ）は 41.8%の得票率で落選し，議席ゼロで終わった。02 年大統領選挙で権永吉は支持（95.7 万票，得票率 3.9%）を伸ばし，当選者（盧武鉉）と次点者（李会昌）の差分（2.3 ポイント）を勘案すると，死に票防止で「より近い」盧武鉉に対する戦略的投票がおこなわれた可能性が十分ある。

民主労働党が躍進したのは 04 年総選挙である。地域区で 2 議席（慶尚南道（キョンサン）昌原（チャンウォン）市の権永吉と蔚山広域市北区の趙承洙（チョスンス）），比例代表で 8 議席（得票率 13.0%），計 10 議席を獲得した。この総選挙から 1 人 2 票制が導入され，地域区における候補者に対する投票とは別に，比例代表で政党に対する投票がおこなわれるようになった。この制度変更により，比例代表では当選可能性を考慮することなく有権者の選好順位に沿って投票をおこなうことができるようになった。そのため，地域区はウリ党の候補者に投票したが，比例代表は民主労働党といった分割投票が多く生じた。

02 年大統領選挙・04 年総選挙では，「新しい政治」を掲げた盧武鉉が「進歩」「若年層」の動員・争点化に成功したが，民主労働党は「労働」「真の進歩」という「より左のポジション」をとった。

統合進歩党と政党解散

民主労働党はその後，07 年大統領選挙では得票率 3.0%（権永吉），08 年総選挙では 5 議席（地域区 2 ＋比例代表 3〔得票率 5.7%〕）と党勢が落ちた。さらに，魯会燦（ノフェチャン）や沈相奵（シムサンジョン）など PD 派が離党し，進歩新党を結成するなど分裂した。

しかし，路線対立を抱えつつ統合進歩党として再結集し，12 年総選挙では 13 議席（地域区 7 ＋比例代表 6〔得票率 10.3%〕）を得た。地域区では民主統合党と「野党連帯」「候補者一本化」に合意し，光州（1）・全羅（チョルラ）北道（1）・全羅南道（1）だけでなく，ソウル（2）・京畿道（2）でも議員を輩出した。12 年大統領選挙では，李正姫（イジョンヒ）が候補者登録をおこない，テレビ討論では「朴槿恵（パククネ）はタカギマサオ（朴正熙のこと）の娘」と攻撃し，最終的には辞退したが，朴槿恵が得票率 3.5 ポイント差で当選した。文在寅（ムンジェイン）との候補者一本化の効果よりも，保守層を結集させたといわれている。

その後，魯会燦や沈相奵など PD 派は再び離党し，進歩正義党（のちに正義党）を結成すると，統合正義党は NL 派が完全に掌握した。

さらに，比例代表選出の李石基（イソッキ）は革命組織「RO」を組織し，北朝鮮の指令のもとで国の主要施設を破壊することを具体的に計画するなど内乱陰謀を企てたとして，13 年 9 月に逮捕・起訴された。大法院は 15 年 1 月，内乱陰謀は無罪としつつ，内乱煽動や国家保安法違反を有罪として，懲役 9 年を言い渡した。

それだけでなく，統合進歩党も 13 年 11 月に法務部によって解散が請求され，憲法裁判所は 14 年 12 月に，党綱領で謳（うた）われている「進歩的民主主義」は「民衆」と「国民」を対立させるものであり，暴力の行使による体制転覆も否定しておらず，目的と活動の両方において「民主的基本秩序」（§8-4）に反するとして解散を決定した。同時に，議員資格もただちに剝奪するなど，自由の敵には無条件の自由は認めないという「闘う民主主義」論に憲法裁判所は依拠している。

正義党の葛藤

正義党は16年総選挙では6議席（地域区2〔京畿道高陽市の沈相奵と昌原市城山区の魯会燦〕＋比例代表4〔得票率7.2%〕），17年大統領選挙では得票率6.2%（沈相奵），20年総選挙では6議席（地域区1〔京畿道高陽市の沈相奵〕＋比例代表5〔得票率9.7%〕）とそれなりの存在感を示した。しかし，22年大統領選挙では得票率2.4%（沈相奵），24年総選挙では議席ゼロ（得票率2.1%で，議席配分要件〔阻止条項〕である3.0%に及ばず）で，院外に転落した。

その背景には，20年総選挙から導入された準併用制が二大政党の衛星政党によって小政党を衡平に代表するという本来の効果が出ていないこともあるが，沈相奵ひとりに依存する選挙戦略や人材養成の限界，なにより，党の路線が定まっていないことが決定的である。「労働，階層，階級」「ジェンダー，環境，ポリティカル・コレクトネス」をめぐって，「あれか，これか」「あれも，これも」という葛藤が絶えなかった。さらに，文在寅政権期，「汎民主進歩連合」の名のもと，共に民主党と歩調を合わせることが多く，「第二中隊」と揶揄されるほどだった。

そもそも二大政党に有利になっている制度のもと，第3の新生政党や小政党が参入して存続するためには，同じ争点軸でより鮮明（この場合，左側）なポジションをとるのか，それとも別の争点軸を提示して有権者と政党の連携の仕方を再編するかが重要である。正義党の場合，「正義」や「公正」さえ，文在寅（「機会は平等に，過程は公正に，結果は正義に見合うものでなければならない」が国政スローガン）や尹錫悦（「公正と常識」がトレードマーク）に「簒奪（さんだつ）」されるなか，独自色を示すことができなかった。

世界の各政党の政策位置を比較するマニフェスト・プロジェクトによると，国民の力は「保守」，共に民主党は「リベラル」，正義党は「社会民主主義」とされる。正義党は24年総選挙を前に緑の党と合併するなど，最後まで路線が定まっていなかった。

3　世代で異なる保守／進歩

イデオロギーの諸相の変化

87年憲法のもとでも「民主的基本秩序」に反する政党の存続は許されていないが，「自由民主主義 vs. 共産主義（民主集中制）」「市場経済 vs. 計画経済」という北朝鮮との体制間競争が韓国の勝利というかたちで完全に決着がつくなか，イデオロギーの諸相も変化してきた。

第5章でみたように，韓国における左右対立軸，保守／進歩の別は，安全保障（北朝鮮や米国との関係，国家保安法の存廃）だけでなく，経済のあり方（成長・規制緩和か，分配・公的規制か）や社会の姿（法と秩序か，個人の自由か）をめぐっても形成・展開するようになった。この重層的な構造のなかでどの軸が重視されるかはその時々の状況次第だし，なにより，有権者ひとりひとり異なる。概して，高齢層ほど保守である一方，若年層ほど進歩であるという傾向がみられる。

青年期は進歩的だが，加齢にともなって保守化するという年齢効果は世界的にみられる。韓国に特徴的なのは，30代の頃に脚光を浴びた86世代はいまや50代後半から60代前半にさしかかっているが，保守化せず，進歩的なままという世代効果が認められるということである。

その意味で，注目すべきなのは，進歩的なイデニョ（20 代女性）よりも保守的なイデナム（20 代男性）である。なぜ男性だけが保守化したのか。20 代は男女で政治志向が真逆に離れていっているという現象はほかの国でもみられるため，「2020 年代」に特徴的な時代効果もあるのかもしれない。

個人主義化が劇的に進む韓国において，「世代」を画する青年期に共通した経験や社会化過程とは何なのか，まっただなかにいるときは理解しにくいし，経年で追跡調査するしかない。86 世代の特異性はそうして初めて明らかになった。

Z 世代と呼ばれる 20 代が「セウォル号世代」でもあるのは，中学生・高校生の頃に経験した沈没事故（2014 年 4 月 16 日）が癒えることのない心的外傷（トラウマ）として残っているからかもしれない。「動かずにそこにいろ」と船内放送で指示した船長（その後，殺人罪などで無期懲役が大法院で確定）は真っ先に脱出した。

「ネロナムブル」という欺瞞

同じ左右対立軸でも，年齢層や世代によって意味が異なることが日本の事例で報告されている。たとえば日本共産党は 50 代以上にとって「革新」だが，40 代以下には「何も変えようとしない保守」に映っている。韓国の保守／進歩も同じである。

のちに南北首脳会談や米朝首脳会談につながる契機になった平昌（ピョンチャン）オリンピック（18 年 2 月）では，アイスホッケー女子で南北合同チームが実現された。その裏では，実力では劣る北朝鮮の選手を出場させるために枠の外に追いやられた韓国人選手がいた。

このとき，文在寅政権で中枢を占めていた 86 世代は「民族融和の象徴」「南北和解・協力への里程標」として寿（ことほ）いだが，2030 世代は「公正の毀損」として反発した。入試，就職，スポーツなどあらゆる分野で競争が熾烈な韓国社会において，せめて「機会は等しく与えられ，過程は公正であるべきだ」というのは競争のボトムラインである。

朴槿恵大統領の弾劾・罷免にいたった一連の過程の最初の契機は，知人の「国政壟断」ではなく，その娘が名門の梨花女子大学に不正入学した疑惑に対して在校生が立ち上がり，「声」を上げたことである。

その後も，文の最側近だった曺国が大学教授である夫人とともに娘の不正入学に関与した事件をめぐって２つの集会が開催されたが，「ネロナムブル（내로남불）」が焦眉の関心事になった。「私がするとロマンスで，他人がすると不倫」の略語で，ダブルスタンダードを意味する。進歩はポリティカル・コレクトネスを強調していたため，なおさら言行不一致や欺瞞が際立った。

イデナム／イデニョにとっての「公正」

同じＺ世代でも，イデナムとイデニョの性向は，第10章でみたように，真逆であるのが特徴的である。進歩的なイデニョは年齢効果かもしれないが，保守的なイデナムにはなんらかの世代効果が表れているのかもしれない。あるいは，「左シフトする20代女性／右シフトする20代男子」が全世界的な傾向であるとすると，時代効果がこの年齢層だけに男女別々に効いているのかもしれない。

重層化している左右対立軸において，社会のあり方をめぐって「共同体，法と秩序，規律」より「個人，多様性，公正」を重視するのは，イデナムもイデニョも変わらない。「私の人生は私が決める」「組織のために私が，未来や他所のために『いま・ここ』がなおざりにされてはならない」という個人主義，自律性，合理性がなによりも重視される。そのため，仕事も，住まいも，つき合う人（恋人や結婚相手に限らず，友人や上司など人間関係全般）も，暮らし方も，生きざまも，「私の趣向（スタイル）」に合うかどうかが決め手になる。

アイスホッケー女子合同チームの例にみるように，熾烈な競争は不可避だとしても，せめて評価の過程は公正であるべきだという信念が強い。非婚や無子を選択する女性が増えているのは，「経歴断絶」（M字カーブ），「出産ペナルティ／母親ペナルティ」を回避し，「私のキャリア」「私の人生」を生きようとする意思の表れである。一方，イデナムのうちに入隊しないといけない男性には，「学歴断絶」はもちろん，上意下達の集団生活を強いられることは不公正そのものである。男女それぞれが直面している生きられた経験が異なるため，同じ「公正」でも話がかみ合わず，正面から対立しているように映る。

保守／進歩を「はかる」

イデオロギーであれ，民主主義であれ，抽象的な概念を自己理解や現状分析に有効に活用するためには，操作化や測定，そして比較することが欠かせない。イデオロギーの場合，もっとも広く用いられているのは，特定の政党に対する支持／不支持に基づいて保守／進歩を区分するという方法である。国民の力支持は保守，共に民主党支持は進歩といった具合である。しかし，これだと，24年総選挙で躍進した祖国革新党は「もうひとつの進歩」なのか，それとも「より進歩」なのか，定かではない。

ほかに，有権者の自己規定をもとに「保守」「中道」「進歩」の3つに分類する方法や，具体的な諸政策に対する賛否の程度に関するサーベイ調査などがある。

国会議員についても，第3章でみたように，国会本会議における各法律案に対する各議員の投票行動（賛成／反対／棄権）をもとに各議員の相対的な保守／進歩の位置（+1 〜 −1）を測定する DW-NOMINATE という方法などがある。

党議拘束がある国会議員とは異なって，有権者は政策領域ごとに自由に選好を形成し，表明できる。たとえば，日本の場合，自衛隊の反撃能力の向上や防衛費の増額に賛成で，夫婦別姓や同性婚にも賛成の場合，その重層的な選好順位を左右どちらかに一刀両断することは本来できないはずである。

多数決という第 1 位の選好だけがカウントされる制度環境のもとでは，有権者は全体を総合的に評価しつつも，単純平均ではなく加重平均を用いたり，そもそもシングルイシューだけで決定したりせざるをえない。保守／進歩というラベルは政治家や政党の側が争点を単純化し，有権者の動員を図るうえで便利かもしれないが，民意を正確に測ることは本来，尺度そのものを不断に見直していく自省的な営みである。

支持政党が異なることだけをもって，イデナムとイデニョは対立しているというのはあまりに短絡的な見方である。

4 「階級政治」の不在？

労働の分断

「労働」「進歩」「正義」を掲げた第三党，共に民主党より左の政治勢力が国会で定着しないのは，小選挙区制中心の選挙制度という制度的要因とは別に，さまざまな分断が深刻であるからである。なかでも，「労働」は正規職／非正規職，大企業／中小企業，男女間で賃金格差が大きく，「労働者」というひとつの行為主体（エージェンシー）としてまとまりにくい。

民主労働党は全国民主労働組合総連盟（民主労総）を母体にしていたが，民主労総はもうひとつのナショナルセンターである韓国労働組合総連盟（韓国労総）とともに，その組合員は大企業の男性正規職が主である。一方，中小企業は数では全企業の99.9%を占め，雇用している従業員数でも8割を超える。労働組合の組合員数は近年上昇傾向にあるが，組織率は2022年現在，13.1%にすぎない。

第14章でみるように，アジア通貨危機後の構造改革によって労働市場の「柔軟化」が推進され，非正規職はさまざまな職種において欠かせない労働力になっている。操作化や測定の仕方によって数値は異なるが，OECD（経済協力開発機構）のデータによると，「一時雇用」の比率は22年現在，27.3%で，OECD平均（11.3%）の2倍強である。

さらに，フライドチキン店やカフェの「社長」など個人事業主が以前から多かったが，近年eコマース（電子商取引）の成長によってcoupangなどの配達員が急増した。この分野では，AliExpressやTemuといった中国系企業の伸びが著しく，翌朝配達も都市部では日常生活に定着している。そうしたなか，配達員は労働者なのか，業務委託型ギグワーカーなのか，韓国でも問われている。

このように，企業形態や雇用形態，職種や年収によって労働者の置かれた状況はまるで異なるため，「全国の労働者」として「団結」できない。集合行為問題の解決が困難である以前に，集合体になっていないのである。

「江南左派」の裏切り

進歩／正義の「背信」が問われたのが「曺国事態」である。曺国元法務部長官は，「1965年，釜山（プサン）生まれ。父は建設会社社長。ソ

コラム 11　勤労者／労働者

5月1日，メーデーは，韓国では「勤労者の日」であり，勤労基準法によって，公務員を除いて，「有給休日」に指定されている。国際的にはLabor Day/International Workers' Dayとして知られている。

韓国では，憲法にも「勤労（者）」は13回登場するが，「労働（者）」は出てこない。1958年，大韓労働組合総連盟の創立記念日である3月10日が「労働節」と定められたが，63年，国家再建最高会議（議長・朴正熙）によって名称が「勤労者の日」に改められた。日付が現行に変更されたのは94年である。

日本も憲法では「勤労」の権利・義務や「勤労者」の団結権・団体交渉権・団体行動権になっているが，労働基準法（47年）など関連法規は「労働」になっている。

韓国は，法律も「勤労」基準法（53年）となっている。裁断士で

ウル大学法学部82学番（82年入学），27歳で蔚山大学の専任講師に就任。その後，UCバークレーで博士号を取得。2001年から母校で刑法・刑事訴訟法を教授。専門書のほかに一般書を多数執筆し，トークショーなど人気を誇る」と華麗なる経歴である。江南（カンナム）にマンションを構え，不動産バブルのなかで転売を繰り返すことで資産を増やしてきた。86世代，「江南左派」の典型である。

江南左派は学歴・職種・収入などの社会経済的地位（SES）が高く，「進歩」を自任するが，ポリティカル・コレクトネスほどには世代内格差やSESの世代間継承の問題に関心を向けない。曺国の娘が「アッパ・チャンス」（アッパは「父」の意味），「オンマ・チャンス」（オンマは「母」の意味，妻も大学教授）を利用し，名門大学に進学し，医者になったのは，SESの「相続」にほかならない。

韓国では長年，「庶民」（低SES）が保守を支持するという「階級

あり労働運動家だった全泰壹（チョンテイル）は70年11月13日に東大門（トンデムン）の平和市場で，「勤労基準法を順守せよ。我々は機械ではない。日曜日は休ませろ。労働者を酷使するな。私の死を無駄にするな」と叫びながら，焼身自殺した。全はのちに「烈士（ヨルサ）」として再評価され，そのように記憶されている。

そもそも「労働」「仕事」は賃金労働に限らない。家事・育児・介護などケアワークは，家庭で，社会で，どのように担われているのか。Amazon や UberEats などデリバリー従事者は個人事業主なのか，労働者なのか。labor には「分娩」の意味もある。

日本は5月1日ではない日付で祝う数少ない国のひとつである。11月23日は戦前，「新嘗祭」として祭日だったが，戦後，「勤労感謝の日」になった。ちなみに，その名称に決まった第2回国会において，別の案は「労働感謝の日」だった。

背反投票」がみられるといわれてきたが，学歴や年齢を統計的に統制すると，所得は保守／進歩の選択において有意な差をもたらさないというのが学術的な知見である。所得よりも重要なのが資産であり，特に不動産価格，財産税（固定資産税）や総合不動産税（一定額以上の不動産所有に賦課される税金）には敏感に反応する。いまや，所有するマンションの坪数や市価によって保守への支持が強くなる「階級に忠実な投票」がみられるという。

かつてタブー視されていた階級が「スプーン階級論」として人口に膾炙（かいしゃ）するのが現状である。語源である「銀のスプーンをくわえて生まれてくる」というのは，富の象徴であり，資産の継承を物語っている。

「バラモン左翼」「商人右翼」「自国主義」

江南左派は韓国だけの現象ではない。『21 世紀の資本』で一世を風靡したトマ・ピケティは，高学歴＝インテリ化し，多文化主義やポリティカル・コレクトネスを説く層を「バラモン左翼」と呼び，自らの能力がまっとうに評価されて経済的に成功したと自負する「商人右翼」と対比させている。バラモンとはインドの聖職者のことで，カースト制度の頂点に位置する。

資本収益率（資本が生み出す富，利潤・配当金・利息など）が経済成長率（労働が生み出す富，給与所得）より上回る状況だと，「貧益貧，富益富」（貧しい者はますます貧しく，富める者はますます富む）という経済的不平等が進むばかりである。資産は子どもに相続されてSES が「世襲」される。

高 SES 層同士は国境を越えて「横」にはすぐつながるが，自分たちの快適な生活を支えるデリバリー従事者やエッセンシャル・ワーカーなどが置かれた状況を想像しがたい。「縦」の違い，「上下」の格差，「地域の固有性」などを無視して，ウエカラ目線で「普遍的真理」を説経しても，低 SES 層が離反するだけである。

その支持者が，産業構造の変化のなかで取り残された製造業労働者であれ，エスニック構成が激変するなかで「アイデンティティ危機」を覚えた低学歴・白人・男性であれ，トランプ大統領が「アメリカ・ファースト」という「自国主義（nativism）」を掲げたのは示唆的である。バラモン左翼と商人右翼の両方からの疎外感を「外の敵」に投影するのである。

その是非はともかく，こうした現象を的確に観察・分析・報道するためには，全体のなかでそれぞれ釣り合いよくみる必要がある。自らと似た SES 層とばかりつき合うと，当然，インフォーマント（調査対象者・情報源）が偏り，歪みが生じる。

研究者も記者も，SES を含めたさまざまな属性や政治志向が必然的にともなうため，対象――米国にせよ，韓国にせよ，日本にせよ――に対して一定の距離をとるとともに，自らのポジショナリティに対しても常に反省的に臨むことが問われているといえる。

「人間解放」の諸相

富の欠乏も，承認の欠如も，人間を疎外する。仕事（ワーク）だけの人生（ライフ）はバランスに欠けるが，人は働くことで食い扶持だけでなく，居場所と役割も得て，自尊心や帰属意識を感じる。だとすると，「人間解放」も，「富の再配分か，アイデンティティの承認か」という二者択一ではなく，さまざまな「欠乏からの自由」，社会経済的かつ政治的な「排除から包摂へ」という途（みち）が欠かせない。特に韓国の場合，「労働」は長らく排除され，87 年憲法（体制）においても，いまだ十分に包摂されていない。

韓国語に「現住所（현주소）」という表現がある。空間的な位置というよりは，時間軸における軌跡・到達点・限界・課題を意味している。英語の address にも，「問題に真摯に取り組む（address the climate crisis）」や「～に宛てて語りかける（address future generations）」という動詞の用法がある。この多義的な意味において，韓国における富・承認・労働・正義の「現住所」はどうなっているのか。

韓国は公的福祉制度を始めたのが遅く，高齢者の貧困，世代内格差が深刻であるが，少子高齢化が急速に進むなかで負担と給付のバランスに著しく欠けている。保険料率，所得代替率，受給年齢，加入期間など抜本的に見直さないと，年金制度は確実に破綻する。負担だけを強いられる若年層や，そもそも生まれることもない未来世代との世代間格差，世代間不正義も含めて，「現住所」を問い，

addressすることが切実である。韓国福祉国家の挑戦は続く。

参考文献

遠藤晶久，ジョウ，ウィリー『イデオロギーと日本政治――世代で異なる「保守」と「革新」』新泉社，2019年。
金成垣『韓国福祉国家の挑戦』明石書店，2022年。
クー，ハーゲン／松井理恵編訳『特権と不安――グローバル資本主義と韓国の中間階層』岩波書店，2023年。
清水晶子，ハン・トンヒョン，飯野由里子『ポリティカル・コレクトネスからどこへ』有斐閣，2022年。
ピケティ，トマ／山形浩生・森本正史訳『資本とイデオロギー』みすず書房，2023年。
フクヤマ，フランシス／山田文訳『IDENTITY（アイデンティティ）』朝日新聞出版，2019年。
裵海善『韓国と日本の女性雇用と労働政策――少子高齢化社会への対応を比較する』明石書店，2022年。
真鍋祐子『増補 光州事件で読む現代韓国』平凡社，2010年。
文京洙『済州島四・三事件――「島のくに」の死と再生の物語』平凡社，2008年。
横田伸子・脇田滋・和田肇編『「働き方改革」の達成と限界――日本と韓国の軌跡をみつめて』関西学院大学出版会，2021年。

Manifesto Project Database
https://manifesto-project.wzb.eu

第12章

外交安保政策・南北朝鮮関係と執政中枢

キャンプ・デービッドにおける日米韓首脳会談。尹錫悦大統領（左から２番目）の右隣は大統領室の国家安保室長
（出所：韓国・大統領室）

港に着くためには，我々は航海しなければならない。
錨を下ろすのではなく，針路を確かめる。
流れに漂うのではなく，舵を取るのだ。

フランクリン・D・ルーズベルト第32代米国合衆国大統領

本章のポイント

✓外交部長官より国家安保室長が重宝されるのはなぜか。
✓「外交の内政化」「内政の外交化」とは何か。
✓日韓「慰安婦」合意に至る過程の特徴とは何か。
✓日韓両国はいかなる意味において「同志国／パートナー」なのか。
✓インド太平洋戦略は「ポスト尹錫悦」においても継承されるのか。

キーワード

国家安保室，政策裁量，安米経中，グローバル中枢国家，インド太平洋戦略，グローバル・ヒストリー

1 「青瓦台政府」から「龍山大統領室」へ

青瓦台政府

大統領秘書室や大統領室に関する規定は歴代憲法にひとつも存在せず，政府組織法や大統領秘書室職制（大統領令）によって定められているだけである。にもかかわらず，国務総理（首相）や行政各部（省庁）の長官を兼ねる国務委員（閣僚）より，大統領秘書室長や国家安保室長（いずれも長官級），さらには首席秘書官（次官級）のほうが実権を掌握している。執政長官との距離が近く，信任も厚い執政中枢は，韓国の場合，大統領秘書室／大統領室である。

文在寅（ムンジェイン）大統領は「青瓦台（チョンワデ）政府」と形容されるほど大統領秘書室を重用した。青瓦台とは，大統領の執務室がある建物（本館）の外観にちなんだもので，大統領府を象徴する。この青瓦台が本格的に整備されたのは朴正熙（パクチョンヒ）大統領の頃で，民主化以後も人員・予算・機能が右肩上がりで拡大した。秘書室長とは別に，国家安保室長と政策室長が同格で設置され，さらに政府部処に一対一で対応する首席秘書官（その下は秘書官や行政官）が大統領に仕えている。大統領が主宰する首席秘書官会議こそ，事実上，国政の最高意思決定機関である。

もともと，国務会議（内閣）には国政を「審議」（§89）する権限しかないが，青瓦台政府の傾向が鮮明になるなかで形骸化が進んでいた。国務会議は議院内閣制だった 60 年憲法はもちろん，48 年憲法下でも議決機関だった。

「国務総理は大統領を補佐し，行政に関して大統領の命を受け行政各部を統括する」（§86-2）と憲法に規定されているが，大統領から信任されて権限が移譲されない限り，「責任総理」「ナンバー

2」にはなりえない。「国務委員の推薦」(§87-1)や「国務委員の解任建議」(§87-3)などの権限を実質的に行使しようとした大法官(最高裁判所判事)出身の李会昌(イフェチャン)は，就任後わずか4か月で金泳三(キムヨンサム)大統領に更迭された。

外交安保の政策裁量

執政中枢に権限が集中し，そこを軸に政策が形成されるのは，近年，世界的な潮流であるが，内政よりも対外政策にその傾向が強い。韓国の場合，以前からそうである。

そもそも外交安保政策や南北朝鮮関係は，内政と比べると大統領の裁量が大きい政策領域である。条約の批准や国軍の外国派遣などには国会の同意が必要だが，それに及ばない政策は政府だけで遂行することができる。政令という迂回路がないわけではないが，法律や予算に裏付けられないと何も進められない内政とは異なる。

インテリジェンス機関の国家情報院は大統領に直属している。元は朴正熙が軍事クーデタ直後に設置した中央情報部で，国家安全企画部を経て，1999年に現在の組織に再編された。かつては国内情報も収集・分析し，対共捜査権(スパイ活動など国家保安法に違反した犯罪行為を捜査する権限，2024年から警察に移管された)も有していたが，現在は，北朝鮮や国際関係の情報収集や情勢分析に特化している。

それに，この領域は保守／進歩のあいだで対立が大きい分，政党間の政権交代を実現した大統領は政策転換を企図しやすい。同じ政党から大統領が続けて輩出された場合でも，前任者の政策を一定程度継承しつつも，独自色を出そうとする。なにより，韓国を取り巻く安保環境と課題が様変わりしていくなかで，政策を不断に見直すことが余儀なくされる。

その際，問われるのが「外交の内政化」「内政の外交化」である。イデオロギー的分極化が深刻化している韓国では，国内の保守／進歩間の対立が外交にそのまま投影されるため，超党派的な合意が得にくく，政権が交代すると，国家間合意が反故（ほご）にされることがある。この点について，日韓関係と南北朝鮮関係を事例にした分析をのちにおこなう。

龍山大統領室

尹錫悦（ユンソンニョル）大統領は22年5月の就任と同時に，龍山（ヨンサン）（国防部庁舎）に大統領室を移転した。その後，青瓦台は公園として市民や外国人観光客に開放され，大統領官邸も含めて誰でも自由に観覧できるようになった。

大統領の執務室があった青瓦台本館は秘書室長以下のスタッフが勤務している輿民館から500メートルほど離れていて，首席秘書官以上は車で，秘書官以下は徒歩で移動し，対面で業務報告をおこなっていた。朴槿恵（パククネ）大統領は書面報告を好み，携帯電話などでも随時，指示していたが，セウォル号沈没事故当日，姿をみせなかった「空白の7時間」はさまざまな憶測を呼んだ。

その「不通」（意思疎通の不足）を批判した文在寅大統領は輿民館に執務室を設け，「責任総理」「責任長官」「共に民主党政権」を掲げた。しかし，実態は，大統領府の首席秘書官会議が国務会議を差し置いて国政の最高意思決定機関になり，まさに青瓦台政府だった。18年3月に憲法改正案を発表したのは，法務部長官ではなく大統領府の民情首席秘書官だった曺国（チョグク）だったし，所得主導経済や最低賃金の引き上げなど主要な経済政策も，政策室長が主導し，副総理を兼ねる財政企画部長官はそのまま執行するしかなかった。

尹錫悦大統領も，龍山大統領室への再編当初は政策室長や民情首席秘書官のポストを廃止（どちらも，のちに復活）するなど大統領室の機能を縮小して，国務会議を中心にした国政運営を目指した。しかし，「与大野小」国会が続くなかで，まだしも政策裁量が残っている外交安保政策や南北朝鮮関係については特に，事実上，大統領親政体制で臨んでいる。

さらに，北朝鮮が韓国に対して「第１の敵国，不変の主敵」と規定し，「同族同士の統一」から「２つのコリア」へと政策基調を大転換したり，ウクライナ戦争が起きたりするなど国際情勢が激変するなかで，外交安保政策と南北朝鮮関係は連動して再定義された。

国家安保室と外交安保政策・南北朝鮮関係

大統領室において「外交安保のコントロールタワー」を担っているのが国家安保室である。国家安保室は朴槿恵大統領のもとで13年３月に外交安保首席秘書官室から拡大再編されたが，起源は盧武鉉（ノムヒョン）大統領に仕えた統一外交安保政策室である。これは，憲法にも規定されている「国家安全保障会議（NSC）」（§91）の事務処の機能と，既存の国家安保補佐官と外交補佐官の機能が統合された組織である。国家危機管理センターも移管された国家安保室の室長は秘書室長や政策室長と同格で，NSCの常任委員長を兼任する。

当初，国家安保室長の下に次長ポストが２つ設置され，NSC事務処長を兼ねた第１次長は外交安保政策と南北朝鮮関係，第２次長は国防政策を分掌した。さらに，第１次長傘下には安保戦略秘書官・外交秘書官・統一秘書官・経済安保秘書官，第２次長傘下には国防秘書官・サイバー安保秘書官・国家危機管理センター長が置かれた。

「相互依存の武器化」が深刻化し，半導体戦争が激化するなど経済安全保障の重要性が切実になると，24年１月，この問題を専管

コラム 12　外交部と通商交渉

改称されず現存する日本最古の行政機関は，明治2年（1869年）に設置された外務省である。同じ時期に設置された大蔵省は平成の省庁再編によって2001年に財務省に変わった。

韓国の政府部処（省庁）でいちども名称が変わっていないのは，1948年7月に発足した国防部と法務部だけである。外交部（Ministry of Foreign Affairs）は外務部として発足し，外交通商部を経て，2013年3月に現在の名称になった。

金大中大統領は就任（1998年2月）と同時に，通商交渉の機能・権限を通商産業部（その後，産業資源部，知識経済部へと再編）から移管させ，外交通商部（Ministry of Foreign Affairs and Trade）へと拡大再編した。傘下に通商交渉本部を設置し，その後，チリ（2004年発効）を皮切りに，韓国はASEAN（07年）・EU（11

する第3次長が新設され，経済安保首席秘書官とサイバー安保秘書官が移管された。大統領室の職制変更は大統領令の改正だけで済むため，政府組織法の改正が必要な部処再編より簡単で迅速である。

しかも，国家安保室長をはじめ大統領室の人事は，外交部長官，国防部長官，統一部長官，国家情報院長などとは異なり，国会の人事聴聞会にかける必要がない。そのため，大統領は気心が知れて信頼できる側近を大統領室に配置する。たとえば，成均館大学政治外交学科教授の金泰孝は2人の大統領に重宝されている。「外交の家庭教師」「外交策士」たる金は41歳の時に李明博大統領に抜擢され，対外戦略秘書官（のちに対外戦略企画官に昇進）として「非核・開放・3000」という対北朝鮮政策などを主導した。尹錫悦大統領の国家安保室にも第1次長として仕えている。

年）・米国（12年）・中国（15年）など世界各国とFTA（自由貿易協定）を締結し，「経済領土」を拡大してきた。そして，朴槿恵大統領は外交部と産業通商資源部へと政府組織を再編，通商交渉を後者に専管させ，現在に至る。

通商交渉は外国政府との交渉であると同時に，野党，財閥，農協，消費者団体など国内の支持が得られないと合意しにくい。このマルチレベルゲームにおいてウィンセット（国内外の利害関係者が受け入れられる合意の集合）を模索するうえで，国内調整のほうが「厄介」だと判断した結果が，外交通商部ではなく産業通商資源部という政府組織に表れている。

もっとも，通商交渉も，経済安全保障も，大統領（室）が統括しているのは言うまでもない。

2　政権交代と日韓関係

日韓「慰安婦」合意

2010年代が「史上最悪の日韓関係」となった契機は慰安婦問題である。「実用主義」を掲げた李明博大統領はそれまで歴史問題をとりあげていなかったが，11年12月に京都で開催された日韓首脳会談において，「日本側の誠意ある措置がなければ，第2，第3の少女像（ソウルの旧日本大使館前に韓国挺身隊問題対策協議会〔現・正義記憶連帯〕が設置したモニュメント）が建てられる」とこの問題を強調した。一方，日本側は「法的に解決済み」と一蹴した。

この急展開の背景には，同年8月に憲法裁判所が韓国政府の「不作為」を違憲とした決定がある。日韓請求権協定によって「完全かつ最終的に解決されたこととなる」（§2-1）事項に元慰安婦の個人請求権が含まれているかどうかについて，日韓両国のあいだには「解釈及び実施に関する両締国の紛争」（§3-1）が存在するのは明らかである。にもかかわらず，韓国政府は「外交上の経路」（§3-1）や「仲裁」（§3-2）という協定に定められている紛争解決の手続きをとらなかったことが「不作為」とされた。「政治的問題」についても謙抑的にならないという韓国の司法積極主義のありさまが如実に表れている。

朴槿恵大統領も「慰安婦問題の解決なくして日韓首脳会談なし」「加害者と被害者の関係は千年経っても変わらない」という姿勢で臨み，事実，定例化していたシャトル外交が途絶えた。ところが，15 年 12 月に日韓外相会談がおこなわれ，「この問題が最終的かつ不可逆的に解決されることを確認する」と発表された。「当時の軍の関与の下に，多数の女性の名誉と尊厳を深く傷つけた問題」に対して，「日本政府は責任を痛感」し，「日本政府の予算により，全ての元慰安婦の方々の心の傷を癒やす措置を講じる」ことを前提にした合意であった。

この日韓合意に至る交渉過程において通常の外交ルートも活用されたが，決定的な役割を果たしたのは執政中枢のスタッフだった。安倍晋三首相のもとで 14 年 1 月に内閣官房に設置された国家安全保障局の初代局長に就いた谷内正太郎のカウンターパートになったのは大統領秘書室長の李丙琪（イビョンギ）だった。谷内と李が非公開の折衝を重ね，トップリーダーが政治的決断を下したというわけである。

政権交代と「被害者中心アプローチ」

韓国で保守から進歩へ政権が交代すると，日韓合意は事実上，反故にされた。文在寅大統領は選挙期間中に日韓合意の「破棄，再交渉」を主張したが，就任後，日本にそのような要求はおこなわなかった。ただ，日韓合意は「被害者中心アプローチに悖る」として，韓国政府が設立し，日本政府が予算から10億円を拠出した和解・癒やし財団を解散に追い込んだ。同財団は，生存していた元慰安婦47名のうち36名に対して1億ウォンずつ支給してきたが，資金を残したまま，空中分解した。

慰安婦問題に関する日韓合意は，国会同意が必要な条約や協定ではなく，両国の外相が記者会見で発表するというかたちがとられた。両国の国内的には法的拘束力を必ずしも有していないかもしれないが，国家間合意であることは間違いなく，一般には「合意は拘束する」という法の原則に従うべきものとされる。「事情変更の法理」には政権交代や司法の判決・決定は含まれない。韓国憲法において，「憲法によって締結・公布された条約と一般的に承認された国際法規は国内法と同じ効力を有する」（§6-1）とされている。

元慰安婦や遺族たちが日本政府を相手どった訴訟において，主権免除（国は外国の裁判管轄権に服さない）を認めず，日本政府に損害賠償の支払いを命じる判決が下級審で21年1月に初めて下され，その後，23年11月にも続いた。大法院（最高裁判所）の最終判断は示されていないものの，日本政府はそもそも韓国の裁判管轄権を認めていないため，控訴・上告だけでなく，そもそも出廷すらおこなわず，下級審の判決がそのまま確定した。もちろん，執行するにはさらなる手続きが必要であるため，日本政府の在韓財産がただちに差し押さえ，売却されるわけではない。

尹錫悦大統領と徴用工問題の「解決」

慰安婦問題以上に日韓関係を「複合骨折」（申珏秀元駐日韓国大使）に追い込んだのが旧朝鮮半島出身労働者（／強制労働被害者，以下，徴用工）問題である。これも，契機になったのは韓国司法の判断である。

大法院は 18 年 10 月・11 月に相次いで日本企業に対して元徴用工に損害賠償を命じる判決を下した。その要旨は，日韓国交正常化（1965 年）当時，「日帝強占」（日本による植民地支配）は「不当かつ不法で，そもそも無効」とする韓国と，「少なくとも合法で有効」とする日本とのあいだで，その法的性格に関する合意はなく，債権債務関係の清算をおこなった日韓請求権協定には慰謝料請求権は含まれていないというものである。たしかに，「もはや無効／이미 무효（already null and void）」（日韓基本条約第 2 条）という決着は「不合意の合意（agree to disagree）」の典型であり，それまで政府間では争点化されていなかった。13 名の大法官（最高裁判所判事）のうち 2 名は，個人請求権も日韓請求権協定に含まれており，訴えによる権利行使もできないという個別意見を表した。

その後，この法理に基づいて，日本企業の敗訴が相次ぎ，「現金化」（資産の差押・売却）の手続きも進んだ。これに対して，日本政府は「国交正常化以来築いてきた日韓の友好協力関係の法的基盤を根本から覆すものであって，極めて遺憾であり，断じて受け入れられない」と再三是正を求めた。

再び，進歩から保守へと韓国で政権が交代すると，尹錫悦大統領は対日外交の「正常化」に乗り出した。最大の難題だった徴用工問題について，韓国の財団が代わりに弁済する方案を 23 年 3 月に提示し，日本側には「呼応する措置」を呼びかけつつも，韓国政府の責任で解決すると闡明（せんめい）した。任期中，日本企業に対する求償権（時効 10 年）を行使することはないと明示したが，放棄したわけではない。27 年大統領選挙の結果次第では求償権が行使される可能性はあるし，この代位弁済スキームを受け入れない当事者は訴訟を続けている。

「日米韓」安保連携とキャンプ・デービッド

徴用工問題の解決案を尹錫悦大統領が示すと，日韓首脳会談が東京とソウルで相次いで開催され，シャトル外交が復活した。岸田文雄首相は23年5月のG7広島サミットに尹大統領を招待し，韓国人原爆犠牲者慰霊碑に共に献花した。岸田首相は徴用工問題について「心が痛む」と述べただけで，お詫びや反省は口にしていない。

この年，日韓首脳は7回，会談をおこなったが，そのクライマックスは8月にキャンプ・デービッドでおこなわれた日米韓首脳会談である。日米韓3か国は「法の支配に基づく自由で開かれた国際秩序」が挑戦を受けているなかで，力による「一方的な現状変更の試み」に反対し，インド太平洋国家として「北朝鮮の完全な非核化へのコミットメント」や「台湾海峡の平和と安定の重要性」を確認した。米国は日韓両国に対する拡大核抑止の提供を確約するとともに，連携を通じて統合抑止を強化することで一致した。これにより，16年に締結され19年に破綻しかけた日韓GSOMIA（秘密軍事情報保護協定）は完全に復元し，北朝鮮に関する情報共有がリアルタイムでおこなわれるようになった。

また，日韓両首脳はNATO（北大西洋条約機構）首脳会談に「IP4」（インド太平洋パートナー：日韓両国にオーストラリアとニュージーランドの4か国）として22年から3年連続で参加している。その背景には，「ウクライナは明日の東アジアかもしれない」，「韓国が朝鮮戦争の廃墟から『漢江（ハンガン）の奇跡』を成し遂げたように，ウクライナも国際社会の支援と連帯のもと，復興してほしい」という認識がある。ユーラシアの東西と，現代史を縦につなぐ戦略的思考や歴史的類推を共有していることが首脳レベルで互いに確認されたのである。

この間，日韓両国は「戦略的利益と基本的価値観をもはや共有していない」としてきたが,「自由陣営」の「同志国／パートナー」であると再定義したことになる。

3　政権交代と南北朝鮮関係

南北首脳会談

南北朝鮮関係は「国と国との関係ではない,統一を指向する過程で暫定的に形成される特殊関係」(1991年12月に交わされた南北基本合意書)であると同時に,「北韓」は韓国にとって「主敵」「直接的な軍事脅威」「現存する軍事的脅威」「敵」(95年以降,国防白書における表現)である。この規定の変遷からも明らかなとおり,時期や大統領によって韓国の対北政策は移り変わってきた。

文在寅大統領は就任以来,米朝対立が高まっていくなかでも一貫して対話を呼びかけると,北朝鮮は平昌(ピョンチャン)オリンピック(2018年2月)を契機に「平和攻勢」に転じた。金正恩(キムジョンウン)国務委員長は妹の金与正(キムヨジョン)を事実上団長とする訪韓団を派遣すると,文大統領も答礼として鄭義溶(チョンウィヨン)(国家安保室長)と徐薫(ソフン)(国家情報院長)を特使として訪朝させた。そこで金恩正の「非核化」の意思が確認されたとして,鄭と徐をただちに訪米させ,訪朝成果をブリーフィングすると,トランプ大統領はその場で米朝首脳会談を決定し,即座にTwitter(現X)にツイート(ポスト)した。

南北首脳会談は朝鮮戦争の休戦協定が結ばれた板門店(パンムンジョム)でおこなわれ,「南北朝鮮関係の発展」「朝鮮半島における平和体制構築」「朝鮮半島の完全な非核化」などを主軸とする板門店宣言(同年4月27日)が調印された。陪席者はそれぞれ,任鍾晳(イムジョンソク)(大統領秘書室長)と徐薫,金与正と金英哲(キムヨンチョル)(朝鮮労働党統一戦線部長)の2名ずつである。対北政策の主務官庁である統一部長官の存在感はまるでみられない。「我らは陰地で働き，陽地を指向する」という院訓を掲げる国家情報院は本来，対北防諜の最後の砦であるが，その院長を文大統領は表舞台に出したわけである。ここでも，行政各部の長より執政中枢のスタッフのほうが重宝された。

平壌(ピョンヤン)でも首脳会談がおこなわれ，平壌共同声明（同年9月19日）が調印された。陪席者はそれぞれ徐薫と金英哲だった。

2回の米朝首脳会談

トランプ大統領が韓国の仲介を受け入れたため，南北朝鮮関係と米朝関係が連動した。

史上初の米朝首脳会談がシンガポールでおこなわれ，米朝共同声明（同年6月12日）が発出された。「新たな米朝関係の確立」以外は，「朝鮮半島における平和体制構築」「朝鮮半島の完全な非核化」という板門店宣言の文言が同じ順序でそのまま盛り込まれた。陪席者はそれぞれ，ケリー（大統領首席補佐官）・ボルトン（同国家安全保障問題担当補佐官）・ポンペオ（国務長官），金英哲・李洙墉(リスヨン)（朝鮮労働党中央委員会副委員長）・李容浩(リヨンホ)（外務相）だった。このうち，ケリーとボルトン，金英哲と李洙墉はホワイトハウスや朝鮮労働党，すなわち政権中枢のスタッフである。

しかし，翌19年2月にベトナムのハノイでおこなわれた第2回米朝首脳会談は決裂した。北朝鮮は寧辺(ヨンビョン)の核施設を廃棄する代わりに国連安全保障理事会（安保理）の制裁を一部緩和することを求めたが，この「スモール・ディール」を受け入れるより，「ノー・ディール」をボルトンが進言し，トランプ大統領が応じたのである。当初，「北朝鮮の完全で，検証可能かつ，不可逆的な非核化」が焦点であるとされていたが，板門店宣言に盛り込まれ，米朝共同声明でも再確認されたのは「朝鮮半島の完全な非核化」だった。「非核化」の方法や行程表以前に，その対象について当事者間で合意されていたわけではないのである。

「朝鮮半島の運命を決めるのは我々である」と自認していた文在寅大統領はこの決裂に失望し，その後も打開を模索するが，米朝関係が頓挫すると南北朝鮮関係も行き詰まった。「平和体制構築」「非核化」の争点連関は米朝間でしか解くことができないとすると，「新たな米朝関係の確立」が途絶えると，「南北朝鮮関係の発展」も期待できない。

「自由」「人権」の重視

統一部長官はかつて副総理級（1990 ~ 98 年）だったが，李明博大統領は外交通商部に統一部を吸収・統合しようとしたことがある。南北朝鮮関係の特殊性を考慮していないと批判されて撤回したが，北朝鮮を特別視せず，変わりゆく国際環境のなかに位置づけるのは保守の特徴である。

尹錫悦大統領も，北朝鮮に「非核化」の意思はなく，前政権の対北宥和政策は「偽りの平和」に帰着したと評価したうえで，力による平和，米国や日本との統合抑止を追求すると明らかにしている。そのなかで，統一部は対北交渉ラインと位置づけられたが，組織や人員は削減されて部署の名称から「交流協力」が消えた。

代わりに重視されるようになったのが「人権」である。北朝鮮住民も韓国国民であり，当然に韓国政府が責任をもって臨まないといけないとされた。

2016 年に制定された北朝鮮人権法によって北朝鮮人権国際協力大使ポストが設けられ，国際的な関心を向上させることが期待されたが，文在寅大統領は空席にしたままだった。尹大統領は第 2 代大使を任命し，国連総会や国連人権理事会における北朝鮮人権状況決議に共同提案国として韓国が再び名を連ねるようになった。

尹大統領は就任演説から一貫して「自由」を強調している。国内外で多数派や強者によって少数派や個人の自由が抑圧されているという認識に基づくもので，北朝鮮の場合，金正恩ファミリーと住民のあいだで対照が際立っている。北朝鮮の指導部や軍と住民を分けて，前者は「敵」であると改めて明示している。

北朝鮮は17年9月に6回目を実施して以来，核実験はおこなっていないが，さまざまな射程距離の弾道ミサイル，巡行ミサイル，偵察衛星，長距離砲の発射を繰り返している。米国本土に届く大陸間弾道ミサイル（ICBM）はともかく，日韓両国を射程に収める準中距離弾道ミサイル（MRBM）や短距離弾道ミサイル（SRBM），アンダーセン空軍基地が位置するグアムを打撃できる中距離弾道ミサイル（IRBM）はすでに実戦配備されているというなかで，韓国を取り巻く安保環境は厳しい。

「2つのコリア」へ？

韓国大統領が誰であれ，保守であれ進歩であれ，南北朝鮮関係においても戦略的相互作用が重要である。北朝鮮は軍事的挑発を高めているだけでなく，米国に対しても韓国に対しても関係設定を根本から改めようとしている。

「責任ある核保有国として国家の生存権と発展権を担保し，戦争を抑止すると同時に，地域と世界の平和と安定を守護するため，核戦力の発展を高度化する」と23年に憲法に明記した以上，北朝鮮が一方的に「非核化」をおこなうことはまずありえない。米朝交渉の対象になりうるのは「軍縮」のみで，それも北朝鮮の主権，「核保有国」としての地位，体制の安全が保障されることが前提になる。

さらに，「大韓民国は徹頭徹尾，第1の敵対国であり，不変の主敵」「もはや同族ではなく敵対的な２つの国家，交戦国の関係」と規定するようになった。北朝鮮はそれまで韓国を「南朝鮮」「米帝の傀儡」と呼称してきたが，「大韓民国」という正式国名を用いたのは重大な変化である。同時に，「自主」「平和統一」「民族大団結」「和解」「同族」といった表現は抹消された。最初の３つは南北共同声明（1972年７月）に明記された「祖国統一の３大原則」であるが，先代（金日成・金正日）の功績を完全に否定するものである。これにともない，大衆宣伝の道具でもある朝鮮中央テレビの天気予報において，朝鮮半島全図ではなく，軍事境界線や「海上国境線」の以北だけを示すようになった。

「２つのコリア」への旋回というわけであるが，北朝鮮主導の「赤化統一」を放棄したわけではない。むしろ，金正恩国務委員長は「朝鮮半島で戦争が生じた場合には大韓民国を完全に占領・平定・修復し，朝鮮民主主義人民共和国の領域に編入する」と公言している。

こうした状況において，韓国の対北政策には裁量がほとんど残されていないといえる。

4　グローバル・ヒストリーにおける韓国

米韓同盟

韓国にとって唯一の同盟国は米国であり，米韓同盟は外交安保の要である。

米韓相互防衛条約は，朝鮮戦争の休戦後も北朝鮮を抑止するために米軍の駐留を望んだ李承晩大統領の要請によって1953年10月に締結された。これによって，在韓米軍は在日米軍と並んで東アジアにおける米国の前方展開軍として重要な役割を果たすことになった。66年に在韓米軍地位協定が締結され，その後，91年と2001年に2回改正されているが，軍人・軍属に関する裁判管轄権は原則，在韓米軍が有している。それが政治的にも問題になったのが02年6月に起きた米軍装甲車女子中学生轢死（れきし）事故である。

そもそも，朝鮮戦争の休戦協定に調印したのは，クラーク（朝鮮国連軍総司令官），彭徳懐（中国人民志願軍司令員），金日成（朝鮮人民軍最高司令官）の3名であり，李承晩は加わっていない。当時，韓国軍の作戦指揮権（と司法管轄権）は大田（テジョン）協定（1950年7月）によって朝鮮国連軍に移譲されていた。その後，78年に米韓連合司令部（司令官は在韓米軍司令官が朝鮮国連軍司令官と合わせて兼務）が設置され，韓国軍と在韓米軍は統合運用されるようになった。平時の作戦統制権（作戦指揮権から変更）は94年に韓国に「返還」されたが，戦時のそれは2012年に移管されると合意されたものの，国際情勢の悪化や準備体制の不足などを理由になんども延期され，まだ実現していない。

朝鮮国連軍の設立当初，司令部は東京に置かれていたが，1957年にソウルに移ると，日本には後方司令部が設置された。当初沖縄のキャンプ座間に位置したが，2007年に横田飛行場に移転した。

米韓同盟の起源は朝鮮戦争や朝鮮国連軍であり，後方司令部を通じて日本とも深く結びついている。もとより在日米軍と在韓米軍はインド太平洋軍として一体であり，自衛隊と在日米軍も統合運用体制を強化しているなかで，「米韓」「日米」だけでなく「日米韓」連携のあり方も再定義される。

米中の狭間

朝鮮半島はユーラシアの東端に位置し，古来，中国における王朝興亡から多大な影響を受けてきた。唐と結んだ新羅（シルラ）による統一，元寇への高麗の従軍，そして明清交替期，明に加担したが，丁卯胡乱（1627年），丙子胡乱（1636～37年）に負け，三田渡の盟約（1637年）によって清に服従するようになった。この権力移行期に「事大」する相手を見誤ったために屈辱を味わったという教訓や歴史的類推が21世紀になっても援用されている。

米中対立が狭義の安保から経済，科学技術，宇宙，サイバーまであらゆる分野で激化し，トランプ大統領のもとで米国が「アメリカ・ファースト」を強め，国際的なリーダーシップを発揮しなくなると，権力移行や覇権交代，さらには覇権戦争の可能性まで論じられている。そうしたなか，韓国の一部では，国際情勢を的確に読み，権力移行期に「明（米国）」「清（中国）」との関係をそれぞれ設定し直す必要があるという声が上がった。盧武鉉大統領による「（海洋勢力と陸上勢力のあいだでの）バランサー論」然り，2010年代，盛んにいわれた「安米経中（安保は米国，経済は中国）」然りである。

韓国は貿易依存度が高く，そのなかでも中国が占める比率（輸出総額）は07年に日米の合計を上回っていた。「中国がくしゃみをすると，韓国は風邪をひく」と自嘲気味に語られるくらい，中国のプレゼンスは圧倒的である。中韓関係は国交正常化（1992年8月）から段階的に強化され，2008年5月に「戦略的協力パートナーシップ関係」へと格上げされた。朴槿恵大統領は中国の「抗日戦勝70周年記念式典」（15年9月）に参加し，天安門城楼に習近平国家主席やロシアのプーチン大統領と立ち並んで軍事パレードを参観した。

ところが，中国が半導体生産に欠かせないレアアースや尿素水の輸入における韓国の対中依存を武器にほかの問題とも連動させようとするなか，経済安保の重要性が認識されるようになり，「経中」とはいかなくなった。中国には核・ミサイル問題における北朝鮮への影響力も期待できず，むしろ国連安保理では新たな決議の採択をロシアと共に阻止し，北朝鮮を擁護するなど関係に陰りがみえる。

「グローバル中枢国家」とインド太平洋戦略

尹錫悦大統領は「グローバル中枢国家」を標榜し，韓国固有の「自由・平和・繁栄のインド太平洋戦略」を22年12月に策定した。朝鮮半島や北東アジアに限定した地域構想しか持ち合わせていなかった韓国が，「北太平洋」「インド洋沿岸アフリカ」に及ぶグローバルな国家戦略を示したのは画期的である。「普遍的価値とルールに基づいた秩序の構築」において「意志と力量」に見合った役割を果たすと宣言した。

そのなかで，米韓同盟は「過去70年あまり平和と繁栄の核心軸」であり，「グローバルな包括的戦略同盟」として発展したと規定すると同時に，「もっとも近い（「親しい」とも訳出可能）隣国」日本に対しても「共同の利益と価値に見合った未来志向の協力関係を追求する」と位置づけた。一方，中国に対しては，「相互尊重と互恵」を強調しつつも，「インド太平洋地域の繁栄と平和を達成するうえで主要な協力国家」とした。「これまでにない最大の戦略的な挑戦」「唯一の挑戦者」とみなす日米との温度差は，なお残っている。

日韓のようなジュニアパートナーは米国に対して「見捨てられ」と「巻き込まれ」の２つの懸念を有している。韓国は前者が強く，キャンプ・デービッドにおける日米韓首脳会談でも，米国は拡大核抑止の確約を再三表明している。同時に，台湾海峡有事に際して，日本は平和安保法制を整備し，集団的自衛権の行使も可能になったが，韓国がどのように対応するのかは定かではない。「台湾海峡の平和と安定はインド太平洋地域の安保と繁栄において緊要である」

という認識は日米と同じである。

好むと好まざるとにかかわらず，韓国は日本と共に「西太平洋」「北太平洋」において現状変更勢力と最前線で対峙しており，日米韓の統合抑止力と有機的な連携が問われている。

執政中枢の「世界観」

ルールと規範に基づいた国際関係のありさまは「リベラルな国際秩序」「国際立憲主義」といわれる。このグローバルな憲法体制がユーラシアの東西で根底から挑戦を受けているなかで，韓国の外交安保政策や南北朝鮮関係が今後，どのように変わるのかは未知数である。政権交代，大統領の党派性，「内政の外交化」（イデオロギー的分極化の反映／投影）などによっても影響されるだろうが，執政中枢，とりわけ大統領の「世界観」が重要である。

南北朝鮮関係は依然として特異性を有するのか。それとも，二者間関係のひとつとして，拡大し重層化された外交空間のなかに位置づけるのが妥当なのか。安全保障といっても，経済，サイバー，宇宙まで領域が拡がっている。

韓国は「小国」から「中堅国」へと国力とアイデンティティを変化させてきたが，自ら国際秩序を先導する／できるとは認識していない。一方，産業化，民主化，情報化／デジタル化を成し遂げてきた唯一の国家・国民という自負が強い。そして，いま，先進化，第4次産業革命という課題に直面しているのである。韓国憲政史の歩みは国際関係史やグローバル・ヒストリーのなかに位置づけてはじめて，来歴を振り返ると同時に，ゆくえを見通すことができる。

参考文献

伊藤弘太郎『韓国の国防政策——「強軍化」を支える防衛産業と国防外交』勁草書房，2023年。
伊藤光利編『政治的エグゼクティヴの比較研究』早稲田大学出版部，2008年。
金恩貞『日韓国交正常化交渉の政治史』千倉書房，2018年。
木村幹『朝鮮 / 韓国ナショナリズムと「小国」意識——朝貢国から国民国家へ』ミネルヴァ書房，2000年。
玉井克哉・兼原信克編『経済安全保障の深層——課題克服の12の論点』日本経済新聞出版，2023年。
千々和泰明『戦後日本の安全保障——日米同盟，憲法9条からNSCまで』中央公論新社，2022年。
チャ，ヴィクター・D／船橋洋一監訳・倉田秀也訳『米日韓 反目を超えた提携』有斐閣，2003年。
冨樫あゆみ『日韓安全保障協力の検証——冷戦以後の「脅威」をめぐる力学』亜紀書房，2017年。
松田康博編『NSC 国家安全保障会議——危機管理・安保政策統合メカニズムの比較研究』彩流社，2009年。
村田晃嗣『大統領の挫折——カーター政権の在韓米軍撤退政策』有斐閣，1998年。

Office of National Security, Office of the President, Republic of Korea, *The Yoon Suk Yeol Administration's National Security Strategy: Global Pivotal State for Freedom, Peace, and Prosperity*, June 2023.
https://overseas.mofa.go.kr/eng/brd/m_25772/view.do?seq=16&page=1
The Government of the Republic of Korea, *Strategy for a Free, Peaceful, and Prosperous Indo-Pacific Region*, December 2022.
https://www.mofa.go.kr/eng/wpge/m_26382/contents.do

第13章

韓国国民／韓民族のリミット

平昌オリンピックの開幕式で南北朝鮮が同時に入場しながら朝鮮半島旗を掲げている（出所：Avalon/時事通信フォト）

「私は日本人なのか，韓国人なのか」という問いは，素直に答えてはいけない問いなのだ。そうではなく「私にこの問いを問わせる状況では，何が起こっているのか」と問わなければならない。そうしなければ，どうしても自分を問題にしがちになる。（略）でも，それでは社会は変わらない。だって，その方向でなされる問いは，社会を問うていないから。

朴沙羅『ヘルシンキ　生活の練習はつづく』
（筑摩書房，2024年，p.13）

本章のポイント

✓金正恩も大韓民国国民であるとはどういうことか。
✓国籍／居住／参政権の関係はどうなっているか。
✓「○○人」たる要件としてあなたが重視するのは何か。
✓「大韓民国」が国名に選ばれた理由は何か。
✓「2つのコリア」を主張している北朝鮮は「統一」を放棄したのか。

キーワード

南北基本合意書，統一韓国，脱北者，大韓民国臨時政府，民主共和国

1　大韓民国における／と「北韓」

北朝鮮は「反国家団体」

東アジアは長らく中華秩序のもとにあったが，19世紀半ばに西洋の衝撃を受けるなかで近代国家間体系に編入された。この体系では，国家は国民と領域に対して主権を有しており，それを互いに承認し合うというのが構成原理（コンスティチューション）である。はたして，「大韓民国」の国民（ネーション）／民族，領土，主権はどのように形成され，変容してきたのか。

「大韓民国の領土は韓半島とその附属島嶼とする」（§3）という48年憲法以来一貫している憲法条項は，竹島（独島（トクト））に対する領有権の根拠であり，「北韓」は「政府」を「僭称」している「反国家団体」（国家保安法）にすぎないとみなす根拠でもある。「北韓」の憲法でも，1972年までは「朝鮮民主主義人民共和国の首府はソウル市だ」と朝鮮半島全土に対する主権と首都が明記されていた。

45年8月の解放と同時に米国とソ連が南北に進軍し，朝鮮半島は38度線で分断された。その後，米軍政を経て，南側では48年8月15日に大韓民国政府樹立が宣言され，初代大統領には李承晩（イスンマン）が就いた。まもなくして北側でも同年9月9日に朝鮮民主主義人民共和国（以下，北朝鮮）が創建され，金日成（キムイルソン）が内閣首相になった。その後，北朝鮮の最高指導者の地位が金正日（キムジョンイル）（94年7月～2011年12月）から金正恩（キムジョンウン）（11年12月～現在）へと継承されるなかで，国の最高位は国家主席，国防委員長，国防委員会第1委員長，国務委員長と名称が変わるが，いずれも朝鮮労働党のトップであり続けたことが重要である。その名称も中央委員会委員長，総書記，第1書記，委員長，総書記と変わってきた。

韓国も北朝鮮も，事実上，2つの主権国家であるが，両者とも

「朝鮮半島全土を統治している」という政治的擬制が国家の正統性に不可欠なのである。

南北ともに国連「加盟国」

南北は大韓民国（Republic of Korea: ROK）と朝鮮民主主主義人民共和国（Democratic People's Republic of Korea: DPRK）として1991年9月に国連に同時加盟した。国連「加盟国」は当然，主権国家である。これにより，朝鮮半島には，対外的には2つの主権国家が存在しているということと，南北それぞれが「朝鮮半島全土を統治している」という擬制のあいだに乖離が生じた。そのため，同年12月に南北基本合意書が結ばれ，「双方の関係が，国と国との関係ではない，統一を指向する過程で暫定的に形成される特殊関係」として整理された。

当時，米ソ冷戦が終結し，ユーラシアの東西で国際関係が再編された時期だった。ヨーロッパではソ連邦の崩壊と15の共和国の独立，東西ドイツの統一，チェコとスロバキアへの分離，ユーゴスラヴィア解体・内戦など国境の再画定が顕著だった。東アジアでは盧（ノ）泰愚（テウ）大統領の北方外交が花開き，ソ連（90年）や中国（92年）との国交樹立など旧共産圏へと韓国の外交空間が拡大した。一方，米国や日本と北朝鮮との修交は実現せず，クロス承認にはならなかった。

韓国が外交関係を有している国の数は193か国である。国連加盟国（193か国）のうち，シリアとDPRK以外が該当する。DPRKは159か国と外交関係を有しており，シリアとパレスチナの2か国はDPRKと単独で修交している。そのほかの157か国はROKとDPRKの両方と外交関係を有している。韓国が直近で修交したのはキューバで，2024年のことである。

他国からの承認という観点からすると，韓国だけでなく北朝鮮も，国際社会において堂々たる主権国家であることは間違いない。主要国で北朝鮮と修交していないのは日本・米国・フランス・バチカンくらいである。この点，12か国しか「邦交国」がない「中華民国(Republic of China)」(台湾) や中台関係とは対照的である。

「自由民主的基本秩序に立脚した」統一韓国

87年憲法になって初めて，領土条項だけでなく，統一のあり方についても規定している。「大韓民国は統一を指向し，自由民主的基本秩序に立脚した平和的統一政策を樹立し，これを推進する」(§4) とあるように，吸収統一は否定しているが，一国二制度も許容していない。金一族による個人独裁の北朝鮮とは並び立たず，統一韓国は「自由民主的基本秩序に立脚した」ものでなければならないというのである。この条項が韓国憲法に盛り込まれてまもなくして統一したドイツも，ドイツ連邦共和国（西ドイツ）の基本法（実質的意味での憲法）をドイツ民主共和国（東ドイツ）が受け入れ，連邦に東側の各州が編入されるという手続きがとられた。

体系的な統一政策を提示していたのは金大中大統領までで，盧武鉉大統領以降は「平和協力」「非核化」が南北朝鮮関係や対北政策の主眼になった。近年，北朝鮮が核・ミサイル開発を高度化して実戦配備を始め，金正恩国務委員長が2023年末に，南北朝鮮は「もはや同族関係，同質関係ではなく，敵対的な国家関係，戦争中の交戦国関係」であると規定し，「南朝鮮」ではなく「大韓民国」と呼称すると，「統一」「和解」「同族」が北朝鮮の公の場から完全に姿を消した。

いずれ統一韓国となった暁には，憲法改正が政治日程に上がるかもしれない。旧「北韓」地域をどのように政治的かつ社会的に包摂するのかが問題である。その際，30倍にも達する南北間の経済格差だけでなく，2対1という人口比がボトルネックになる。総選挙の選挙制度が現行のように小選挙制中心の議席配分だと，勝者（多数派）と敗者（少数派）の関係が固定され，体制に対する不満がたまりかねない。そこで，現在一院制の国会を二院制とし，第二院には地域を同等に代表させる方案がありうるが，これには憲法改正を要する。

ドイツでは旧東ドイツ出身のメルケルが統一（1990年）から15年後に首相に就任したが，連邦制と議院内閣制，それに併用制という連邦議会の選挙制度などがあってのことである。

「統一」に関する韓国国民の認識

こうした憲法条項にもかかわらず，韓国国民の統一に関する認識は当為より現実を重視するように変わってきた。

ソウル大学統一平和研究院が2007年以降毎年実施している統一意識調査によると，23年現在，「統一は必要である」（43.8%）という回答が「必要でない」（29.8%）という回答を依然として上回っているものの，それぞれ過去最低，過去最高を更新した。特に，前者は調査開始時には63.8%を記録したが，16年間で20.0ポイントも下がった。この調査は「どちらともいえない」という回答も合わせた3択で，分断国家である韓国において「統一は必要である」と回答すべきであるという社会的望ましさバイアスが効くなかで，この変化である。

「我々の望みは統一」という歌は，金大中大統領と金正日国防委員長が平壌（ピョンヤン）で初めて開催された南北首脳会談（2000年6月）で合唱され，「統一」「和解」「同族」の象徴になった。さらに，18年，文在寅（ムンジェイン）大統領と金正恩国務委員長が板門店（パンムンジョム）で南北首脳会談を開催するに際して平壌で開かれた記念公演において，女性グループのRed Velvetが歌ったのもこの曲である。それくらい統一は公の場で望み，謳うことがふさわしいとされる規範である。

保守／進歩だけでなく，同じ進歩でも年齢層・世代によって北朝鮮に関する認識が異なるが，統一に関しても同じである。先の調査において20代は「統一は必要でない」(41.2%) が「必要である」(28.2%) より13.0ポイント高い。一方，60代以上だと「必要である」(55.6%) が「必要でない」(20.7%) より34.9ポイントも上回る。このように，若年層と高齢層では統一に関する認識が大きく異なる。

「主敵」と呼称するかはともかく，北朝鮮は「統一の同伴者」というより「軍事的な脅威」として映っているのである。

2 「脱北者」と外国人

「二級国民」としての「北韓離脱住民」

韓国は朝鮮半島全土を統治しているということになっている以上，軍事境界線以北の住民もすべて，当然に韓国国民である。そのため，北朝鮮を離れ，韓国で暮らすことになった「脱北者」はハナ院（ハナは「ひとつの」という意味）で12週間に及ぶ教育を受けるとともに，住民登録だけをおこなう。

脱北者の数は2000年代以降増加し，03～11年は毎年2000～3000人規模，12～19年は1300名前後だった。20～23年はコロナ禍で激減し，229人・63人・67人・196人という推移である。総数は3万4078人であり，そのうち72%が女性である。世界的な潮流である「移動の女性化」がここでもみられる。

北韓離脱住民の保護及び定着支援に関する法律が1997年に制

コラム 13　以北五道委員会

「……ということになっている」という法規範が存在することで，いくら現実とのあいだで乖離があっても，それが根拠となって現実が変わり，いや，未来をつくっていくことができる。「すべて国民は，個人として尊重される」（日本国憲法第 13 条）然り，「大韓民国の領土は韓半島とその附属島嶼とする」（韓国憲法第 3 条）然りである。

朝鮮戦争の休戦協定の結果，画定された軍事境界線の以北には，黄海（ファンヘ）道・平安南道・平安北道・咸鏡（ハムギョン）南道・咸鏡北道の 5 つの道が存在している。これら「以北五道」に対して韓国の実効支配は及んでいない。にもかかわらず，いや，だからこそ，その知事（次官級）を大統領は任命している。実質的な業務がない名誉職である。

京畿（キョンギ）道や江原（カンウォン）道は南北両方にまたがっているため，それぞれ「未修復地」があるという位置づけである。知事は全国同時地方選挙で選出されているため，市長や郡守が任命されている。たとえば，南北経

定されてからすでに四半世紀が過ぎている。本人だけでなく 2 世の社会的包摂が進んでいるとはいえず，大学進学率などは著しく低い。

「北韓離脱住民」が法令上の用語になっているが，よくも悪くも，「脱北者」という呼称で定着している。もともと韓国で生まれ，暮らしてきた住民と同等の扱いを受けておらず，「二級国民」としてスティグマ（負の烙印）化されているのが現状である。

逆に，「越北者（韓国から北朝鮮への越境者）」は，統一部の統計によると，2010 ～ 20 年の 10 年間で 55 人である。そのうち 29 人は脱北者の「再入北」である。それだけ韓国に定着するうえで困難があったということである。

そのほか，「拉北者」（北朝鮮による拉致被害者）がいる。大半は朝鮮戦争当時だが，その後も漁民などが拉致・抑留され，帰還できて

済協力の象徴の工場団地が稼働していた「未修復京畿」開城（ケソン）には名誉市長が任命されている。

行政安全部のもとに以北五道委員会が設置されており，以北五道や未修復地に対する情報収集や調査研究，出身住民の支援などにあたっている。ソウルの中心街，鍾路（チョンノ）区にある独立した庁舎には50人ほどの職員が勤務している。

「島根県の竹島」について，2月22日を「竹島の日」とする条例を島根県が2005年に制定し，啓発に努めているが，式典に国からは政務官が参加するだけにとどまっていることと対照的である。

以北五道委員会
https://www.ibuk5do.go.kr/main.do

いない人たちが500人以上いると推定されている。日本とは異なり，「拉北者問題」は長らく争点化されていなかったが，尹錫悦（ユンソンニョル）大統領は「自由と人権という普遍的価値を保障することこそが統一である」と闡明（せんめい）している。

国会における代表

こうした脱北者のなかで初めて国会議員になったのは趙明哲（チョミョンチョル）である。趙は金日成総合大学で教授を務めるなど北朝鮮でエリート階層に属したが，1994年に脱北し，対外経済政策研究院研究委員や統一教育院院長を経て，2012年総選挙でセヌリ党公認の比例代表として選出され，1期だけ務めた。比例代表の議員は地域区に転出しない限り，連続して公認されることがほぼないため，特に変わった処遇ではない。趙はその後，22年7月に尹錫悦大統領によって平安（ピョンアン）南道の知事（コラム 13 参照）に任命された。

地域区で初めて選出されたのは太永浩（テヨンホ）である。太は北朝鮮の外交官であり，駐英公使だった 16 年に亡命した。高官の亡命としては，朝鮮労働党書記で主体（チュチェ）思想の理論家だった黄長燁（ファンジャンヨプ）に次ぐ衝撃だった。太は 20 年総選挙で未来統合党の地盤であるソウル市江南（カンナム）区で公認され，当選した。24 年総選挙では九老（クロ）区に選挙区を替え，落選した。

このほか，比例代表において，20 年総選挙では池成浩（チソンホ）（「北韓人権団体 NAUH」設立），24 年総選挙では朴沖綣（パクチュングォン）（脱北後，ソウル大学で工学の修士・博士の学位を取得し，現代（ヒョンデ）製鉄研究開発本部責任研究員を歴任）が未来統合党／「国民の力」から当選した。また，脱北者ではないが，フィリピンからの「結婚移民者」であるイ・ジャスミンも 12 年総選挙において保守政党の公認で国会議員になった。

興味深いことに，「共に民主党」に連なる進歩政党からは脱北者や外国出身の議員はひとりも誕生していない。金大中の太陽政策，盧武鉉の平和繁栄政策，文在寅の朝鮮半島平和プロセスはいずれも南北朝鮮の和解・協力を推進する一方で，脱北者の存在や北朝鮮の人権問題を蔑ろにしてきたという批判がある。さらに，外国人（特に非先進国出身），外国出身者，イスラム教徒に対する差別や偏見は，保守・進歩を問わず，根強い。

「国籍」「居住」「参政権」

外国人がホスト国によってどのように包摂されるかはさまざまであるが，政治的包摂において重要なのは参政権である。

韓国では 06 年地方選挙以降，地方選挙に限って，永住権を取得してから 3 年以上居住している外国人に参政権が付与されている。当初，6726 人だった有権者数は，22 年地方選挙の時点で 12 万

7623人まで増加した。「国籍」「居住」「参政権」は従来，3つを同時に充足しなければならなかったが，「外国籍であっても，一定の条件を満たして居住していれば，地方参政権が付与される」ようになった。前後して，「国籍があれば，居住していなくても，国政に対する参政権を行使できる」ように，在外選挙制度が導入された。

憲法裁判所は07年6月に在外投票を認めていなかった公職選挙法に対して憲法不合致の決定をおこなった。これを受けて，国会は公職選挙法を改正し，12年4月の総選挙と同年12月の大統領選挙から国外不在者（韓国国内で住民登録がおこなわれている者）と在外選挙人（在日コリアンのように，韓国国外に定住している者）は初めて投票できるようになった。総選挙の場合，国外不在者は地域区と比例代表の両方，在外選挙人は比例代表のみ投票する。22年大統領選挙では，201万人と推定される在外国民のうち，国外不在者は119万人，在外選挙人は81万人である。このうち選挙人登録がおこなわれたのは合わせて23万人，投票者数は16万人だった。全体の投票結果とは異なり，ここでは李在明（8万8000人）が尹錫悦（5万4000人）より多く得票した。

憲法裁判所は在外投票を認めていない国民投票法に対しても憲法不合致の決定を14年7月におこなったが，国会は15年12月末という期限をはるかに過ぎた現在においても，まだ改正していない。今後，87年憲法の改正が政治日程に上がっても，在外国民はその国民投票への参政権を剥奪されているということである。「法の下の平等」（§11-1）は人権の核心をなしており，事の性質上「国民の権利」（87年憲法第2章）に限定されたものでなければ，「すべての人」に対して保障されているというのが韓国司法の判断である。

移民大国化する韓国

韓国に3か月以上居住している外国人住民数は22年11月末現在，225万8248人で，総人口（5169万人）に占める比率は4.4%である。総数も比率も過去最高値である。コロナ禍の20年・21年は2年連続で低下したが，再び増加傾向に転じ，まもなく5%という移民国家の目安とされる閾値（いきち）を超えるのが確実視されている。

類型別には外国人労働者（23.0%）が最多であり，外国国籍同胞（22.7%），留学生（10.8%），結婚移民者（10.0%）と続く。ここで外国国籍同胞とは，「大韓民国の国籍を保有していた者（大韓民国政府樹立の前に国外に移住した同胞を含む），またはその直系卑属として外国国籍を取得した者のうち大統領令によって定めた者」（在外同胞法）を意味する。このなかで括弧内の内容は，憲法裁判所による憲法不合致の決定（01年11月），法律の改正によって追記されたものである。これによって，「日帝強占期」（1910～45年）や「解放3年」（45～48年）に満州／延辺（ヨンピョン）朝鮮族自治州やサハリンなどに移り住んだ中国朝鮮族や「高麗人（コリョサラム）」（旧ソ連各地に居住する在外同胞）も含まれるようになった。

国籍別では，その「中国（韓国系）」が最多（30.1%）であり，ベトナム（11.9%），中国（11.7%），タイ（9.3%）と続く。中国朝鮮族は「ことばが通じる」として「重宝」されている。

「出生率0.72」（23年）という世界的にも類をみない少子化による労働力不足に対応するため，韓国は単純労働の受け入れも始めた。この「移民大国化する韓国」において，シティズンシップのあり方が今後，より厳しく問われるのは間違いない。

3 「韓民族」か，「韓国国民」か

「大韓民国の国民」というアイデンティティ

言論NPO（日本）と東アジア研究院（韓国）が2013年以来毎年実施している日韓共同世論調査の最新版（23年実施）によると，韓国の「社会・政治体制のあり方」について日本人の過半数（50.3%）が「民主主義」と認識している。複数回答可のなかで，次いで多いのが「民族主義」（38.4%）である。「民族主義＝nationalism＝国民主義」かもしれないが，選択肢に「国民主義」はない。「国家主義（statism）」という回答は用意されていて，26.6%を占める。

Korean people は「韓民族」and/or「韓国国民」を意味するが，この「and/or」（両方とも，またはいずれか一方）を釣り合いよく理解しないと，重層化している関係性がみえてこない。事実，近年，高まっているのは，北朝鮮と同じ「韓民族」という意識ではなく，「大韓民国の国民」というアイデンティティ，自尊心である。

「同族相殘」（同じ民族同士が戦い，殺し合うこと）と形容される朝鮮戦争が休戦してからもすでに70年以上が経っている。この間，南北朝鮮はそれぞれ異なる政治・経済体制のもとで独自の発展過程をたどった。韓国は新興独立国家から戦争の廃墟を経て，経済成長，民主化，情報化を順次，成し遂げてきた世界的にも稀な例である。一方，北朝鮮は親子3代で最高指導者の地位を世襲し，核やミサイルの開発，実戦配備を進めるなかで，人民の生活は疲弊するという対照的なありさまである。

平昌（ピョンチャン）オリンピック（18年）は南北宥和の雰囲気のなかで開催され，アイスホッケー女子南北合同チームが結成されたが，第11章でみたように，同じ進歩派であっても世代によって受けとめ方がまるで異なっていた。86世代は「民族融和の象徴」として好意的だった一方で，2030世代は「公正の毀損（きそん）」として批判した。02年に釜山（プサン）でおこなわれたアジア競技大会に北朝鮮から女子応援団が参加した際は国民的熱狂の対象になったことと対照的である。

「韓国人」たる条件

東アジア研究院は05年以来，5年ごとに「韓国人のアイデンティティ」調査を実施している。その最新版（20年実施）によると，「韓国人」たる条件に関する質問に対して，「国籍の保持」という回答（複数回答可）が95.2%でもっとも多く，「政治制度・法の順守」（94.3%），「韓国語の使用」（91.8%），「韓国での出生」（89.7%），「歴史の理解，伝統・慣習の順守」（89.4%），「血統」（81.1%），「韓国居住」（80.8%）の順に続いた。過去3回分と比べると，「国籍の保持」は不動の1位であるが，「政治制度・法の順守」が05年の77.5%から16.8ポイント増加して2位になっている。この間，「血統」は80%台前半で，10年以降，下落傾向にある。

87年憲法でも「大韓民国の国民になる要件は法律で定める」（§2-1）と法律に委ねられており，国籍法では「出生当時，父または母が大韓民国の国民である者」と定められている。「母」も追記されたのは，憲法裁判所が父系だけに限定した規定を2000年8月に違憲と決定したからである。このように，韓国の国籍制度は基本的には属人主義をとっているが，一定の条件を満たせば，「血統」とは関係なく，後天的に国籍を取得（「帰化」はコレクトな表現ではない）することができる。

05年から20年までの15年間で「韓国語の使用」や「歴史の理解，伝統・慣習の順守」といった文化的要素がより重視されるようになっているが，これらも「血統」とは関係なく，後天的に身につけることができる。

時系列比較では上昇傾向にあるとはいえ，「韓国居住」が相対的に重視されていないのは，在外選挙制度の導入と相通じるところがある。一方で，「韓国での出生」が重視されているのは，属地主義の国，たとえば米国に「遠征出産」に出向き，二重国籍を取得し，兵役逃れをすることに対する否定的な見方と関係があるだろう。

「脱北者」に対する認識

韓民族よりも韓国国民を重視するなかで，「血統」は同じでも，「韓国で出生」しておらず，「政治制度・法」に完全には馴染んでいない，「韓国籍」で「韓国に居住している」脱北者はどのように認識されているのだろうか。

同じ調査によると，「北韓出身の南韓サラム」（47.8%）と「南韓サラム」（15.2%）という回答（単一回答）を合わせた6割超が「南韓サラム」と認識する一方で，「在外同胞／韓民族」（13.8%）や「北韓サラム」（23.2%）という認識もみられる。選択肢にある「南韓」とは，「北韓」との対比で用いられる用語である。「サラム」は「人（びと）」を意味する。

10年の結果と比べると，「北韓サラム」という回答は19.7ポイント低下した。全般的には，出身はともかく，いまは「南韓サラム」という認識が拡がりつつあるが，同じ「韓国国民」として受容していない層も歴然と存在する。

また，同じ10年間（10年・15年・20年）で，「移住労働者」（38.4 → 36.5 → 28.8），「結婚移民者」（70.5 → 64.7 → 56.5），「国際結婚家庭の子ども」（81.2 → 75.7 → 67.3），「朝鮮族」（60.3 → 45.3 → 40.1）に対する包摂の程度（「大韓民国の国民である」

「大韓民国の国民に近い」という回答の和，単位は％）は低下傾向にある。このなかで「国際結婚家庭の子ども」は韓国籍であり，ほかより高い値だが，それでも7割を切っている。「朝鮮族」は数も多く，「韓国語の使用」を満たすが，4割にすぎない。

「我が領土の範囲」はどこまでか

東アジア研究院の調査は「我が領土の範囲」についても尋ねている。もちろん，憲法では「大韓民国の領土は韓半島とその附属島嶼とする」（§3）と規定されている。

20年の結果は，韓国の統治権が実質的に及んでいる「南韓」という回答が62.1％で最多である。過去15年間（05年・10年・15年・20年）で一貫して増加傾向にある。年齢層ごとに差がみられ，20代では73.2％と高い。

憲法条項と同じ「韓半島」という回答は29.2％である。05年には48.0％で最多だったが，18.8ポイントも下がった。「韓半島＋満州」という回答は8.6％で，25.7％だった05年と比べると，17.1ポイント下がった。

ここで「満州」という選択肢が含まれていることに注目したい。「満州」は中国の東北三省（遼寧省・吉林省・黒竜江省），熱河省，内モンゴルの地に，1932年に「五族協和」を掲げて「建国」された「満州国」を想起させる。満州国は大日本帝国の傀儡（かいらい）であり，国際連盟は中華民国の提起を受け派遣したリットン調査団の報告書に基づいて日本に撤退を勧告すると，日本は国際連盟を脱退したという経緯がある。

それに先立ち，韓国併合（1910年）の前年，日本は清と間島（カンド）協定を締結し，韓国（大韓帝国）と清のあいだの国境は図們江（豆満江（トゥマンガン））とすることを定めた。当時，韓国は日本の保護国であり，外交権を有していなかった。そのため，高句麗（コグリョ）や高麗（コリョ）以来，韓国は中国東北部（満州）に対して歴史的権原（領有権の法的根拠とされるが，国際司法裁判所〔ICJ〕では重視されない）を有していたにもかかわらず，「日帝（日本帝国主義）」が簒奪（さんだつ）し，不当に売り飛ばしたという認識が一部にみられる。

「満州」はともかく，「韓半島」全土を韓国が実効支配しているという規範や擬制は，分断状況である以上，不可欠である一方，実際は軍事境界線以南にしか及んでいないという現実とのあいだで乖離が現に存在している。そうしたなか，大韓民国の国民はそうした現実を受け入れつつあるのである。

4　憲法事項としてのナショナル・アイデンティティ

「大韓民国」という国名

国名，国の歴史的な正統性，時間の表記法，国語などナショナル・アイデンティティも憲法（体制）によって定められている。

「大韓民国（Republic of Korea)」という国名は，48 年憲法の起草過程において議論され，票決された。「高麗共和国」7 票，「朝鮮共和国」2 票，「韓国」1 票を抑えて，17 票を得た「大韓民国」に決定された。

「朝鮮」は李成桂（イソンゲ）が 1392 年に高麗（Korea の語源）を滅ぼして打ち建てた王朝であるが，国号は明の皇帝から下賜されたものである。中華秩序のもと，朝鮮国王は長らく中国の皇帝に朝貢し，冊封を受けていた。ところが，日清戦争（1894 ～ 95 年）の結果，下関条約で「清国は朝鮮国が完全無欠な独立自主の国であることを確認」すると，1897 年に「大韓帝国」を自ら名乗り，第 26 代国王の高宗（コジョン）が初代皇帝に就いた。この際，現在の西大門（ソデムン）に，迎恩門（中国皇帝の使節を朝鮮国王が三跪九叩頭の礼で出迎えた場所）を取り壊して建立されたのが独立門である。こののち，韓国併合条約（1910年）によって，朝鮮は台湾（1895年）や南樺太（1905年）に次いで大日本帝国の外地のひとつになった。

三一独立宣言書（1919年）では「我が独立国であることと朝鮮人が自主民であること」が宣言され，上海で大韓民国臨時政府（同年4月11日）が成立した。その大韓民国臨時憲章第1条では「大韓民国は民主共和制」と定められている。そして，48年憲法以来，憲法第1条第1項は一貫して「大韓民国は民主共和国である」となっている。

この第1条は，「王政復古」ではなく「民主共和国」という「国のかたち」と，国名を定めたものである。「朝鮮」は王制であり，大日本帝国の外地のひとつであった一方，「大韓」は清からの独立自主，事大主義との訣別を意味した。また，「民主共和国（Republic）」とは，「王の不在」を意味するだけでなく，「公共の事柄（res publica）」はいかになされなければならないのかに関する原理原則でもある。

「大韓民国臨時政府」の位置づけ

87年憲法前文では「我ら大韓国民は3・1運動によって建立された大韓民国臨時政府の法統……を継承」していると謳われている。62年憲法以来「3・1運動の崇高な独立精神を継承」という文言だったが，48年憲法の「己未三一運動によって大韓民国を建立し[た]」という文言に近くなった。

大韓民国臨時政府は1919年4月に上海で成立し，その後，杭州・南京・重慶など中国各地を転々としたが，国として承認した国は中華民国を含めてひとつも存在しない。国家成立の要件は一般に，領土や国民に対して統治権を行使している政府の存在と他国からの承認であるが，大韓民国臨時政府はなにひとつ満たしていない。当時，朝鮮は大日本帝国の領域の一部であり，大日本帝国憲法が適用されるとされていたが，衆議院選挙は実施されず，戸籍も内地とは別で，「天皇に直隷」（朝鮮総督府官制）する朝鮮総督が事実上，立法・行政・司法の全権を担っていた。

「8・15」（1945年）は，大韓民国臨時政府の軍事部門「韓国光復軍」が独立を自ら奪取したというよりは，日本の敗戦とポツダム宣言受諾によって「盗人のように不意に訪れた」と独立運動家の咸錫憲が述懐している。事実，「光復」と同時に独立は実現せず，南北それぞれ米ソの軍政下に入った。その後，48年，南北において相次いで，大韓民国政府樹立（8月15日）と朝鮮民主主義人民共和国創建（9月9日）が宣言された。

しかも，戦後日本の領域再編を国際法的に確定したのはサンフランシスコ平和条約（51年9月調印）であり，「日本国は，朝鮮の独立を承認して，済州島，巨文島及び鬱陵島を含む朝鮮に対するすべての権利，権原及び請求権を放棄する」となっている。ここで日本が放棄した領域に竹島が含まれるかどうかが竹島（独島）領有権問題の焦点になっている。

韓国はサンフランシスコ平和条約に「戦勝国」として参加しようとしたが，認められなかった。

時を統べる国家

時をどのように統べるのかにも「国のかたち」が表れる。明や清の冊封体制に入っていた朝鮮は中国の年号をそのまま用いていたが，末期に「建陽」（1896～97年），大韓帝国になると「光武」（1897～1907年）や「隆熙」（07～10年）という独自の年号を一世一元（代替わりに改元）で制定した。

48年憲法を掲載した官報第1号に記されていたのは「大韓民国30年9月1日」という年月日である。これは，1919年，「己未三一運動によって大韓民国を建立し［た］」（前文）ことを踏まえている。ただ，48年9月25日に，年号に関する法律が制定され，檀君(タングン)起源の年号「檀紀」が用いられることになった。

檀君は神の子と熊女（平昌パラリンピックのマスコットキャラクター「バンダビ」の由来）のあいだに生まれた伝説の王で，紀元前2333年に即位されたといわれる。1948年は檀紀4281年に相当する。その後，年号に関する法律は61年末に改正され，62年1月1日以降，西暦が採用され，現在に至っている。これらは，80年憲法で初めて設けられた「国家は伝統文化の継承・発展と民族文化の暢達(ちょうたつ)に努力しなければならない」（§9）という憲法条項にみられる「創られた伝統」である。

このほか，54年から61年までの期間，韓国は東経127.5度を基準に標準時を設定していて，東経135度を基準にする日本とは30分の時差があったことがある。

北朝鮮は，金日成が生まれた1912年を元年とする「主体」という年号を97年から用いてる。また，北朝鮮も2015年8月15日から18年5月4日までの期間，東経127.5度を基準に平壌標準時を設定し，韓国と30分の時差を設けたことがある。東経127.5度を基準にした標準時は大韓帝国が1908年に導入したものだが，翌々年に大日本帝国に編入されると，東経135度を基準にする中央標準時に含められた。下関条約によって清から台湾を割譲された大日本帝国は，1896年に東経120度を基準にする西部標準時を設定し，八重山列島・宮古列島・台湾・澎湖諸島に適用した。

国語・国旗・国歌という象徴

韓国の憲法は国語や公用語を定めていないが，憲法という最たる公文書がどのように記述されているかに言語政策が表れているといえる。

ハングル専用に関する法律が1948年10月に定められ，当面，漢字との併用を認めつつも，公文書は原則，ハングルで記すように定められた。ところが，87年憲法もなお，漢字との併用で記述されている。

ハングルは朝鮮の第4代国王である世宗（セジョン）が創始した訓民正音が朝鮮末から「日帝強占期」にかけて徐々に民草（一般の人びと）に普及されたもので，「ひとつの／偉大な文字」という意味である。漢文で書かれた文書は両班（ヤンバン）（貴族）の専有物だったが，ハングルの普及によって知識が民主化され，識字率も伸びた。ハングルの日（10月9日）は5つしか定められていない国慶日のひとつである。

2005年に制定された国語基本法において国語は「大韓民国の公用語としての韓国語」であると定義され，それは「民族の第一の文化遺産」であり，「民族文化のアイデンティティを確立」するうえで核心と位置づけている。文化体育観光部の傘下には国立国語院があり，コーパスの作成，外来語の表記法の策定などのほかに，日本語由来の表現を「純化」するなどの役割を担っている。

このほか，国旗（太極旗（テグッキ）），国歌（愛国歌（エグッカ）），国花（無窮花（ムグンファ）），国璽（こくじ），国章なども「国のかたち」を文字どおり象徴している。このなかで太極旗については07年に制定された大韓民国国旗法によって形状や掲揚の方法などが詳細に記載されているが，愛国歌については法律や政令などで一切規定されておらず，事実上の国歌というわけである。

このように，ナショナル・アイデンティティも含めて，「Korea

(n)」のリミットは常に変化している。北朝鮮が南北朝鮮関係について「もはや同族ではなく，敵対的な2つの国家関係」と規定し，「2つのコリア」を打ち出すなかで，今後も再定義されていくことだろう。

参考文献

イ・ヨンスク『「国語」という思想――近代日本の言語認識』岩波書店，2012年。
礒崎敦仁・澤田克己『最新版 北朝鮮入門――金正恩時代の政治・経済・社会・国際関係』東洋経済新報社，2024年。
岡本隆司『世界のなかの日清韓関係史――交隣と属国，自主と独立』講談社，2008年。
金淑賢『中韓国交正常化と東アジア国際政治の変容』明石書店，2010年。
申美花『脱北者たち』駒草出版，2018年。
ソン・ホンギュ／橋本智保訳『イスラーム精肉店』新泉社，2022年。
太永浩／鐸木昌之監訳，李柳真・黒河星子訳『三階書記室の暗号――北朝鮮外交秘録』文藝春秋，2019年。
永吉希久子『移民と日本社会――データで読み解く実態と将来像』中央公論新社，2020年。
春木育美・吉田美智子『移民大国化する韓国――労働・家族・ジェンダーの視点から』明石書店，2022年。
與那覇潤『日本人はなぜ存在するか』集英社，2018年。

言論NPO「第11回日韓共同世論調査」
https://www.genron-npo.net/world/archives/16656.html

第14章

「1987年体制」か，「1997年体制」か

「政治経済」という視点

メキシコとアメリカの国境で接する2つのノガレス（出所：Wikimedia Commons）

"It's the economy, stupid."

1992年の米国大統領選挙に際して，民主党陣営が多用した表現

本章のポイント

✓「小規模開放経済」「貿易立国」としての韓国の課題とは何か。
✓「アジア通貨危機」ではなく「IMF危機」として理解されているのはなぜか。
✓「政治経済」とはどういう視点か。
✓サムソンは「アーリーアダプター」を克服できるか。
✓そもそも国家はグローバル・エコノミーを手綱づけることができるのか。

キーワード

IMF危機，国際金融のトリレンマ，政治経済，レント，経済の民主化

1 「小規模開放経済」として成長

アジア通貨危機と 1997 年大統領選挙

本書では，憲法／憲法体制の区別に基づいて，87 年憲法は改正されていないなかで憲法体制が変容してきた諸相についてみてきた。本章では，憲法は改正されていないものの，「87 年体制」が「97 年体制」に代替されたという見方を踏まえながら，政治と経済の関係を検討する。まずは 1997 年前後の歴史過程を概観しよう。

タイ，インドネシア，韓国などで，97 年に相次いでドルに対して自国通貨が暴落し，外国資本のキャピタルフライト（資本逃避）が起きるなか，デフォルト（債務不履行）の危機に直面したのがアジア通貨危機である。韓国では同年 1 月，財閥 14 位だった韓宝の経営破綻を契機に，倒産や株価下落が起きると，ムーディーズなどの格付け会社が韓国の信用評価を下げた。それが外国資本の引き揚げにつながり，ウォンや株価が急落しても，外貨準備が十分でなかった金融当局は打つ手がなくなり，ついに 11 月 21 日，IMF（国際通貨基金）に救済を要請することになった。12 月 4 日，IMF は総額 580 億ドルの支援を決定し，国家破綻は回避された。

このなかで 97 年大統領選挙がおこなわれ，新韓国党の金泳三から新政治国民会議の金大中への政党間の政権交代が初めて実現した。有権者は通貨危機を惹き起こした政府・与党のパフォーマンスを評価し，「罰」を与えると同時に，「準備された大統領」金大中に経済再生の期待を託した。

当選（12 月 20 日）から就任（翌年 2 月 25 日）までのあいだ，大統領当選人は政権引き継ぎ委員会を発足させ，政策や人事の構想を本格化させる。金大中次期大統領の場合，カムドシュ IMF 専務理事と会談するなど，事実上，職務をただちに開始した。

構造改革と「IMF危機」

この「朝鮮戦争後，最大の国難」への対応において，韓国は「IMFの模範生」といわれるパフォーマンスを示した。

経済成長率は96年の7.9％，97年の6.2％から98年には－5.1％まで急落したが，99年には11.5％へと「V字回復」した。失業率は危機以前，完全雇用の状況（97年は2.6％）だったところ，98年に7.0％まで上がったが，99年以降下落に転じ，2002年には3.0％まで落ちた。GDP（国内総生産）も，1996年の6102億ドルから5698億ドル（97年），3833億ドル（98年）まで大きく落ちたが，99年以降上昇に転じ，2002年に危機以前の水準（6273億ドル）を回復した。

マクロ経済の指標が改善する一方で，韓国は金融支援を受ける代わりに，IMFからコンディショナリティ（融資の条件）を課され，さまざまな構造改革，特に4大部門の改革に取り組んだ。

金融改革では，銀行が抱える不良債権の処理のために，155兆ウォンの公的資金を投入するなかで統廃合，集約化を進めた。その結果，KB国民・新韓・ウリ（「我々」）・ハナ（「ひとつ」）・NK農協の5大銀行へと再編された。

財閥（企業）改革では，各財閥があらゆる業種でタコ足のように事業を展開するなど多角化の過剰が問題になっていたが，財閥／業種ごとにビッグ・ディール（選択と集中）が断行された。これにより，自動車は現代（ヒョンデ），半導体はサムスンといったように業種ごとに国際的に競争力を有する「優良企業」に集積された。

労働改革では，「労働市場の柔軟化」「整理解雇」（正規職の解雇）が図られると同時に，非正規職があらゆる業種に拡がった。非正規職は急増した失業者を吸収したが，雇用の安定や十分な所得を保障しなかった。

公共部門改革では，公企業の効率性を向上させるために民営化が推進された。その結果，POSCO（鉄鋼）やKT（通信）などが誕生した一方，国営から公社（KORAIL）に再編された部門（鉄道）もある。

こうした構造改革のなかで，働き口や食い扶持のありさまが一変し，人生設計がこれまでのようには成り立たなくなった。IMFに救済を求めたのは韓国であり，その支援によって「国家破産」を免れたにもかかわらず，「通貨危機」以上に「IMF危機」という用語が定着しているくらい，構造改革は「国のかたち」，なにより「私（たち）の人生」を変えたものとして認識されている。

準備なき「世界化」

「IMF危機」の要因としてさまざまな点が指摘されているが，ここでは政策上の準備不足や韓国経済の脆弱性だけをみておく。

「初の文民政府」を自負した金泳三大統領は就任後ただちにハナフェ（軍の実勢）を解体し，軍の政治的中立や軍に対する文民統制を確立した。また，緊急命令によって金融実名制を断行し，徴税を逃れて違法な取引の温床になっていた地下経済を炙（あぶ）り出した。

さらに，「世界化戦略」を掲げ，「発展途上国」韓国の国際的な地位の上昇を目指した。モノ（商品）だけでなくカネ（為替や資本）の市場を開放することで，1996年，ついにOECD（経済協力開発機構）に加入し，「先進国クラブ」の一員になったと自画自賛した。一方，ウォンは貿易や投資における決済通貨としてはまったく通用せず，外貨準備高（基軸通貨である米国ドルの保有）を含めて準備が十分でないと，「小規模開放経済（オープン・スモール・エコノミー）」は外的ショックに脆弱で，代替策がないまま翻弄される。

そもそも，国際金融にはトリレンマが存在し，為替相場の安定，金融政策の独立性，自由な資本移動の３つは同時には成立しないという。韓国も資本市場を開放し，変動為替制へと移行したが，短期的な変動だけを狙った投機筋がウォンを売ると，為替が急降下しやすく，一気にデフォルトの危機に直面した。しかも，企業だけでなく，国家の信用を格付けし，売買のシグナリングを決定づけるムーディーズやS&Pは民間企業である。

つまり，通貨危機は準備不足のまま「世界化」に突き進んだ政治家だけでなく，IMF，投資家／投機筋，格付け会社などを含めたグローバル経済全体におけるウォンや韓国経済の信用度によっても条件づけられていたといえる。

「政治経済」という視点

このように，通貨危機をめぐって原因と結果の両方で政治と経済は密接に関連している。準備なき「世界化」は通貨危機を招いた一因であるし，通貨危機によって政府・与党は業績評価を受け，野党に政権が交代した。IMFによる支援と引き換えに，多方面において構造改革を進め，その後の情報化・デジタル化につながった一方，非正規職が増大し，経済格差も拡大した。

さらに，政治や経済は国内だけでは完結せず，ヒト・カネ・モノ・サービス・アイディアがグローバル化するなかで国外の動きと一層連動する。たとえば，自由貿易は一般に富の総量を増やすが，国際競争に晒されて生き残りが厳しくなるセクターからは反対される。そうしたなか，政府は交渉に臨む際に，相手国政府だけでなく自国内のさまざまなステイクホルダー（利害関係者）も受け入れることができるウィンセットを探ることになる。こうした国内外のマルチレベルゲームにおいて「内政の外交化」「外交の内政化」が日常化している。

近年，レアアースが特定の国家でしか産出せず，「相互依存の武器化」（産出国側がほかの領域と連動させ購入国側に圧力をかけること）が進むなか，経済安保やサイバーセキュリティが重視されるようになっている。こうしたなか，半導体工場の誘致や TikTok や LINE といった SNS 企業の資本関係は公的な関心事になっている。

そもそも，経済は「経世済民」（世を経（おさ）め，民を済（すく）う）ものであり，政治とは切っても切り離せない。「政治経済」という視点が欠かせない理由である。

「97 年体制」と呼ぶかどうかはともかく，政治経済の領域においても，通貨危機後の構造改革を含めて「87 年憲法の改正なき憲法体制の変化」は進んでいる。

2　韓国憲政史における「政治経済」

1948 年憲法と農地改革

韓国憲政史において「政治経済」のあり方は当初から論点だった。

「経済」は 48 年憲法に規定されて以来，歴代憲法すべてにおいて独立した章で規定されている。48 年憲法は当初，議院内閣制として起草されたが，それでは李承晩（イ スンマン）が国政に参加しないと主張したため，国会で選出する大統領職を設けた「混合政体」になった。さらに，経済秩序も，「すべての国民に生活の基本的需要を充足することができるようにする社会正義の実現と，均衡のとれた国民経済の発展を期することを基本とする」という，「各人の経済上の自由」と国家統制の混合になっている。「重要な運輸，通信，金融，保険，電気，水利，水道，ガス及び公共性を有する企業」は国有／公営とされた。なにより，重要なのは，「農地は農民に分配し，その分配の方法，所有の限度，所有権の内容と限界は法律で定める」という農地改革の根拠が盛り込まれた。

第２次世界大戦以前，農地はごく一部の地主が寡占する一方，圧倒的多数の農民は小作農で貧しく，社会不安の温床でもあった。そのため，農地を小作農に等しく分配して自作農に転換させることは，植民地支配や戦争によって荒廃した国民生活を立て直すうえで喫緊の課題だった。さらに，工業化に欠かせない都市労働力を創出するためにも，農村の再建と合理化は欠かせなかった。

農地改革法は1949年６月に制定され，50年３月に改正，朝鮮戦争の勃発によって全面実施は遅れたが，農地改革によって地主階級は没落し，農村は与党の支持基盤や動員ターゲットになった。野党だった韓国民主党は地主階級を背景にしていたため，農地改革は李承晩にとって政治的にも一石二鳥だった。

農地改革に失敗した国は現在も大規模なプランテーション農園があり，小麦やバナナなどが特産品になっているが，カーギルやドールなど食糧・食品メジャーに利益が集中し，生産者の取り分は限られている。それだけでなく，産業構造の高度化も遅れる傾向がある。

国家による「規制と調整」

憲法改正は主に統治機構，特に大統領の執政延長に関しておこなわれてきたが，48年憲法第６章「経済」も焦点になっていた。

54年憲法への改正によって，国家統制が緩和され自由経済を重視する方向へと改められた。「私営企業」は原則，国有化されず，国家はその「経営」を「統制」「管理」できないと規定された。さらに，62年憲法において，大統領制と「個人の経済上の自由と創意」を基本とする「単一政体」へと再編された。もちろん，国家による「規制と調整」は重要であり，「対外貿易」の「育成」は国家の使命とされた。

当時，韓国の経済規模は北朝鮮より小さく，カツラや靴の製造といった軽工業の段階で，重工業化に向けた資金援助を世界銀行に求めても断られる状況だった。歳入において重要な部分を占めていた米国からの援助が減少していくなかで，日韓国交正常化（65年）にともなう資金の使い途(みち)はその後の経済発展や政治経済のありさまを方向づけた。

朴正熙(パクチョンヒ)大統領は日韓請求権協定で得た「5億ドル＋α」の資金を戦時下の徴用工など個人に対する賠償や補償にはほとんど支給することなく，重工業化という将来ビジョンに基づいて浦項(ポパン)製鉄所（現POSCO），昭陽江(ソヤンガン)ダム，京釜(キョンブ)高速道路など基幹インフラに集中的に投資した。結果的に，産業の高度化，高度経済成長，都市化，中産層の育成につながった。

こうした過程を主導したのは61年に新設された経済企画院という政府部局であり，テクノクラート（専門技術を有する官僚）が配置された。経済は国が「企画」するものであり，乏しい資源（人材や資本）を効率的に投下する先（産業や地域）は戦略的に策定された。その意味で，「個人の経済上の自由と創意」は72年憲法・80年憲法でも謳(うた)われたとはいえ，国家による「規制と調整」が優先される時代だった。

「官治金融」を通じた産業育成

この経済企画においてもっとも重要なのは，虎の子だった資金をどの産業にどのような条件で貸し出すかということである。そのため，韓国銀行法と銀行法の改正によって，金利の決定と貸付をおこなう金融機関を国が完全に掌握した。

50年に設立された韓国銀行の最高意思決定機関である金融通貨運営委員会は，財務部長官，韓国銀行総裁，経済企画院長推薦者1名，金融機関推薦者2名，農林部長官推薦者2名，商工部長官推薦者2名の計9名で構成された。議長は財務部長官であり，長官とその推薦者だけで議決要件の過半数を満たす。第9代総裁の金世錬（在任期間：63～67年）の前職は財務部長官だった。その後の総裁も官僚や政府系金融機関の出身者ばかりで，生え抜きの総裁は第14代の河永基（82～83年）が初めてである。韓国産業銀行，外換銀行，中小企業銀行，輸出入銀行，朝興銀行，第一銀行などの銀行も，国が銀行長の人事を統制していた。「官治金融」といわれた所以である。

銀行を通じて政府から重点的に支援された企業や業種は成長し，三星，現代，大宇（99年に経営破綻），ラッキー金星（現LG），鮮京（現SK）など「財閥」が形成された。産業の高度化や高度経済成長，完全雇用に成功する一方で，インフレ傾向が続き，物価や金利の変動は政治的にも敏感な課題だった。この時期，与党が都市部で実質的に敗北すると，大統領は金融政策を変更したといわれるくらい，都市で成長しつつあった中産層や労働者は物価高という業績に対して厳しく審判したということである。

インフレ傾向のなか，低利での融資は企業に対するレント（優遇措置）にほかならないが，パフォーマンスに基づいて適宜増減や支援先の切り替えがおこなわれた。そのため，財閥間で競争が一定程度促され，ただちに「たかり」構造にならずに済んだ。

このように，官治金融こそが国の産業育成や雇用確保の要だった。

「経済の民主化」という憲法条項

レントには純機能もあるが，大統領も企業も，双方が依存し，見返りを要求するようになると，逆機能が前面化する。大統領が特定の企業や業界を優遇する代わりに，裏金を懐に入れて私財を肥やすのは，典型的な「政経癒着」である。

全斗煥（チョンドゥファン）と盧泰愚（ノテウ）の２名の大統領は権力奪取において暴力を用いたため，のちに反乱罪や内乱罪などで起訴され，大法院（最高裁判所）によってそれぞれ無期懲役，懲役 17 年という判決が確定するが，企業からの収賄も同時に断罪された。追徴金はそれぞれ 2205 億クォン，2629 億ウォンにも上り，腐敗の凄（すさ）まじさを物語っている。その後も，大統領本人やその家族への贈収賄が繰り返され，自死（盧武鉉（ノムヒョン））や弾劾・罷免（朴槿恵（パククネ））の例が出ている。

財閥の発展は「漢江（ハンガン）の奇跡」「アジア四小龍」（韓国・台湾・シンガポール・香港）を牽引すると同時に，市場の独寡占や多角化経営が問題になった。この問題はアジア通貨危機後，構造改革の一環で取り組まれた。

さらに，中小企業を幾重にも下請けにする系列が形成されるなかで，格差が鮮明になった。立場が弱い「乙」である中小企業は，「甲」である大企業に対して頭が上がらない構造，「甲乙関係」が固定化されていく。

こうしたなか，87 年憲法への改正において「経済上の自由と創意」の主体として「個人」に加えて「企業」（§119-1）も追記される一方で，「規制と調整」の目的として「経済主体間の調和を通じた経済の民主化」（§119-2）が規定された。87 年憲法の主眼は大統領直接選挙制の実現という政治的民主化に置かれており，経済社会的民主化を求める声は改正過程において周辺化されたが，それでも「経済の民主化」という文言が盛り込まれたのは画期的である。

3　1987年憲法における「政治経済」

「変革」に向けた課題

韓国のGDPは1987年当時，1480億ドルだったが，35年後の2022年には1.67兆ドルまでに成長した（以下，世界銀行のデータに基づく）。この間，アジア通貨危機（1997年），世界金融危機（2008年），パンデミック（20年）という危機を経ながらも，11倍以上に経済規模が拡大し，「失われた30年」の日本とは対照的である。順位ではG7（米国・日本・ドイツ・イギリス・フランス・カナダ・イタリアの順），中国（2位），インド（5位），ロシア（8位），ブラジル（11位），オーストラリア（12位）に次ぐ13位である。

経済成長率は当初，7～10%といった高度経済成長が続いたが，2000年代に5%前後に落ち，10年代以降，2～3%の低成長期に入った。為替は近年，ドルの独歩高で，主力輸出産業（半導体，自動車，石油製品）に好都合のはずだが，素材・部品・設備や資源の輸入価格の高騰，それにともなう物価高のなか，景気刺激のために財政出動を求める声が出ている。

さらに，AI・バイオ・宇宙などの分野で第4次産業革命に後れをとらないかが喫緊の課題である。そのためには，法人税（最高税率は24%）などの税制，インフラ整備や補助金，労働市場の「柔軟化」といったインセンティブ構造の見直し，なにより，変革（イノベーション）を担う人材育成が欠かせないが，いずれも法律の改正や広範囲な社会的コンセンサスが必要である。

特に教育改革は切実で，大学入試や「スペック」取得にオールイン（1点にすべてを賭けること）した現行の制度では，正解がひとつに決まっている問題を解くのは得意でも，正解が決まっていない問

コラム14　価性比

YouTubeを2倍速でみる。15分，3分の動画は長すぎるので，15秒のショートが流行る。InstagramもTikTokも，SNSでは「コスパ」が悪いと，相手にされない。

「価性比」（価格対比性能比率）はSNSだけでなく，生活のそこここで切実である。1人あたり年間405杯（2023年現在）のコーヒーを消費する韓国で，アメリカーノ（トールサイズ）が4500ウォンするスターバックスは価性比が悪いと判断した層は，1500ウォンで量も多いMEGA COFFEEに流れている。ランチのあとに気楽に飲めて，カフェインを摂（と）って午後も気合いを入れるには，それで十分である。それが私のスタイルだ。

大学での学習も，自らの興味関心よりも，就職市場での価値だけを気にする。あらゆる選択において，実利的なことにすぐに「使える」

題を解いたり，そもそも「いま」「みんなで」解くべき問いを立てたりすることができなくなってしまうという危機感が強い。

サムスンは24年に出荷したスマートフォン「Galaxy S24」にいち早くAIを搭載するなど機敏な動きをみせているが，iPhoneで「電話を再発明した」AppleやChatGPT-4oで生成AIを切り拓いたOpenAIといったイノベーター（革新者）ではなく，アーリーアダプター（早期導入者）にとどまっている。

「不動産戦争」と財産権

不動産は個人のステータスシンボルであり，高いリターンが期待できる資産であると同時に，私有財産制の核心である。大都市圏への人口集中にともない，新都市やマンションが相次いで建設され地価が高騰するなかで，熾烈な「不動産戦争」が続いている。

盧泰愚大統領が推進した「土地公概念」は，「国土の効率的で均かを重視すると，喫緊ではないが重要なことにエフォート（努力など）を費やしたり，金銭には還元できない価値を大切にしたりすることをなおざりにしてしまいかねない。

給与所得よりも資産収入が格差（世代内／世代間）を左右するようになり，年金も当てにならないなか，株や為替，仮想通貨への投資に希望をつなぐMZ世代も少なくない。富も負債も複利で増えるため，金利やてこ比に敏感になるのは当然である。

生活費や学費を稼がないといけないなか，学生も可処分時間が限られているが，まだしも有している時間資産を「何に，どのくらい充てるのか」によって，将来のリターンが変わってくる。ROI（投資利益率）を上げるには，ポートフォリオ（分散投資）戦略が欠かせない。

衡のとれた利用・開発・保全」（§122）のため居住以外の投機を抑制しようとするものだったが，柱となった３つの法律のうち２つは違憲／憲法不合致と憲法裁判所で判断された。もう１つの法律は合憲とされたし，「土地公概念」自体が否定されたわけではないが，その後も私有財産や市場経済という「経済のかたち」の根幹との整合性が問われた。

盧武鉉大統領は2005年に総合不動産税法を制定して，世帯を同じくする者が保有する不動産価格の合計が一定額を超えると累進で課税することで，複数の不動産を保有し数年で売り抜けて利ザヤを稼ごうとする投機を抑え，不動産価格を安定させようとした。この税制をめぐって当初より保守は財産権を過度に侵害すると批判する一方，進歩は所得以上に親から相続する財産の多寡によって格差が拡大し固定化していくなかで「租税正義」に見合うものであると評価した。

この対立も憲法裁判所に持ち込まれ，08 年 11 月に総合不動産税法の世帯別合算課税は違憲であると決定された。この決定を受けて，国会は課税の単位を世帯別から個人別へと変更するだけでなく，対象となる不動産価格の基準値や区間ごとの税率，住宅の数の違いによる取り扱いの仕方も改正した。

その後も，総合不動産税は政治の争点になり，22 年大統領選挙では「持てる者」による争点投票や階級投票がみられた。ソウルのマンション価格の平均が 10 億ウォン前後に高騰しているなか，課税対象となる基準価格（12 億ウォン）をめぐっては綱引きが続いている。

一律給付はバラマキか

「経済の民主化」（§119-2）という憲法条項が人口に膾炙（かいしゃ）したのは 12 年の総選挙・大統領選挙である。保守与党の朴槿恵が率先して掲げて，現職大統領だった李明博（イ ミョンバク）との差別化を図ると同時に，福祉のあり方が争点になることを回避しようとした。

10 年地方選挙において進歩野党は児童・生徒全員に無償で学校給食を提供するという「普遍的福祉」を主張した一方，保守与党はそうしたバラマキはポピュリズムであると批判し，親の所得水準によって差等（さとう）をつけるという「選別的福祉」で対抗した。結果は，世界金融危機による景気の落ち込みや格差拡大のなか，「大韓民国 CEO（最高経営責任者）」を自称した李明博大統領や保守与党に対する中間評価，業績評価になり，進歩野党が勝利した。

この二の舞になることを避けるべく，朴槿恵は 12 年総選挙に際して「李明博のハンナラ党」から「次期政権の新与党セヌリ党」へと再編すると同時に，政策ポジションを左旋回し，自らに対する期待投票を促した。大統領選挙において朴は高齢層から圧倒的に支持されたが，基礎老齢年金（所得下位70%に対して1か月に約10万ウォン支給）を拡大し，所得や財産と関係なく，65歳以上全員に1か月に20万ウォン支給するという公約が奏功した。

韓国では国民年金制度が導入されたのは1988年と遅く，その水準やカバーする範囲が不十分である。漏れる部分は家族が私的に補う「孝道」（親孝行）として期待された。しかし，低成長期になり現役世代の生活も厳しくなると，福祉をめぐる公私のあり方や国家の役割が問われた。

当初，「普遍的福祉」を主張していた朴槿恵は大統領に就任すると，財政状況を理由に，支給額は増やすが，対象は従前どおりに所得下位70%に限定する「選別的福祉」へと旋回した。

予算編成権と処分的法律

こうした一律給付の是非は新型コロナウイルスのパンデミック期においても争点になった。韓国では20年3月に大邱(テグ)でクラスター感染が発生すると，街中から人影が消えるほど危機感が一気に共有されたなか，文在寅(ムンジェイン)大統領は緊急災難支援金の給付を発表した。世帯ごとに最大100万ウォンを一律支給するもので，4月の総選挙を前にした「買票」という批判もあった。しかし，与党の「共に民主党」が圧勝したこともあり，12.2兆ウォン規模の補正予算は同月30日に可決され，5月13日から支給された。

韓国は債務残高（GDP比）が2010年代は30%台だったが，23年に50.4%になった。それでもG7でいちばん低いドイツ（67.2%）よりも低く，まだまだ健全な財政だが，文の任期中に急増したため，政権交代後，尹錫悦(ユンソンニョル)大統領は予算編成において拡大基調を抑制しようとした。

普遍的福祉／選別的福祉にせよ，パンデミック対策にせよ，予算は「国会が審議・確定する」（§54-1）が，「編成」は「政府」（§54-2）がおこなうことになっているなか，財政政策は与野党のあいだ，保守／進歩の対立軸である。

24年総選挙でも圧勝した共に民主党は3高（物価・金利・為替）対策として，1人あたり25万ウォンを一律給付する政策を処分的法律（措置法）として押し切った。処分的法律とは，特定の対象に対して具体的な効果をただちに及ぼしたい場合に用いられる法律の類型だが，全国民を対象にした，本来，補正予算でおこなうべき給付を政府・与党の合意なく断行するのは，予算編成権の侵害にあたるという批判がある。

このように，87年憲法のもとでも政治と経済は密接に関係していて，憲法の経済条項が焦点になっている。

4　ナショナルな政治／グローバルな経済

「安米経中」から「経済安保」へ

韓国は「貿易立国」としての地位を不動のものにしている。2022年現在，GDPに占める貿易の比率は97%である。これは日本（47%），中国（38%），米国（27%）という内需が大きい国と対照的である。1960年当時は15%と低かったが，日米との交易が盛んになった70年代（33%から55%へ）に大きく伸び，アジア通貨危機から回復した10年間（2002年の58%から12年の105%）に「経済領土」（FTA締結）拡大もあり急増した。その後，下落傾向で69%まで落ちたが，21年から再び上昇に転じた。

輸出先は，ピークだった18年の26.8%から23年には19.7%にまで下がったが，中国が依然として1位である（韓国貿易協会のデータ）。一方，米国は03年に中国と逆転し，11年には10.1%

図 14-1　韓国の主要国別輸出比率

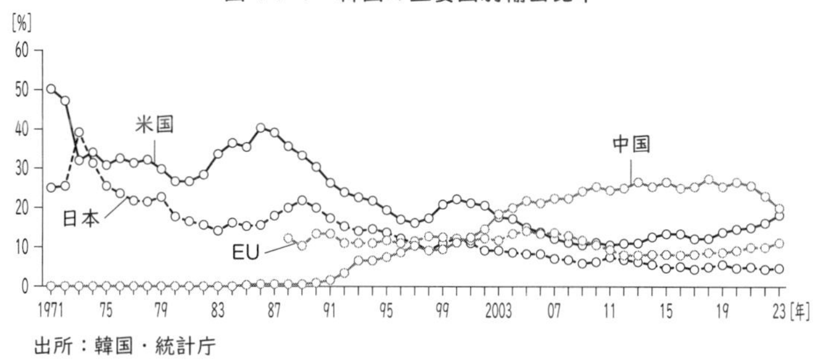

出所：韓国・統計庁
https://www.index.go.kr/unify/idx-info.do?pop=1&idxCd=5010

まで落ちたが，23 年には 18.3%にまで迫っている（図 14-1）。

「安米経中」（安保は米国，経済は中国）といわれたこともあったが，国家安保室に専属の次長職を新設するくらい「経済安全保障」が死活的になっているなか，中国に対するデリスキング（リスク軽減）に取り組んでいる。

米中対立が深刻化することにともない，在韓米軍に THAAD（終末高高度防衛ミサイル）が配備されると，中国は韓国に対して露骨に経済報復（「限韓令」）をおこなった。こうした相互依存の武器化に対してデカップリング（切り離し）は現実的な選択肢ではないため，自由陣営の連携強化，そのなかでのサプライチェーンの安定化，対中関係の安定的な管理が問われている。

韓国銀行の独立性

貿易依存度がこれだけ高いと，為替変動に対して脆弱である。

アジア通貨危機後の構造改革によって財政（財政経済部，08 年以降，企画財政部）と金融（金融監督委員会，08 年以降，金融委員会）が分離されるとともに，韓国銀行法が改正され，その独立性が高まった。その最高意思決定機関である金融通貨委員会は，韓国銀行の総裁と副総裁，それに企画財政部長官・総裁・金融委員会委員長・大韓商工会議所会長・全国銀行連合会会長がそれぞれ１名ずつ推薦する者の計７名で構成される。議長は総裁で，かつて議長を務めた企画財政部長官は委員ですらない。総裁の任期は４年間であり，第21代の全哲煥（チョンチョルファン）から朴昇（パクスン），李成太（イソンテ），金仲秀（キムチュンス），李柱烈（イチュヨル）を経て第27代の李昌鏞（イチャンヨル）に至る。全員，任期を全うし，李柱烈は保守から進歩への政権交代があったが，第25代・第26代（14～22年）と歴代総裁のなかで初めて連任した。総裁は大統領が任命する。人事聴聞会が開かれるが，国会は韓国銀行の人事を左右できない。

物価の安定と為替変動の管理は中央銀行の主要な役割であるが，韓国銀行の場合，輸出産業に有利になるようにウォン安誘導をおこなったという疑惑が絶えない。独立性が相対的に高まったとはいえ，金融通貨委員会７名のうち４名は大統領の意向が反映されやすい。大韓商工会議所会長や全国銀行連合会会長は mofia（企画財政部の英文略称 MOSF と mafia の合成語）が天下る指定席である。

金融・財政・税制を通じたインセンティブ構造の変化

中央銀行に関する規定が憲法に盛り込まれている国の比率は，比較憲法プロジェクトによると，1987年当時は全体の21％にすぎなかったが，2020年には46％に達している。一方，財政法案（27％から29％へ）や税制（39％から42％へ）に関する規定は，同じ期間，微増にとどまっている。金融政策の要の機関に介入したい政治的なインセンティブが常にあるなか，憲法であらかじめそれを縛るか，逆に認めるかは，制度デザインにおいて重要な分かれ目である。

韓国の場合，中央銀行に関する規定が憲法に盛り込まれたことはいちどもなく，韓国銀行法によって規定されている。財政や税制も同様である。予算も補正予算も国会の審議事項であり，可決の要件は法律とまったく同じである。

87年憲法に規定があろうがなかろうが，経済政策は法律や政令のかたちに落とし込まれて初めて実行される。AIなどのR&D（研究開発）やベンチャー支援に予算からどのくらい投入するのか。法人税の最高税率を何パーセントにするのか。車の自動運転をどのような条件で認めるか。これらは技術革新，社会生活の一新を左右するが，すべて法律事項である。一方，TSMC（台湾積体電路製造）の熊本進出のように，半導体工場を国内に建設する外国資本に対して補助金を支出するのは，政府の一存でおこなうことができる。

外国からの融資獲得や製造業の国内回帰など民間企業の選択はさまざまな要因によるが，政治は財政や税制，教育改革（革新的な人材育成）や労働改革（労働市場の柔軟化や働き方改革）などを通じてインセンティブ構造を一定程度変えることができる。

国家に自律性はどこまで残るか

韓国は21の二国間・多国間のFTA（自由貿易協定）を締結し，59か国と関税の引き下げなどをおこなっている。主要国でFTAを締結していないのは日本くらいで，日本が主導し，知的財産から政府調達まで包括にカバーするCPTPP（環太平洋パートナーシップ協定）には加わっていない。インド太平洋地域ではIORA（環インド洋連合）やAPEC（アジア太平洋経済協力）を通じて貿易と投資の活性化が進められているが，EU（ヨーロッパ連合）のような共通の経済政策やEUROといった共通通貨は存在しない。それだけ国家の自律性が重視されている。

とはいえ，国際金融のトリレンマのなか，開放経済を志向する以上，各国とも為替変動には脆弱であり，貿易依存度が高い韓国の場合，金融はままならない。ファンダメンタルズ（経済成長率，物価上昇率，失業率，債務残高など経済の基盤的条件）が悪いと格付け会社や機関投資家に判断されると，一国では事前に統制できないどころか，事後的に対応することも難しいのが現状である。

どの国のカネや株も，手元のスマートフォンで瞬時に売買されるように，さまざまな境界を容易に行き来するのに対して，政治的な対応は常に遅れるし，不十分にならざるをえない。政治は国の管轄権を超えられない。政治は依然としてナショナルにとどまる一方で，経済はグローバル化し，仮想空間（ビットコインなど）にも展開している。政治と経済の相互作用をみる「政治経済」という視点は，国内／国際（グローバル）を縦横無尽に切り結ぶことで，より妥当性（レレバンシー）を得るだろう。韓国政治経済のゆくえも，グローバル市場における評価や投資によってますます左右されるだろう。

参考文献

アセモグル，ダロン，ジェイムズ・A・ロビンソン／鬼澤忍訳『国家はなぜ衰退するのか――権力・繁栄・貧困の起源（上・下）』早川書房，2013 年。

安倍誠編『低成長を迎えた韓国』日本貿易振興機構アジア経済研究所，2017 年。

伊集院敦・日本経済研究センター編『ポスト「冷戦後」の韓国・北朝鮮経済――経済安保への対応』文眞堂，2023 年。

大西裕『韓国経済の政治分析――大統領の政策選択』有斐閣，2005 年。

大西裕『先進国・韓国の憂鬱――少子高齢化，経済格差，グローバル化』中央公論新社，2014 年。

木下奈津紀『韓国財閥と政治――大宇を事例として』成文堂，2021 年。

久米郁男編『なぜ自由貿易は支持されるのか――貿易政治の国際比較』有斐閣，2023 年。

国際文化会館地経学研究所編『経済安全保障とは何か』東洋経済新報社，2024 年。

高安雄一『韓国の構造改革』NTT 出版，2005 年。

趙淳／深川博史監訳・藤川昇吾訳『韓国経済発展のダイナミズム』法政大学出版

局，2005 年。

Comparative Constitutions Project
https://comparativeconstitutionsproject.org/

第15章

韓国という「国のかたち」のゆくえ

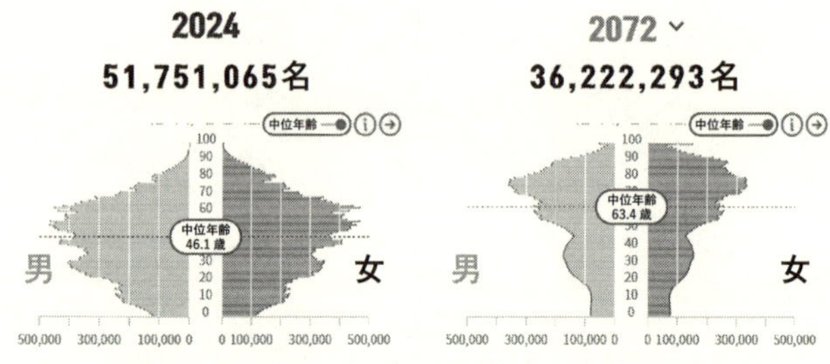

人口構成の変化（2024年／2072年）（出所：韓国・統計庁）

何かが違う，何かが変だという経験は，私たちの五感を普段よりも鋭くし，そして比較への思いを深めてくれる。実は，フィールドワークが，自分が来たところに戻ってからも意味がある理由は，ここにこそある。フィールドワークを通して観察と比較の習慣を身に付け，やがて自分の文化についても，「何か違う，何かが変だ」と考え始めるように促され，あるいは強いられるようになるからだ。

ベネディクト・アンダーソン（加藤剛訳）
『越境を生きる ベネディクト・アンダーソン回想録』
（岩波書店，2023年，pp.151-152）

本章のポイント

✓韓国憲法は今後も改正されることなく維持されるのか。
✓そもそも「憲法体制」全体をデザインできるのか。
✓分極化が深刻化したとき，代議制民主主義は生き延びられるのか。
✓比べてみないと，自分も相手もわからないのか。
✓地域研究に臨む際に求められる姿勢とは何か。

キーワード

憲法体制の変化，憲法改正，民主主義の「後退」，国のかたち，比較という方法

1　何が，どのレベルで変わるのか

大統領，所属政党，党派性

本書では，韓国憲政史について，政治制度，特に憲法や憲法体制の観点から，その現状や来歴について検討してきた。最後に，韓国政治のゆくえについて展望する。

87年憲法のもとで選出された8名の大統領は，弾劾・罷免された朴槿恵大統領と現職の尹錫悦大統領を除いて，いずれも任期を全うして退任した。民主化以前のように，執政延長を企てた大統領はいない。尹大統領の任期は2027年5月9日24時までである。次期大統領選挙は同年3月3日に実施される。大統領の弾劾・罷免や死亡による「闕位」（§68-2）や憲法改正がない限り，大統領は5年に1回，交代する。

同じ政党から大統領が続いて輩出される場合と異なる政党から大統領が選出される場合がある。後者を「政権交代」といい，最大野党の「共に民主党」から第21代大統領が誕生する場合である。一方，「国民の力」から続けて大統領が誕生すると韓国では「政権再創出」というが，この場合も，事実上「新政権の新与党」になることが予測される。これまで金泳三の新韓国党，盧武鉉のウリ党，朴槿恵のセヌリ党，いずれの大統領も「前政権の与党」をそのまま継承したのではなく，就任前後に自らの新与党へと再編した。

政党間の政権交代は1998年・2008年・17年・22年に4回起きている。1998年の金大中大統領の誕生は「憲政史上初めての与野党間の平和的な政権交代」と形容された。これにより保守から進歩へと執政勢力の党派性が初めて変化した。保守（盧泰愚・金泳三）・進歩（金大中・盧武鉉）・保守（李明博・朴槿恵）までは2代ずつで入れ替わったが，進歩の文在寅から保守の尹錫悦へは 1 期で交代した。進歩の共に民主党から次期大統領が誕生すれば，再び，1 期で党派性が変わることになる。

大統領・国会間関係

大統領の強さは，第 2 章でみたように，憲法上の権限と党派的権力によって規定されるなかで，前者は 87 年憲法が改正されない限り定数である一方で，後者は与党の国会議席数や大統領の与党統制によってそのつど変わる変数である。

尹錫悦大統領は 8 名の大統領のうち唯一，任期中ずっと「与小野大」国会（分割政府）との対峙を余儀なくされている。与党の国民の力は大統領就任直後に実施された 22 年地方選挙では勝利したものの，24 年総選挙では「政権審判」の逆風のなかで過半数議席（国会定数 300）にはるかに及ばない 108 議席しか得られなかった。そのため，国会運営は 20 年総選挙以来，共に民主党が主導しているが，27 年大統領選挙で政権交代が実現すると，「与大野小」国会（統合政府）に支えられた大統領が誕生することになる。

大統領と国会の任期，選挙日程，就任／開院のサイクルのズレによって，総選挙は中間選挙，与党に対する業績評価になりやすく，その結果として与大野小国会が生じる。事実，10 回の総選挙のうち，与党が過半数議席を得たのは 04 年・08 年・12 年・20 年の 4 回である。任期中ほぼずっと与大野小国会だったのは，就任 2 か月後と退任 10 か月前に与党のハンナラ党／セヌリ党が勝利した李明博大統領だけであるが，セヌリ党は「李の与党」というより「朴槿恵の新与党」であり，李大統領は就任時から「与党内野党（親朴槿恵派）」によって牽制された。

27 年大統領選挙の場合，26 年地方選挙を前後して，与野党を問わず，候補者選出の党内予備選挙が本格化する。それにともなって与党は龍山（ヨンサン）（大統領室所在地）ではなく潜龍（次期大統領候補）中心に再編されるだろう。

地方政治

政治は国だけではなく，当然，地方にも存在し，首長が誰か，その所属政党がどこか，その党派性が何か，そして首長・議会間関係や中央・地方間関係によって変化してきたし，今後も変化する。第7章でみたように，「地方自治」は87年憲法においてもわずか2条の条文で規定されているだけだが，法律の制定・改正によって地方政治のありさまが一変した。

そもそも全国同時地方選挙という広域自治体・基礎自治体の首長・議会の完全な同時選挙であるため，全国一律で風が吹き，それぞれの次元では「与大野小」議会になりやすい。事実，22年地方選挙では，17の広域自治体のうち15が首長と議会多数派の党派構成が同じ与大野小議会である。首長（国民の力）と議会多数派（共に民主党）の党派構成が異なる「与小野大」議会は世宗（セジョン）特別自治市だけで，京畿（キョンギ）道（知事は共に民主党）は与野党同数の「宙ぶらりん」議会である。これらはいずれも同じ広域自治体という**水平的な**次元で首長と議会の党派性を基準にしているが，国（大統領）と広域自治体（首長）のあいだという**垂直的な**次元を基準にすると，22年地方選挙の結果，12の市道は統合政府である一方，5の市道は分割政府ということになる。

26年地方選挙は27年大統領選挙の9か月前に「前哨戦」として実施されるため，「大統領・与党に対する業績評価」「国政選挙の代理戦」というナショナル・スイングが一層効きやすい。24年総選挙に続いて共に民主党が連勝すると，国会（24年），地方（26

年)，大統領（27 年）と相次いで席巻することになるかもしれない。

司法政治

大法院（最高裁判所）と憲法裁判所の人事によって２つの司法の構成が変わり，判例や憲法判断が見直されると，憲法体制は今後も変わりうる。事実，第６章でみたように，特に憲法裁判所が違憲審査に積極的に臨むことで，選挙制度から家族のかたちまでさまざまな事項が改まり，変わってきた。

任期や選出サイクルのズレもあって，大統領ごとに人事権を行使できる幅に差がある。尹錫悦大統領の場合，大法院に関しては，院長に元大法官（判事）の曺喜大（チョヒデ）を 23 年 12 月に与小野大国会から同意を得て任命，大法官も 24 年９月までに８名を任命，27 年５月の退任までにさらに４名を任命する。次期大統領は就任直後の 27 年６月に曺の後任を任命することになる。同年５月７日に退任する千大燁（チョンデヨプ）大法官（法院行政処長〔最高裁判所事務総長〕兼務）の後任は，形式的には同月９日まで任期がある尹大統領が任命できるが，行使するのは難しいかもしれない。そもそも，大法官の任命には国会の同意が必要であるため，国会で過半数議席を有する共に民主党が司法人事をめぐって尹大統領との対決色をさらに強めるのは間違いない。

憲法裁判所に関しても，所長に憲法裁判所裁判官の李悰錫（イジョンソク）を尹大統領が 23 年 11 月に与小野大国会の同意を得て任命した。裁判官も 24 年 10 月までに７名（そのうち３名は大法院長が指名，３名は国会選出）を任命する。さらに，退任までに残り２名（いずれも大統領指名のため国会の同意は不要）も任命できる。

所長の李は国会選出（現・与党推薦）枠として文在寅大統領に憲法裁判所裁判官に任命され，任期は 24 年 10 月までである。この後任人事を国民の力がそのまま行使し，尹大統領が裁判官９名のなかから誰を所長に据えるのか，与小野大国会はその人事に同意を与えるのかが焦点である。

2　憲法体制のさらなる変化

憲法の改正なき憲法体制の変化

本書では，必ずしも憲法によって規定されていなくても，選挙制度のような基幹的政治制度を憲法体制とみなして分析してきた。そうすることで，「憲法の改正なき憲法体制の変化」という諸相を描き出すことができる。事実，48年憲法以降，９回，憲法改正がおこなわれた韓国憲政史において，87年憲法は37年間改正されることなく持続しているが，憲法体制はさまざまな領域で変化してきた。

比較憲法プロジェクトによると，87年憲法は人権規定が多い一方で，統治機構に関する規定が少ないという日本国憲法と似ている側面がある。そのため，どちらも統治機構改革には法律の制定・改正で十分であり，憲法改正はそもそも不要であるという共通点がある。選挙制度や議会制度の詳細は法律に委任されているため，事実，公職選挙法や国会法の改正によってこれらの制度は過去37年間で様変わりした。

総選挙の選挙制度は，１票の格差是正，１人２票制の導入，準併用制の導入によって当初のものから大きく変化した。これにともない国会に進出する議員や政党，代表される利害や価値観が変わってきた。

議会制度も，2012年の国会法改正によって迅速審議や議事妨害，国会議長による職権上程の手続きが設けられた。これにより，議事妨害を終了し迅速審議プロセスに法律案を乗せるためには，「過半数の賛成」（§49）ではなく「5分の3以上の賛成」（国会法）が必要となった。議決要件が厳しくなったわけではないが，国会で過半数議席を有し，国会議長が職権で上程さえすれば，多数党が単独で法律案を可決できるということはなくなった。

こうした法律の制定・改正の背景には，違憲審査において違憲・憲法不合致という決定を積極的に示す憲法裁判所の存在がある。憲法裁判所は87年憲法によって大法院とは別に設立され，政治部門（大統領や国会）を牽制することで，少数派や個人の人権を保護し，憲法を守護する役割を担っている。

選挙制度改革と政党システム

法律の制定・改正だけで可能な憲法体制の変化として，まず挙げられるのが選挙制度改革である。

総選挙の選挙制度は小選挙区比例代表準併用制となっているが，国民の力と共に民主党の二大政党は衛星政党を代わりに立てたり，小政党や市民団体との選挙連合を組んだりするなどして，事実上，並立制として機能するようにしてきた。この制度のもと，24年総選挙で大躍進したのは，選挙区には候補者を1名も立てず，「反・尹錫悦」の旗幟（きし）を鮮明にした祖国革新党である。

この準併用制，特に衛星政党については批判が強い。準併用制導入の趣旨は，それまでの並立制のもとでは得票率と議席率のあいだに乖離が大きかったため，比例性を高めて多様な民意をできるだけ国会の場に反映させようとするものである。しかし，実態は二大政党の代理戦（衛星政党）にしかなっておらず，女性・若者・労働者・環境といったこれまで「ほとんど代表されてこなかった」層が新たに国会に進出したわけではない。

並立制だった頃から韓国の混合型選挙制度は議席配分が選挙区に著しく偏っていた。中央選挙管理委員会は比例代表との比率を少なくとも２対１へと改めるように法律改正の意見を総選挙のたびに国会に提出している。また，国会定数も，人口比で多国間比較すると小さいほうであるが，憲法で「200 人以上とする」（§41-2）と規定されているなかで 300 名以下としてきた。

総選挙の比例性を高めると，与小野大国会になりやすいことが十分予見できるなかで，その選挙制度は大統領制との整合性や制度全体のアンサンブルを総合的に考慮して審議・決定されるのか。それとも，党利党略によってそのつどパッチワーク的におこなわれるのか。この「決め方」によっても「選び方」という憲法体制がかたちづくられる。

さまざまな政治改革案

そのほか，政党法や国会法が改正されても，国会の構成や審議・交渉の過程が変わる。

地域政党の設立は認められておらず，全国各地に支部を設置しなければならないが，政党法が改正されると，日本の大阪維新の会のように特定の地域にだけ基盤を置き，その地域の課題に取り組む政党が誕生するかもしれない。特に地方選挙，地方政治においては，国政選挙とは別のかたちで住民の利害や価値観が代表されてもいいはずである。「首都圏への集中」「地方消滅」が危惧されるなか，地方における代議制民主主義のあり方も当然，憲法体制改革論における重要なアジェンダである。

各地域，各選挙がそれぞれ独自性を出すためには，全国同時地方選挙という同時選挙をやめるのも一案かもしれない。たとえば，失職や死亡にともなう補欠選挙では，前任者の残余任期ではなく，新たに４年の任期とすると公職選挙法を改めると，日本のように徐々に非同時選挙になっていく。そうなると，選挙ごとに地域の争点や候補者の資質がより問われるようになり，ナショナル・スイングが薄れていくだろう。

さらに，広域自治体の教育監（教育長）は無所属ということになっているが，保守／進歩の党派性が明確にある。だとすると，方向性や責任の所在を明らかにするべく，首長とのランニング・メイトにするか，議会同意のもとで首長が任命するといった改革案が提案されている。

また，国会運営の要である院内交渉団体は20議席が構成要件になっているが，国会法を改正して10議席へ緩和するという議論がある。そうなると，第三党や小政党も国会における審議・交渉の過程に十分関与できるようになるが，これまでは院内に進出しても，実質的には排除されたままで，二大政党が国会を主導するかたちは変わらなかった。

分極化のさらなる深刻化

制度改革とも連動して分極化のゆくえが注目される。

韓国では近年，イデオロギー的分極化と感情的分極化が深刻化している。具体的な争点について，保守／進歩の立ち位置の差が拡がると同時に，それぞれの凝集性（まとまり）が高まり，国会では党派の違いを超えた交差投票がみられなくなった。学校や職場，さらには家庭内においても，自らと党派性が異なる外集団に対して不信感や嫌悪感を抱き，結婚はもちろん，食事の席を共にすることを拒絶するくらいになっている。国民の力と共に民主党の二大政党制が続くと，こうした分極化は緩和されることなく，先鋭化していく恐れがある。

もちろん，分極化はさまざまな要因によって強まったり弱まったりする。世界的にも注目されているのがポピュリスト政治家である。既存のエリートや政党は社会の一部の既得権益を代弁しているにすぎないと非難する一方，自分だけが人民全体をただちに代表する真の奉仕者であると強弁し，登場する。そして，執政長官になると，ほかの憲法機関，特に司法を攻撃，弱体化し，なんの牽制も受けずに権力を行使しようとする。先進民主主義国でもポピュリスト政治家の登場により民主主義が「後退」した事例が出ているが，トランプ大統領就任後の米国が典型である。

韓国の場合も，政治の門外漢だった人物が大統領に就くなどその兆しがある。そうでなくても，「汝矣島（ヨイド）（国会の所在地）政治」と「国政」を区別し，大統領がおこなう後者を特別視する土壌がある。大統領は「外国に対して国家を代表する」「元首」（§66-1）であるのは間違いないが，もとより党派的リーダーでもある。だからこそ，与小野大国会に代表されるように，ほかの憲法機関によって牽制され，かつ，選挙の不確実性を担保し，政権交代の可能性を常に開いておくことで，時間軸のなかでも牽制＆均衡を図ろうとしているのである。

3　1987年憲法の改正

「米国型」大統領制へ？

87年憲法を改正しないと実現できない制度改革もある。盧武鉉大統領と文在寅大統領が試みた大統領の当選回数制限と任期の変更がそれに該当する。

87年憲法への改正の過程において，長期執政に対する反省と大統領候補たちの妥協の産物として盛り込まれたのが，「5年1期」

という規定である。これを，米国大統領のように議会の任期と合わせて４年とし，２期まで再任を認めるという案である。しかも，公職選挙法の改正を通じて，米国のように選挙日程も同時選挙にすることで，与小野大国会を生じにくくし，一定期間，政府・与党に国政を安定的に委任するのが趣旨である。

その分，責任の所在が明確になるため，その業績評価に基づいて有権者は賞罰を政党ラインに沿っておこないやすい。在任中の政策アウトカムを評価するのであれば，現職大統領を再選させる一方で，評価しないのであれば，野党へと政権を交代させればいい。

ただ，韓国の場合，大統領（候補）の所属政党が選挙のたびに再編されるため，政党政治の確立が課題である。もちろん，保守／進歩，与野党の旗幟は鮮明であるため，どの政党に責任を問うのかという帰責に迷うことはない。

現行と同じ大統領制ではあるが，米国型へと変更する案はこれまでも政治日程に上がったし，韓国国民のあいだでもっとも支持されている。それだけ，与小野大国会による政治停滞に対して失望や不満がある一方で，長期執政の懸念がなくなったということである。

今後，87 年憲法の改正の議論が再びアジェンダになった場合，この案は，ほかの案と比較衡量する際の参照点になるはずである。

半大統領制へ？

第２章でみたように，韓国は半大統領制ではなく，「首相がいる大統領制」である。それは国務総理（首相）や国務会議（内閣）が国会に責任を負っていないからである。たしかに，大統領は国会の同意がなければ国務総理を任命できない。しかし，国会は国務総理や国務委員（閣僚）の解任を大統領に建議できるが，国会が国務総理を指名するわけでもなければ，解任建議に法的拘束力があるわけでもない。また，国務総理は大統領の補佐機関にすぎず，国務会議も議決機関ではない。事実，これまでも「責任総理」を強調する大統領はいたが，権限移譲がともなわず掛け声倒れに終わった。大法官や監査院長を歴任した李会昌（イ フェチャン）が国務総理に任命され，国務委員の推薦権を行使しようとすると，金泳三大統領はただちに更迭した。

これを，国務総理や国務委員が国会に責任を負うように憲法を改正すると，執政制度が半大統領制へと変更されるが，韓国では「分権型大統領制」といわれている。国務総理の権限が強化されることで，「帝王的大統領制」が是正されるというニュアンスがある。

国会が国務総理や国務委員の任命や解任を左右し，国務総理が国務委員を選出し，国務会議を主導するようになると，与小野大国会においては，野党所属の国務総理と大統領が「共存」することになる。この韓国型「コアビタシオン」では，保守系（進歩系）大統領と進歩系（保守系）国務総理という組み合わせがみられるだろう。

盧武鉉大統領は米国型大統領制への憲法改正案を提示したが，同時に，中選挙区制への選挙制度改革が実現すれば，87 年憲法のもとでも国会多数党に「内閣構成権」を委ねると述べたことがある。国務総理の権限が強化された場合，大統領は外交と「国家百年の計」，国務総理は内政という分掌が提案されているが，たとえば，外国政府や国内のステイクホルダーとのマルチレベルゲームにならざるをえない通商交渉（コラム 12 を参照）はどちらが担うのかをめぐって，両者のあいだで対立が生じかねない。

議院内閣制へ？

執政制度の改革案として議院内閣制への変更もありうる。金大中との選挙協力に応じる代わりに金鍾泌（キムジョンピル）が要求したのが国務総理ポストと議院内閣制への憲法改正だったが，このDJP 連合は瓦解し，憲法改正も霧散した。

韓国憲政史において議院内閣制，「責任内閣制」は 60 年憲法のもとでいちど採択されたが，この「第 2 共和国」は翌年，朴正熙が起こしたクーデタで潰えた。そのため，議院内閣制は「失敗した執政制度」として韓国国民のあいだでは認識されている。当時，韓国国会は二院制であり，参議院（第二院）の権限が民議院（第一院）に匹敵するぐらい強く，民参「ねじれ国会」になると国務総理はリーダーシップを発揮しにくい構造であった。民主党は民参両院で過半数議席を得て，新派の張勉が国務総理に就いたが，旧派との派閥対立が激化して，ついに旧派が離党し，新民党を結成した。さらに，国家元首として残された大統領に就いた旧派の尹潽善が党派的にふるまい，クーデタを事実上黙認した。

このように，第 2 共和国崩壊の背景には，執政制度以外にもさまざまな制度的要因が考えられるが，韓国では議院内閣制にすべて帰責している。そのため，議院内閣制も本来，87 年憲法の改正案に十分なりうるにもかかわらず，国民のあいだでも支持が拡がっていない。国会や政党に対する不信が強いのもその理由である。

そもそも，4 月革命は李承晩を下野させることには成功したが，代替案を持ち合わせていなかった。「大統領制＝独裁」「議院内閣制＝民主制」という単純な理解しかなく，憲法体制の全体をデザインするという発想は当時，まったくなかった。

民議院は小選挙区制だったが，参議院は広域自治体を単位とする大選挙区制であったため，後者では多党制になりやすい。その結果，民参「ねじれ国会」が生じ，政党としての一体性が弱いと，国務総理が二院制国会と与党の両方を統制しにくい構図になる。

「民主理念」というナショナル・アイデンティティ

このほか，執政制度だけでなく，ナショナル・アイデンティティも憲法改正の対象になりうる。

文在寅大統領が発議し，国会の票決に付されたが，議決定足数に満たず廃案になった憲法改正案では，前文に示されている「民主理念」の先例が変更されていた。87年憲法では「4・19民主理念を継承」と4月革命（1960年）だけが挙げられているが，この改正案では「4・19革命，釜馬（釜山・馬山）民主抗争（79年），5・18民主化運動（80年），6・10抗争（87年）の民主理念を継承（括弧内は著者が補足）」と「民主理念」を体現する先例として3つが追加された。当初，4つ目として盛り込むことが検討された「ろうそく革命」によって誕生したという自負と正統性の根拠として，文大統領は「民主理念」を強調したのである。

もちろん，「民主理念」は特定の党派の専有物ではない。「光州事態」ではなく「5.18民主化運動」として歴史的に位置づけて特別法を制定し，「5・18」を法定記念日にしたのは，保守の金泳三大統領である。この「民主理念」は「大韓民国臨時政府の法統」に由来し，「不義に抗拒」する根拠として韓国憲政史においてなんども想起・召喚されてきた。「民主共和国」（§1-1）は植民地支配からの解放と同時に，王政との訣別，専制の拒絶も意味した。今後，「自由民主的基本秩序」（§4）／「民主的基本秩序」（§8-4）のゆくえとも関連して，「民主理念」は再定義されていくだろう。

さらに，文大統領の憲法改正案では，87年憲法では「国民」になっている箇所をできるだけ「人」に書き改めようとした。たとえば，「すべての国民は法の下に平等である」（§11-1）という憲法条項はすでに，事の性質上「国民」に限定されているもの以外，「外国人」にも適用されると解釈・運用されているが，名実ともに一致させようとしたわけである。そうなると，そもそも憲法を制定し，改正してきた「我ら大韓国民」が「すべての人」と立ち並ぶことになる。第13章でみたように，韓国国民／韓民族のリミットが揺らぎ，移民大国化に踏み出した現在，その含意は甚大である。

4　比較のなかの韓国政治

「基本秩序」とは何か

本書の最後に，こうした韓国政治について，日本ではどのように理解しているのか，理解するべきなのかについて検討する。

言論NPOと東アジア研究院が2013年以降毎年実施している日韓共同世論調査の最新版（23年実施）によると，韓国の「社会・政治体制のあり方」に関する日本国民の最多回答（50.3%，複数回答可）は「民主主義」だった。逆に，日本のそれに関する韓国国民の最多回答（45.4%）は「軍国主義」であり，「民主主義」という回答は27.9%だった。

一方，「自由主義」という回答は，対韓では12.2%，対日では16.2%にとどまった。日韓両国とも「自由民主主義」を標榜しているなかで，相手国の「自由主義」に対する評価は調査開始以来ずっと低調である。

韓国憲法において，南北朝鮮統一の原理・原則を示す際は「自由民主的基本秩序」(§4)，政党の目的や活動の指針を示す際は「民主的基本秩序」(§8-4) と，同じ「基本秩序」でも「自由」の有無に差がある。尹錫悦大統領は就任演説以来，「自由」をなんども強調している。

問題は，いかなる自由主義か，である。

法の支配，基本的人権の保障，個人や少数派の尊重などを強調するのは政治的自由主義である。一方，規制緩和，グローバリズム，親ビジネスという立場をとるのは経済的自由主義，特に新自由主義である。第 14 章でみたように，韓国ではアジア通貨危機，構造改革を経て官治経済から新自由主義へと経済政策の基調が一変し，社会生活のそこここでその影響は甚大であるため，「経済的」自由主義として理解される向きが強い。

そもそも，政治的自由主義は，議会における多数派の決定によっても，決して侵害してはならない個人や少数派の権利や自由を認め，それを憲法や法律の違憲審査によって保護するため，民主主義が多数決主義として理解される限り，互いに原理的に相容れないところがある。

民主主義の「後退」

フリーダムハウスの「自由」指標，英エコノミスト誌の「民主主義」指標，V-Dem の指標など，いずれの指標でみても，日韓はいまや，同じ程度の民主主義である。

日本は「民主化の第 2 の波」（第 2 次世界大戦終了後）の事例のひとつであり，日本国憲法の制定とともに体制が移行し，それ以降，持続していると評価できる。韓国は「第 3 の波」（20 世紀後半）の事例のひとつであり，新興民主主義体制定着の「成功例」「モデルケース」と評価するのが妥当である。

もちろん，日韓ともに問題がないわけでは決してない。「政治的自由」「市民的自由」のいずれにも「瑕疵」があり，「選挙」は定期的に実施されていても，「審議」「平等」「参加」は依然として不十分である。さらに，近年，「後退」が進んでいる。

ここで留意しなければならないのは，「後退（autocratization）」と「民主主義体制の崩壊（democratic breakdown）」は異なる概念で

コラム 15　『葬送のフリーレン』と韓国憲政史

マンガ『葬送のフリーレン』（山田鐘人原作／アベツカサ作画，小学館）は韓国（ソ・ヒョナ翻訳，鶴山文化社）でも大人気である。勇者の冒険譚ではなく，勇者亡き後，遺された者たちがその記憶をいかに継承しつつ，新たな仲間と一緒に別の物語を織りなしていくのかが鍵になっている。

韓国憲政史は，「産業化」「民主化」「情報化／デジタル化」を順次成し遂げてきた成功例，右肩上がりに発展してきたと描かれることが多い。次の目標は「先進化」だといわれることもある。こういう歴史観だと，「産業化」の過程で人権がなおざりにされても，その時点／段階では「しかたなかった」とされてしまいかねない。

人生も，よい大学に入り，よい会社に就職し，よい人と結婚し，子

あるということである。前者は民主主義の度合いが相対的に低下することを意味するのに対して，後者はそれが閾値（いきち）を超え，権威主義体制へと範疇（カテゴリー）自体が変化することをいう。V-Dem が 24 年版報告書において autocratization の一例として韓国を取り上げると，「独裁化」という訳語とともに尹錫悦大統領を批判する声が上がったが，これは明らかにミスリーディングである。

現状を批判し，変革するためには，現状がどうなっているのか，なぜそのようになったのをまず正確に分析しなければならない。そのうえで，望ましい「社会・政治体制のあり方」について「我ら大韓国民」（憲法前文）が広く平等に参加するなかで審議し決定する必要がある。個々人の自由と集合的な意思決定をいかに成り立たせるのかが政治の要諦であるならば，政治学もそれを織り込んだアプローチを模索し続けなければなるまい。

どもをきちんと育てるのが目的となると，「いま・ここ」は常に／すでに，未来のための準備，誰かのための犠牲となり，そのつど，まっとうに享受しにくい。

勇者ヒンメルは魔王を倒したが，冒険の過程そのもの，仲間との何気ないひと時を大切にした。しかし，長寿エルフの魔法使いであるフリーレンは人間を知ろうとしなかったと後悔し，その歩みを知るために新たな旅に出た。

「我ら大韓国民」（憲法前文）の旅路を知るために，本書ではその生きられた経験を辿ってきた。そして，そのゆくえ，「フリーレン」一行が向かう「エンデ（Ende)」には何があるのだろうか。そもそも歴史に「終わり／目的」はなく，「道程」そのものなのかもしれない。

韓国政治をどのように理解するか

特に韓国政治について，日本では慰安婦問題に関する日韓合意（15年）の事実上反故(ほご)や徴用工問題に関する大法院判決（18年）もあって，「約束を守らない国」「法よりも国民情緒が優先される国」という「国のかたち」に対する違和感が強い。本書では，その「国のかたち」，憲法体制について，取扱説明書をひもとき，注釈書や判例集を提供するべくさまざまな case study（事例研究／判例研究）を積み重ねてきた。

日本政府はかつて，「韓国は，自由，民主主義，基本的人権などの基本的な価値と，地域の平和と安定の確保などの利益を共有する日本にとって，最も重要な隣国である」（『外交青書』14年度版）と日韓関係について規定していた。しかし，15年以降，この「基本的な価値の共有」という文言は落ちたままで，「戦略的な利益の共有」が再確認された現在も，まだ復元されていない。

韓国で政権が交代し，尹錫悦大統領が徴用工問題に関する解決策を示すと，日韓首脳会談が相次いでおこなわれ，日韓関係はさまざまな分野で「正常化」した。そして，日韓両国は国連安全保障理事会（日本は 23 ～ 24 年，韓国は 24 ～ 25 年にそれぞれ非常任理事国）やNATO（北大西洋条約機構）首脳会談など国際場裡においても，「法の支配」「自由」「人権」などを強調し，ルールと規範に基づいた「リベラルな国際秩序」を守護する陣営に共に立つと闡明している。

こうした政治的・外交的な修辞とは別に，日韓両国がそれぞれ「自由，民主主義，基本的人権」を重視しようとする政治体制であるのは間違いない。ただ，執政制度は議院内閣制と大統領制で異なるし，違憲審査に臨む司法の姿勢にも顕著な違いがある。それこそ，民主主義にはさまざまな類型（Varieties of Democracy）が存在するのである。重要なのは，「私」には馴染みの薄い類型について，たとえ違和感を抱いても，それはそれとして知ろうとすることである。

韓国という「国のかたち」

本書をとおしてみてきたように，韓国という「国のかたち」は憲法や憲法体制によってかたちづくられていて，これまで制度と行為のあいだのダイナミズムのなかで変わってきた。今後，「87 年憲法の改正なき憲法体制の変化」だけでなく，「87 年憲法の改正」もありうる。さらに，「憲法体制の変化による政治体制の変化」や「政治体制の変化による憲法の改正」などもあるかもしれない。事実，同じ「第３の波」で民主化したフィリピンやタイでは，そうした体制変化が生じた。

比較政治学者のＳ・Ｍ・リプセットは「ひとつの国しか知らないということはその国についても何も知らないということと同じことである（Those who know only one country know no country）」という警句を残した。韓国について単一事例研究をおこなう場合でも，多国間比較や時系列比較といった比較の枠組みのなかに位置づけることで初めて，その事例の特異性や一般性が明らかになるということである。

本書では，政治リーダーの個性や政治文化ではなく，政治制度によって誘引されたアクターの戦略的相互作用に着目して韓国政治を分析してきた。そのルールのなかで「我ら大韓国民」はゲームをプレーしている一方で，ルールやゲーム自体を変えることもある。その制度と行為のダイナミズムこそが，韓国憲政史をこれからもかたちづくっていくはずである。本書はその「観戦ガイドブック」である。

参考文献

宇野重規『実験の民主主義――トクヴィルの思想からデジタル，ファンダムへ』中央公論新社，2023 年。
久保慶一・末近浩太・高橋百合子『比較政治学の考え方』有斐閣，2016 年。
ダイアモンド，ラリー／市原麻衣子監訳『侵食される民主主義――内部からの崩壊と専制国家の攻撃（上・下）』勁草書房，2022 年。
長谷部恭男編『「この国のかたち」を考える』岩波書店，2014 年。
ハンティントン，サミュエル・P／川中豪訳『第三の波――20 世紀後半の民主化』白水社，2023 年。
山崎望編『民主主義に未来はあるのか？』法政大学出版局，2022 年。
山本圭『現代民主主義――指導者論から熟議，ポピュリズムまで』中央公論新社，2021 年。
ロズナイ，ヤニヴ／山元一・横大道聡訳監『憲法改正が「違憲」になるとき』弘文堂，2021 年。

Han, JeongHun, Ramon Pacheco Pardo and Youngho Cho (eds.), *The Oxford Handbook of South Korean Politics*, Oxford University Press, 2021.
Moon, Chung-in and M. Jae Moon (eds.), *Routledge Handbook of Korean Politics and Public Administration*, Routledge, 2020.

言論 NPO「第 11 回日韓共同世論調査」
https://www.genron-npo.net/world/archives/16656.html

あとがき

本書は「韓国政治」論のスタンダードを完全に書き換えようとするものです。

隣国でありながら韓国政治について皮相的な見方しか私たちは有していません。一方では，「政治が安定しない」「司法が国民情緒に阿(おもね)る」と嗤(わら)う向きがあります。他方では，「政権交代がある」「選挙後も，「民心（民意）」が政治を主導している」と手放しで讃える向きがあります。いずれも，韓国という「国のかたち」に対する断片的な知識によるものであり，なかには日本政治に対する願望や失望がそのまま投影されたものすらみられます。

本書では，大韓民国憲法や，選挙制度など基幹的政治制度を定めた憲法体制を「取扱説明書」として理解し，そのゲームのルールのなかで展開されているさまざまなプレーについて「事例研究(ケーススタディ)」をおこないました。その際，「注釈書(コンメンタール)」や「判例集(ケースブック)」のように，２つの司法（大法院〔最高裁判所〕と憲法裁判所）の判決・決定をつぶさに読み解こうと試みました。それだけ司法は重要な政治プレーヤーであるし，ときに「不可解に」映る言動も，その世界の人々にとってはそれなりに「合理的」であるからです。地域研究の使命と醍醐味は，そうした地域特有の「現地語」と，アカデミアの「普遍語」，さらには一般読者の「日常語」のあいだで「翻訳・通訳」を務めることです。

2024 年のノーベル文学賞に決まったハン・ガンの作品は，日本語にもっとも多く翻訳されているといいます。選定理由に挙げられた『菜食主義者』（きむふな訳，CUON）は「新しい韓国の文学」シリーズの創刊第１作として 2011 年に刊行されています。外国文学の紹介には，それだけ目利きの翻訳家と出版社の存在が欠かせません。その後，このシリーズは第 23 作まで続いていて，日本語読者が享受できる作家やジャンルも多様化しています。

地域研究においても，粘り強く，長年，定点観測を続けることが求められています。毎日，同じルートを散策すると，昨日まではあったが今日はないものや，逆に，昨日まではなかったが今日はあるものに気づきやすいといいます。なにより，「おもしろい」「大切だ」と思ったことは，翻訳・通訳を通じて，読者に率先して届けたいものです。

韓国の場合，保守／進歩のあいだの対立，分極化が深刻化しているため，それぞれの立場や視点をまずはそのまま理解する姿勢や技法が問われています。誰しも政治志向や社会経済的地位が近い人とはつき合いやすいだけに，釣り合いよくアプローチしないと，全体像がわかりません。

だからこそ，2024 年度，初めて在外研究の機会を得て，学位留学（2000-05 年）以来 19 年ぶりに暮らしているソウルでも，公開情報（オープン・ソース・インテリジェンス）の徹底的な分析には一層力を入れています。韓国紙 15 紙の社説やコラムを毎日欠かさず読み，世論調査も経年の推移を追跡すると同時に，性別・年齢・政治志向などに分けて動向を把握することを心がけています。

私事で恐縮ですが，2020 年代に入り，職場や家庭で「出来事」があり，それ以前の「当たり前」が足元から崩れ落ちる経験をしました。その葛藤のなかで，私をいちばん苦しめたのは，こうでなければならないという「正常」イデオロギーです。いまでも，「元に戻りたい」と思っているところがあります。鬱病の寛解は遠そうですし，適応障害は環境次第なので，職場復帰を前に不安が先立ちます。

そこここで，「普通」が根元から問い直されています。「10年経てば山河も変わる」といいますが，韓国社会の規範や秩序構成（コンスティチューション）は一変しました。「以前やったことがあるのでオレは全部知っている」という態度はもはや通じませんし，それでは「いま・ここ」がまるでわかりません。

私たちは，それぞれのOS（オペレーティングシステム）そのものを更新しないと，新しいアプリが動かないどころか，ダウンロードすらできないという不連続な変化のまっただなかにいます。

本は著者が読者を限定するものではありませんが，主に5つの読まれ方を念頭に置いて書きました。

第1に，「韓国政治」です。本書は大統領の個性や政治文化を否定するものではありませんが，ゲームのルールとプレーヤーのあいだの戦略的相互関係という見方でアプローチしてこそ，政治に一般的な機制や傾向と，その地域や時代，個人の「特異性」が同時にみえてくるはずです。

第2に，「比較政治」です。政治制度（の組み合わせ）の（意図せざる）帰結や，その形成・持続・変化のダイナミズムについて分析するうえで，韓国は「重大な」事例のひとつです。

第3に，「韓国学」です。K-POP，映画やドラマ，文学，韓国語の関心が高まっていますが，文化・言語と政治は密接に関係しています。たとえば，『少年が来る』（井手俊作訳，CUON，2016年）や『別れを告げない』（斎藤真理子訳，白水社，2024年）などのハン・ガンの作品を深く味わうためには，「5・18」（1980年）や「4・3」（1948年）など韓国憲政史の理解が欠かせません。

第4に，「憲法学」です。政治は憲法に則っておこなわれるべきですし，司法も政治部門（執政長官〔大統領や首相〕や議会）や国民とのあいだで戦略的に行動を選択しているプレーヤーであるとみなす「司法政治論」の観点からすると，日韓は対照的な「判例集」として，互いに参照し合えるはずです。

第５に，外交官，特派員，駐在員など実務家にとっての「ハンドブック」です。初見の出来事は「大きく」映るものですが，索引から前例／先例をたどり，比較のなかに位置づけることで，適切に対処しやすくなるはずです。

最後に，ご多忙にもかかわらず，草稿をご高評くださった多湖淳（早稲田大学教授），網谷龍介（津田塾大学教授），中川孝之（読売新聞社ソウル支局長）の３氏には特に感謝申し上げます。また，有斐閣編集部の岡山義信氏は実にプロフェッショナルな仕事ぶりで文字どおり二人三脚をしてくださいました。

主治医の先生と妻が話をじっくり聞き，そっと傍にいてくれたおかげで，なんとか生き延びることができています。

本研究は同志社大学在外研究費とJSPS科研費JP23K11590の助成を受けたものです。

2024年10月21日

ソウル・統一研究院にて

浅羽 祐樹

略　年　表

年	出来事
1910	8月22日，韓国併合条約締結
1919	3月1日，3・1運動／4月11日，大韓民国臨時憲章公布
1945	8月15日，光復（植民地支配からの解放）
1948	4月3日，済州4・3事件／7月27日，1948年憲法制定／8月15日，大韓民国政府樹立／9月9日，朝鮮民主主義人民共和国（北朝鮮）創建／12月1日，国家保安法制定
1950	6月25日，朝鮮戦争勃発
1953	7月27日，休戦協定調印／10月1日，米韓相互防衛条約締結
1960	4月19日，4月革命／6月15日，1960年憲法へ改正，第2共和国成立
1961	5月16日，朴正煕による軍事クーデタ
1962	12月26日，1962年憲法へ改正
1965	6月22日，日韓国交正常化
1972	12月27日，1972年憲法へ改正，維新体制成立
1979	10月26日，朴正煕大統領死亡／12月12日，全斗煥による粛軍クーデタ
1980	5月18日，光州民主化運動／10月27日，1980年憲法へ改正，第5共和国成立
1987	6月29日，6月民主抗争によって民主化宣言／10月29日，1987年憲法公布
1988	4月1日，男女雇用機会均等法施行／5月15日，ハンギョレ創刊／7月2日，「与小野大」国会，大法院長任命同意「否決」／9月1日，憲法裁判所設立／9月17日，ソウルオリンピック開幕
1989	1月25日，憲法裁判所，初めての「違憲」決定
1990	1月22日，民主自由党結成

1991	8月14日,「元慰安婦」金学順カミングアウト／9月17日，南北朝鮮，国連に同時加盟（12月13日，南北基本合意書署名）
1992	8月24日，中韓国交正常化
1993	8月12日，緊急命令（§76-1）によって金融実名制を断行
1994	10月21日，聖水大橋崩壊事故／12月1日，平時の作戦統制権「返還」
1995	8月15日，旧朝鮮総督府庁舎の撤去を開始
1996	12月29日，OECD（経済協力開発機構）加入
1997	12月3日，アジア通貨危機，IMF（国際通貨基金）から救済決定
1998	10月8日，日韓パートナーシップ宣言署名
1999	1月21日，国家情報院へ改編／4月1日，国民年金，全面導入
2000	5月18日，光州民主化運動記念式典に初めて大統領出席／6月14日，初の南北首脳会談，南北共同宣言発表（6月15日）
2001	1月29日，女性部（現・女性家族部）発足／3月29日，仁川国際空港開港／4月2日，米韓地位協定改定
2002	6月29日，日韓ワールドカップで「4強（4位）」
2003	12月4日,「与小野大」国会，大統領の拒否権を無効化
2004	2月13日，イラク派兵に対する国会同意／3月12日，国会が盧武鉉大統領を弾劾訴追（憲法裁判所によって棄却〔5月14日〕）／4月1日，KTX（韓国高速鉄道）開通／10月21日，憲法裁判所，首都移転「違憲」決定
2005	2月3日，憲法裁判所，戸主制「憲法不合致」決定／12月29日，親日財産帰属法制定
2006	5月31日，地方選挙に外国人地方参政権導入
2007	11月1日，朝鮮国連軍後方司令部，キャンプ座間から横田飛行場に移転
2008	2月29日，放送通信委員会へ改編
2009	5月23日，盧武鉉前大統領自殺

2010	6月2日，教育監を住民が直接選出／8月10日，coupang創業／高齢化社会に移行
2011	8月24日，ソウル市，無償給食に関する住民投票実施／8月30日，憲法裁判所，慰安婦問題に関して政府の不作為「違憲」決定／12月1日，総合編成チャンネル開局
2012	3月15日，米韓FTA発効／5月25日，国会法改正（「国会先進化法」）／7月1日，世宗特別自治市発足
2013	9月4日，李石基議員（統合進歩党）に対する逮捕同意案可決
2014	4月16日，セウォル号沈没事故／9月26日，「金於俊のニュース工場」放映開始／12月19日，憲法裁判所，統合進歩党「解散」決定
2015	9月3日，朴槿恵大統領，中国の抗日戦勝70周年記念式典参加／12月28日，慰安婦問題に関する日韓合意
2016	5月17日，江南駅ミソジニー殺人事件／10月31日，『82年生まれ，キム・ジヨン』刊行／12月9日，国会が朴槿恵大統領を弾劾訴追（憲法裁判所によって罷免〔17年3月10日〕）
2017	9月3日，北朝鮮，6回目の核実験実施／9月11日，「与小野大」国会，憲法裁判所所長任命同意「否決」／11月29日，北朝鮮，ICBM（大陸間弾道ミサイル）発射／高齢社会に移行
2018	2月9日，平昌オリンピック開幕／4月1日，韓国銀行総裁，初めて連任／4月27日，南北首脳会談，板門店宣言／9月19日，平壌共同声明／10月30日，大法院，徴用工問題「賠償」判決
2019	2月28日，米朝首脳会談「決裂」／6月1日，第20回ソウル・クィア・パレード／9月，曺国事態をめぐる2つの集会
2020	5月11日，全国民に緊急災難支援金支給開始／10月25日，サムスンの李健熙会長逝去
2021	10月19日，「人口減少地域」指定
2022	5月10日，青瓦台から龍山に大統領室を移転／7月22日，NewJeansデビュー

2023	2月8日，「与小野大」国会，行政自治部長官を弾劾訴追（7月25日，憲法裁判所によって棄却）／9月21日，「与小野大」国会，国務総理に対する解任建議／10月6日，「与小野大」国会，大法院長任命同意「否決」／出生率0.72
2024	5月29日，尹錫悦大統領，4つの法律案に対して拒否権行使（計14）

備考：大統領の就任・退任（表2-1）や選挙サイクル（図2-1）との重複は省く。
出所：著者作成。

韓国政府組織図

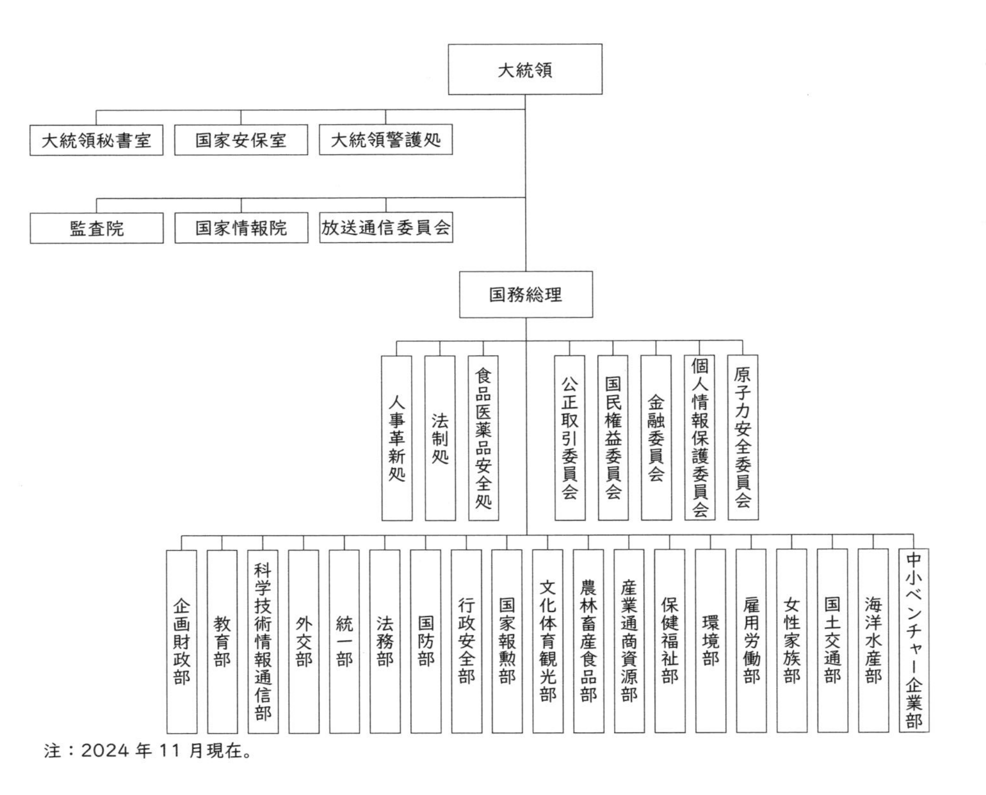

注：2024 年 11 月現在。

大統領室組織図

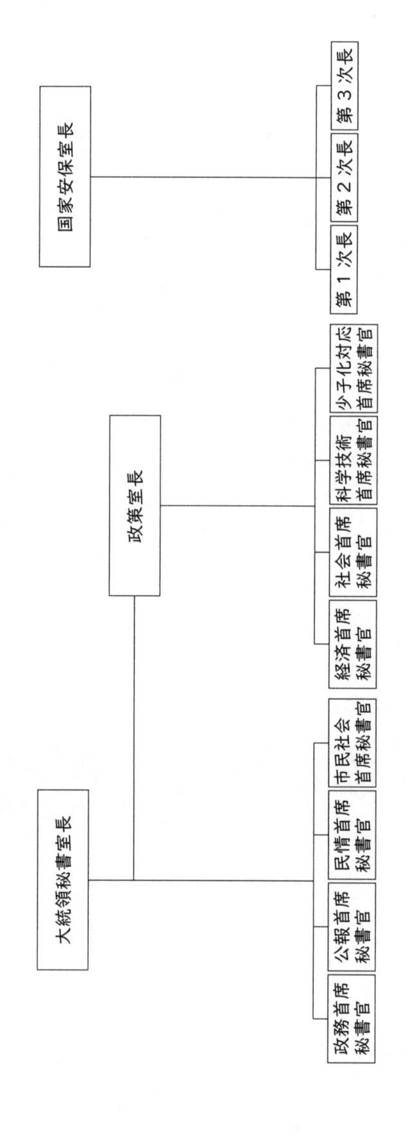

注：2024年11月現在。

キーワード索引

■ アルファベット

■ あ　行

■ か　行

■さ　行

■ た　行

■ な　行

■ は　行

■ ま　行

■ や　行

■ ら　行

■ わ　行

韓国の人名・地名索引

■ さ　行

■ た　行

■ な　行

著者紹介　浅羽祐樹（あさば ゆうき）
1976年生まれ。
2006年，ソウル大学校社会科学大学政治学科博士課程修了。
Ph.D.（政治学）。
現　在，同志社大学グローバル地域文化学部教授
専門は，韓国政治・比較政治学・司法政治論
主な著作に，『韓国語セカイを生きる 韓国語セカイで生きる――AI時代に「ことば」ではたらく12人』（共編著，朝日出版社，2024年），『はじめて向きあう韓国』（編著，法律文化社，2024年），『韓国とつながる』（編著，有斐閣，2024年）ほか。

比較のなかの韓国政治
Korean Politics in Comparative Institutions

2024年12月10日 初版第1刷発行

著　者　浅羽祐樹
発行者　江草貞治
発行所　株式会社有斐閣
〒101-0051 東京都千代田区神田神保町2-17
https://www.yuhikaku.co.jp/
デザイン　高野美緒子
印　刷　萩原印刷株式会社
製　本　牧製本印刷株式会社
装丁印刷　株式会社亨有堂印刷所

落丁・乱丁本はお取替えいたします。定価はカバーに表示してあります。

Printed in Japan. ISBN 978-4-641-14954-0